NIKLAS BAUMGART

Von Wundern und Weltmeistern

DIE 11 GRÖSSTEN SPIELE DES DEUTSCHEN FUSSBALLS

Ullstein

Besuchen Sie uns im Internet:
www.ullstein-taschenbuch.de

Wir verpflichten uns zu Nachhaltigkeit
- Papiere aus nachhaltiger Waldwirtschaft und anderen kontrollierten Quellen
- ullstein.de/nachhaltigkeit

MIX
Papier | Fördert
gute Waldnutzung
FSC® C021394

Originalausgabe im Ullstein Taschenbuch
1. Auflage März 2024
Umschlaggestaltung: zero-media.net, München.
Titelabbildung: © imago images
Grafiken im Innenteil: *kicker*
Satz und Repro: LVD GmbH, Berlin
Gesetzt aus der Minion Pro
Druck und Bindearbeiten: ScandBook, Litauen
Printed in Germany
ISBN 978-3-548-06955-5

INHALTSVERZEICHNIS

PROLOG

Bei der EM 1984 in Frankreich hat Preben Elkjaer Larsen, damals Dänemarks großer Stürmer, in der Erinnerung meines Vaters ein unglaubliches Tor geschossen. Sprint über den halben Platz, den brutalen Grätschen sämtlicher Verteidiger enteilt, im Fallen sogar noch den Torwart überwunden. Mit einem Heber. Das ganze Paket.

Als wir beide vor ein paar Jahren auf der Suche nach diesem Treffer in den großen Weiten des Internets schließlich fündig wurden, musste mein Vater feststellen, dass dieses Tor – in der Gruppenphase gegen Belgien – gar nicht so unglaublich gewesen war. Mit seinen Erzählungen konnte es jedenfalls nicht mithalten. Ein bisschen Sprint war schon dabei, okay, ein bisschen attackiert worden war Elkjaer Larsen auch. Aber vor allem war das Ganze viel verstaubte Verklärung.

Damit ist mein Vater nicht allein. Mal ehrlich, wer von uns hat es noch nicht erlebt, dass bestimmte Szenen eines Spiels im Rückblick überhöht werden? Dass etwa nur ein genialer Moment eines Stürmerstars für unsere Wahrnehmung einer Partie steht, obwohl eine unscheinbare, aber viel wichtigere Aktion eines Verteidigers ihn erst möglich gemacht hat? Oder gar ein Schachzug des Trainers?

Die emotionale Kraft des Fußballs macht es uns leicht, dass wir uns an gewisse Dinge verzerrt erinnern. Die Erfindung der sozialen Medien verstärkt dies noch, wo neunzig Minuten in der Regel auf wenige Sekunden komprimiert werden. Weil die vollständige Aufbereitung eines Spiels eben nicht so gut geklickt wird wie der Kurzclip eines Dribblings von Lionel Messi.

7

Aber schon 1984 sind es mehrere Momente und Szenen gewesen, die die Geschichte eines Spiels erst richtig erzählen. Das habe ich in der Entstehung dieses Buches am eigenen Leib erfahren. Solche Eingeständnisse machen dann zwar keinen Spaß, sind aber nötig: weil alles andere dem Weitergeben der großen Geschichte des Fußballs weder zuträglich ist noch gerecht wird.

Ich habe mir also die Frage gestellt, was die Geschichten hinter den sogenannten Highlights sind. Was beim Erzählen oftmals vergessen wird, aber dennoch wichtig war. Um Antworten darauf zu finden, habe ich mir viele Spiele noch einmal vollständig angehört und angeschaut. Ich habe Berichte gelesen und mit zahlreichen Beteiligten gesprochen. Und anschließend habe ich dieses Buch geschrieben, das die elf größten Spiele des deutschen Fußballs im Kontext ihrer Zeit weder belächeln noch beschönigen soll. Obwohl das Cover vom EM-Viertelfinale 1972 nicht das spektakuläre Hinspiel, sondern das langweilige Rückspiel zeigt. Die erste und letzte Ausnahme, versprochen!

Rahn aus dem Hintergrund, klar, das weiß fast jeder noch. Was aber passierte eigentlich in den anderen 89 Minuten im WM-Finale 1954, beim »Wunder von Bern«? Und war es überhaupt ein Wunder? Wie kam es vor Frank Rijkaards Spuckattacke gegen Rudi Völler im Achtelfinale 1990 zu dieser großen Rivalität mit den Niederlanden? Wie war das eigentlich, als Deutschland 1974 gegen Deutschland spielte? Welche Taktik ließ Günter Netzer und Co. 1972 in England zur vermeintlich besten aller deutschen Nationalmannschaften werden – und wie sensationell gut war 2013 das bisher einzige Champions-League-Finale, in dem sich zwei Teams aus der Bundesliga gegenüberstanden?

Hinter meist nackten Zahlen und den zwei, drei Szenen, an die wir uns aus diesen Spielen irgendwie alle erinnern, gibt es von vorher, währenddessen und danach immer noch so viele Dinge mehr zu erzählen. An die sich teilweise falsch und noch viel öfter gar nicht mehr erinnert wird. Oder hattet ihr auf dem Schirm, dass die unbesiegbaren Ungarn nach Rahns 3:2 aus dem

Hintergrund noch ein vermutlich regelgerechtes 3:3 geschossen haben?

Letztendlich ist auch die Auswahl dieser elf Spiele subjektiv. Sie sind die elf größten Spiele des deutschen Fußballs – für mich. Damit ihr euch für eure Wahrnehmung zumindest nicht an einzelnen Szenen entlanghangeln müsst, habe ich versucht, möglichst alles über diese elf Spiele aufzuschreiben. Gemeinsam mit denen, die damals dabei waren.

1

WIE DAS WUNDER NACH BERN KAM

Deutschland gegen Ungarn,
WM-Finale 1954

Seinen ersten WM-Titel gewann Deutschland 1954 überraschend – gegen eine Mannschaft, die vier Jahre lang nicht mehr verloren hatte. Aber war das »Wunder von Bern« wirklich eines?

3:2

Deutschland – Ungarn

Turek

Posipal   Liebrich   Kohlmeyer

Eckel   Mai

Morlock   F. Walter

Rahn   O. Walter   Schäfer

Toth   Puskás   Kocsis   Czibor

Hidegkuti

Zakarias   Bozsik

Lantos   Lorant   Buzanszky

Grosics

4. Juli 1954 im Wankdorf-Stadion, Bern

Tore: 0:1 Puskás (6.), 0:2 Czibor (9.), 1:2 Morlock (10.),
2:2 Rahn (18.), 3:2 Rahn (85.)

Wie es 1954, nur neun Jahre nach dem Ende des Zweiten Weltkriegs, in den meisten deutschen Köpfen ausgesehen haben muss, können wohl nur die authentisch beantworten, die das miterlebt haben. Oder die, die es weitertragen. Wolfgang Overath, großer deutscher Mittelfeldspieler der 1960er und 1970er Jahre, war im WM-Sommer damals zehn und ergötzte sich in erster Linie an den Freuden des Fußballs. Große gesellschaftliche Auswüchse vermochte der Junge laut eigener Aussage noch kaum zu verstehen.

An den Menschen um sich herum habe er allerdings gemerkt, meint Overath im Gespräch, wie sich Außenwahrnehmung und Selbstwertgefühl einer ganzen Nation, die mindestens moralisch noch am Boden lag, an einem unerwarteten Erfolg der Fußball-Nationalmannschaft hatten aufrichten können. Voller Erleichterung. Dieses floskelhafte »Wir sind wieder wer« – aus tiefster Dankbarkeit und Überzeugung sei es in der Erinnerung des jungen Overath immer wieder ausgesprochen worden.

»Der erste WM-Titel war der wichtigste«, erklärt er, der für Deutschland später den zweiten erspielen sollte. »Weil wir dadurch irgendwo wieder in den Kreis der Europäer aufgenommen wurden.« Indem Deutschland etwas geleistet hatte, »worauf man endlich wieder stolz sein konnte«, wie Horst Eckel, der jüngste der mittlerweile allesamt verstorbenen 54er-Weltmeister, seiner Tochter Dagmar weitererzählte. So erzählt es nun auch sie. Denn großen Stolz hatte es in Deutschland vorher nicht mehr gegeben, nachdem von deutschem Boden nur ein paar Jahre zuvor noch so viel Leid und Tod ausgegangen war.

Im Zweiten Weltkrieg, den Deutschland unter der Diktatur des Nationalsozialisten Adolf Hitler begonnen hatte, waren auch einige Nationalspieler gefallen. Andere hatten das Glück, dass sich Bundestrainer Josef »Sepp« Herberger intensiv dafür einsetzte, seine Schützlinge durch manche Ausrede oder Notlüge in Einheiten zu versetzen, die nicht an der Front gebraucht wurden – oder sie im Lazarett zu verstecken. »Operation Soldatenklau« ging vielfach auf, lange Zeit auch bei Deutschlands bestem Fußballspieler. Fritz Walter, genialer Gestalter des 1. FC Kaiserslautern, überlebte den Krieg – auch dank einer schicksalhaften Fügung.

Wenige Wochen nach Kriegsende war der damals 24-Jährige in Rumänien eigentlich schon auf dem Weg, in ein sowjetisches Arbeitslager abtransportiert zu werden, als slowakische Aufseher einen Ball auf die Erde warfen und ein Fußballspiel begannen. Obwohl er durch den Krieg ausgezehrt war und auf geeignetes Schuhwerk verzichten musste, begeisterte Walter die Slowaken durch seine Fähigkeiten so sehr, dass sie ihn darauf ansprachen – und er sich als deutscher Nationalspieler outen konnte. Das rettete ihn schließlich vor der ungewissen Reise nach Sibirien. Im Oktober 1945 durfte Walter nach Deutschland zurückkehren.

Um den sensiblen, hochintelligenten Spielmacher baut Herberger behutsam eine Mannschaft auf, die zur WM 1950, der ersten in der Nachkriegszeit, noch nicht eingeladen wird. Auch in den Folgejahren, in denen der Bundestrainer vor allem darauf bedacht ist, dass sich seine Elf findet und einspielt – für die WM 1954 wird er keinen Spieler des aktuellen Meisters Hannover 96 berufen –, treten fast nur die Nationalmannschaften ehemaliger Kriegsverbündeter oder neutraler Staaten gegen die DFB-Auswahl an.

Bei der WM 1954 in der Schweiz, die im November 1950 Deutschlands erster Länderspielgegner der Nachkriegszeit geworden war, sollte sich der WM-Dritte von 1934 dann wieder mit der Fußballwelt messen dürfen. In der Heimat schürte das Hoffnung und Angst.

Der Pessimismus überwiegt. Viele befürchten, dass sich die deutschen Fußballer blamieren werden, dass man sich durch eine sportliche Schmach dann noch mieser fühlen müsste als sowieso schon. Teile dieser Schwarzmalerei liegen in der deutschen WM-Qualifikation begründet, in der es die Herberger-Elf mit dem damals noch separaten und vom späteren DFB-Trainer Helmut Schön betreuten Saarland zu tun bekommt. Und sich gegen den kleinen Gegner außerordentlich schwertut.

»Nur durch Sololeistungen kamen wir zu unseren Torerfolgen,

nicht durch Mannschaftsarbeit«, mahnt etwa der *kicker*, obwohl sich Herbergers Auswahl schließlich durchsetzen kann – auch gegen den anderen Quali-Gegner Norwegen. »Die jüngsten Ergebnisse«, so wird allerdings geschrieben, »geben ein falsches Bild unserer Spielstärke ab.«

Das war 1954 Ende März. Doch während die restliche deutsche Fußball-Öffentlichkeit größtenteils in derlei Klagelieder einstimmt, ändert sich beim *kicker* in den wenigen Monaten bis zur WM der Ton. Vor allem durch einen 5:3-Sieg gegen die Schweiz Ende April. Nur Deutschland könne Weltmeister werden, tönt das Fachmagazin – vor allem bezogen auf die famos aufspielende Sturmreihe um Fritz Walter – plötzlich in einem Ansturm von Optimismus. Die »in der Heimat so beschimpfte« deutsche Nationalmannschaft würde vom Ausland ohnehin viel höher eingeschätzt werden als von »der Mehrzahl der deutschen Zeitungen«.

Doch auch wenn der *kicker* da etwas Großem auf der Spur zu sein schien, hatte die deutsche Mannschaft – und nicht nur sie – vor der WM 1954 ein gewaltiges Problem: Ungarn.

Man konnte statt von der ungarischen Nationalmannschaft auch von der »goldenen Elf« oder von den »magischen Magyaren« sprechen, in jedem Fall war beim Turnier in der Schweiz scheinbar höchstens noch der zweite Platz zu vergeben. Denn mehr als vier Jahre lang hatte dieses geniale Team, das zum Großteil beim Armeeklub Honved Budapest auch im Verein zusammen trainierte und -spielte, kein Länderspiel mehr verloren. Keines.

Die Engländer, also jene stolze Mannschaft aus dem vor allem selbst zitierten »Mutterland des Fußballs«, hatten den Olympiasieger von 1952 im November 1953 extra ins Wembley-Stadion nach London eingeladen, wo sie bis dato noch von keiner Mannschaft vom europäischen Festland hatten geschlagen werden können. Um die Ungarn mal wieder auf den Boden der Tatsachen zurückzuholen. Doch diese beendeten durch einen vom Ergebnis her sogar noch schmeichelhaften 6:3-Sieg nicht nur in großem Stil

Englands Serie. Sie führten die in ihren veralteten Strukturen gefangenen »Three Lions« durch fortschrittliche taktische Konzepte nach Strich und Faden vor.

Diese Konzepte hatte in den 1910er Jahren Jimmy Hogan installiert, der als Vertreter der schottischen Schule, die für technisch feines Flachpassspiel stand, in Budapest nachhaltig wirkte. Mit herausragender Technik, eingespielten Positionsrochaden und Nandor Hidegkuti, einem der ersten prominenten Vertreter in der Rolle einer sogenannten falschen Neun, pflügten die Ungarn um Ausnahmekönner Ferenc Puskás auch durch das WM-Turnier. Fußballzwerg Südkorea wurde in der Gruppenphase mit 9:0 abgefiedelt, anschließend kassierte eine deutsche 1b-Auswahl – dazu später mehr – eine schallende 8:3-Abreibung.

Die magischen Magyaren konnten sogar den Ausfall von Puskás kompensieren, der beim Aufeinandertreffen mit Deutschland seinen Gegenspieler Werner Liebrich provoziert hatte und von diesem anschließend am Knöchel verletzt worden war. Epische Fußballschlachten im Viertelfinale gegen Brasilien und im Halbfinale gegen Titelverteidiger Uruguay gewann Ungarn ohne Puskás jeweils mit 4:2. Wohl der Mannschaft, die solch einen Verlust wegstecken konnte.

Ungarn, das waren nicht einfach nur große Namen. Das war ein unwiderstehliches Kollektiv. Es überraschte keinen, dass die unbesiegbare Übermacht am 4. Juli 1954 im Finale stand.

Für Deutschland war der Weg dorthin weit. Ihr Auftaktspiel hatten Herbergers Mannen trotz eines frühen Gegentreffers gegen die Türkei zwar noch mit 4:1 gewonnen. Doch dann betraf auch sie der ziemlich seltsame Modus der WM 1954 – weshalb sich der Bundestrainer etwas einfallen ließ.

Die Vierergruppen bestanden in der Schweiz aus zwei gesetzten und zwei ungesetzten Mannschaften, die jeweils nur gegen die beiden Nationen aus der anderen Kategorie antraten. Für die Setzliste hatte die FIFA gesorgt, wobei die Türkei lediglich Nachrücker für das gesetzte Spanien war, das sich gar nicht qualifizie-

16

ren konnte. Wild. Durch diesen Modus bekam es Deutschland beispielsweise nicht mit Südkorea zu tun, und Ungarn nicht mit den Türken. Von dieser skurrilen Idee erhoffte sich die FIFA, einem frühen Favoritensterben vorzubeugen. Wäre nämlich schlecht fürs Geschäft gewesen.

Nun Herbergers Kniff: Weil er ahnte, dass die Türken Südkorea schlagen, während Deutschland gegen Ungarn wohl verlieren würde, stellte der Bundestrainer gegen die Übermannschaft lediglich eine 1b-Elf auf. Gar nicht mal um sich für ein potenzielles Wiedersehen mit den Ungarn nicht zu tief in die Karten schauen zu lassen. Sondern vielmehr aus Fitnessgründen, um einige wichtige Spieler für das drohende Wiederholungsspiel gegen die Türkei zu schonen, das es bei Punktgleichheit geben würde. Dafür zahlte er einen Preis.

Auf die 3:8-Klatsche folgten aus der Heimat Häme und regelrechter Hass, der sich in erster Linie gegen Herberger richtete. Manche der Verleumdungen, die ihn per Post erreichten, würde der Bundestrainer seinen Spielern sogar vorlesen, um den großen Zusammenhalt im Team weiter zu stärken. Und Herberger behielt recht: Platz zwei und damit ein Platz im Viertelfinale wurde in besagtem Wiederholungsspiel entschieden, das das DFB-Team gegen die Türkei deutlich mit 7:2 gewann. Viertelfinale erreicht. Das war das ausgegebene Ziel gewesen. Aber warum nicht noch mehr?

»Wir sind nicht zur WM gefahren und haben gedacht, wir fahren gleich wieder zurück«, zitiert Dagmar Eckel ihren Vater, wie er über die Ambitionen der Mannschaft vor dem Turnier sprach. Sie, die quasi das sportliche Erbe ihres Vaters verwaltet, besteht darauf, dass sich unter Herbergers Spielern keiner als Underdog fühlte. Der tolle Sturm, all die geschossenen Tore, das konnte schon Mut machen. Auch die Vielseitigkeit des deutschen Spiels. Im Viertelfinale gegen Jugoslawien, als Herberger auf der Rechtsaußenposition den spielintelligenteren Schalker Bernhard Klodt aus der Mannschaft nahm und erstmals den heißblütigen Essener

Helmut Rahn einsetzte, war Deutschland fast ausschließlich zum Verteidigen gezwungen. Und anschließend zum Kontern. Beides klappte, Rahn traf, die Deutschen siegten 2:0.

Aber diese Mannschaft konnte auch aktiv glänzen, was das Halbfinale gegen Österreich bewies. Auch weil die Österreicher die »Hitzeschlacht von Lausanne« in den Knochen hatten – das 7:5 gegen die Schweiz ist bis heute das torreichste Spiel der WM-Geschichte –, spielten Fritz Walter und seine Mitstreiter groß auf, gewannen in der Vorschlussrunde sage und schreibe mit 6:1. Ein überragender Auftritt. Eine Ansage.

»Deutschland lebt von der Kunst des Fritz Walter und der idealen Mischung aus verblüffender Kombinationssicherheit und dem erwachten Kampfgeist«, analysierte der *kicker* beide Facetten des Herberger-Fußballs. Radio-Reporter Herbert Zimmermann unterschied einen »großartigen Kampf gegen Jugoslawien« und »ein wundervolles Spiel gegen Österreich«, als er die deutsche Mannschaft tatsächlich in das große Finale gegen die noch größeren Ungarn begleitete.

Der Pessimismus in der Heimat hatte inzwischen einer regelrechten WM-Euphorie weichen müssen. Während und nach dem Turnier stieg die Verkaufsrate von TV-Geräten um rund 80 Prozent an, vor allem der *kicker* schmückte sich selbstredend mit seiner gewagten Titel-Prognose, die plötzlich greifbar erschien.

Zwar fordert er vor dem Finale, dass Herberger rechts vorne wieder auf den solideren Klodt setzt, was der Bundestrainer in weiser Vorsicht zurückweist: »Klodt ist der raffiniertere Fußballer, aber für ein Endspiel brauchen wir einen Spieler, der auf eigene Faust ein Finale entscheiden kann.« An Rahns Durchschlagskraft reicht Klodt nicht heran. Aber der *kicker* weiß, dass es beim großen Showdown gegen Ungarn kein neuerliches 3:8 geben würde. Das weiß er von Herberger höchstselbst.

Der Bundestrainer war bei Ungarns Gala in Wembley im Herbst 1953 im Stadion gewesen, hatte dort die richtigen Schlüsse

18

gezogen und sicherte sich zwei Monate vor der WM ab. Am 11. April 1954, Ungarn schlug Österreich durch ein Eigentor von Ernst Happel mit 1:0, verriet er ein paar ausgewählten Zeitungen seine Erkenntnisse und seinen damit einhergehenden Plan. Laut *kicker*, der zu diesen Medien gehörte, wurde nach diesem Spiel die Taktik für ein mögliches Aufeinandertreffen mit Ungarn bei der WM entworfen, die mehrerlei beinhaltete.

Vor allem ging es darum, »nicht die Fehler der Engländer zu machen«, die sich durch Ungarns Tausch der Rollen permanent hatten von ihren Positionen locken lassen. Herbergers Plan war, mit Eckel einen Läufer gegen den tiefen Mittelstürmer Hidegkuti zu stellen, keinen Verteidiger. Und mit einem Verteidiger gegen den in die Spitze stoßenden Halbstürmer Puskás zu spielen, nicht mit einem Läufer. Und einen »Überfall« vorzunehmen, gleich in den Anfangsminuten.

Anders als die Engländer, deren Verantwortliche sich für taktische Entwicklungen auf dem Festland nicht interessiert hatten, wussten die Deutschen zumindest, was diesbezüglich auf sie zukam. Das half, auch wenn sie nicht alles verhindern konnten. »Dank Herberger wusste er alles über ihn«, bestätigt Dagmar Eckel mit diebischer Freude den Sonderauftrag ihres Vaters gegen Schlüsselspieler Hidegkuti. Die eigene Einstellung half auch. »Sie haben sich nicht als Außenseiter gesehen«, gibt Tochter Eckel einmal mehr von Vater Eckel weiter. Klar, vor dem Finale brauchte man damit jetzt auch nicht mehr anfangen.

Außenseiter war die deutsche Mannschaft ohnehin nicht in dem Maße, wie seither vielerorts zu lesen ist oder erzählt wird. Dafür war Deutschlands eingespielte 1a-Elf, die es immerhin bis ins WM-Finale geschafft hatte, von Herberger viel zu gut vorbereitet worden. Mit Erfolg. Schon sein geplanter Überfall geht erst einmal auf – begünstigt von dem Umstand, dass vor dem Mannschaftshotel der Ungarn, wie Verteidiger Jeno Buzanszky in der ZDF-Doku »Das Wunder von Bern – die wahre Geschichte« berichtete, in der Nacht vor dem Finale bis 4 Uhr morgens ein Volks-

19

fest getobt hatte. Viel Schlaf hatten die magischen Magyaren nicht gefunden.

Entsprechend wacher startet Deutschland in dieses Endspiel an einem Sonntag, das laut Reporter Zimmermann »mit sieben Minuten Frühzündung« beginnt. Also um 16.53 Uhr, bei strömendem Regen. In den ersten Minuten stürmt überfallartig der Außenseiter, der sich ähnlich flexibel präsentiert wie die Ungarn: Kaiserslauterns Mittelstürmer Ottmar Walter weicht häufig auf die Flügel aus, um dort für Überzahl zu sorgen, während Halbstürmer Max Morlock vom 1. FC Nürnberg aus der zweiten Reihe in die Spitze stößt.

Es ist vor allem das direkte Spiel über außen, durch das die Deutschen ihren favorisierten Gegner früh unter Druck setzen. Dort erzeugen sie Tempo, dort sind Linksaußen Hans Schäfer vom 1. FC Köln und Rechtsaußen Rahn von Rot-Weiss Essen schussgewaltige Eins-gegen-eins-Spieler, von hier aus entsteht Gefahr.

Die Fäden im deutschen Angriffsspiel laufen bei Fritz Walter zusammen, der links wie rechts in den Halbräumen auftaucht und von dort aus – von links – in der 3. Minute in die Mitte flankt. Zwischen zwei Verteidigern kommt Morlock frei zum Kopfball, den er hoch auf das ungarische Tor befördert – Schlussmann Gyula Grosics lenkt den Ball über die Querlatte. Ansonsten hätte der wahrscheinlich gepasst. Der englische Schiedsrichter William Ling – er hatte schon das 3:8 in der Gruppenphase geleitet, bekam als letztes großes Spiel seiner Karriere aber auch das Finale »geschenkt« –, übersieht Grosics' Fingerspitzen. Abstoß.

Zimmermann übersieht derweil beim Vorlesen der Aufstellungen, dass beide Mannschaften nicht mehr in einer 2-3-5-Grundordnung antreten, sondern im sogenannten WM-System, einem 3-2-5. Der Mittelläufer war mittlerweile zurückgezogen worden und nun zentraler Abwehrchef. Hüben wie drüben deuten Werner Liebrich und Gyula Lorant schon früh an, dass sie ihre Defensiven in dieser Rolle zusammenhalten werden. Der ungarische Radio-

20

Kommentator György Szepesi trägt die Formationen übrigens richtig vor.

Szepesi entgeht dabei nicht, dass seine Landsleute weiterhin kaum einen Fuß auf den nassen und tiefen Rasen im Wankdorf-Stadion bekommen, auf dem Deutschland nicht nur einen Vorteil hat, weil der »riesige Regen« (Zimmermann) dem Techniker Fritz Walter und seinem Spiel so entgegenkommt. Denn einige Ungarn waren der deutschen Nummer 16 in diesem Punkt sicherlich ebenbürtig. Allerdings verfügen sie nicht über die wetterfesten Adidas-Schuhe mit den in der Länge austauschbaren Schraubstollen, sodass sie in ihren relativ einfachen Halbschuhen, die ihnen ihr Spiel sonst erleichterten, im wahrsten Sinne des Wortes einen schweren Stand haben.

Mit ihrem Kurzpassfußball, der normalerweise nur wenige Kontakte benötigt, kommen sie auf diesem Untergrund auch nicht weit: Bereits in der Anfangsphase spielen Aufbauspieler József Bozsik und seine Teamkollegen ungewöhnlich viele lange und hohe Bälle. Not macht erfinderisch.

Doch zunächst ist für den großen Favoriten Verteidigungsarbeit angesagt. Die Deutschen kommen richtig ins Rollen, sind von der ersten Minute an komplett in diesem Endspiel angekommen. »Die ersten drei Spielminuten gehören dem Außenseiter«, stellt Zimmermann fest, während sich die später einmal bis zu 67 000 Zuschauer erst nach und nach im Wankdorf-Stadion einfinden. Noch ist es nicht voll. Und noch haben die Ungarn die deutsche Anfangsoffensive nicht überstanden.

Hinten wirken sie mit ihrer Raumdeckung einmal mehr nicht hundertprozentig sattelfest, Schäfer bekommen sie links am Strafraum überhaupt nicht zu greifen. Ein scharfer Schrägschuss des Kölners rauscht in der 5. Minute nur Zentimeter am langen Eck vorbei – da wäre Grosics wohl vergeblich geflogen. Ein Traumstart der Herberger-Elf liegt in der Luft. Mit ein wenig mehr Glück bei ihren beiden Großchancen hätte sie sogar schon führen können. Deutschland überrascht.

Ungarn, mit dem von Eckel gut bewachten Hidegkuti, ist im Angriffsdrittel noch gar nicht wirklich vorstellig geworden, als die sechste Spielminute beginnt. Bozsik bekommt im Mittelkreis wenig Druck, spielt aber trotzdem gleich mit dem ersten Kontakt einen scharfen Steilpass in die Spitze, wo Hidegkuti diesmal so positioniert ist, wie man das von einem Mittelstürmer eigentlich erwarten würde. Bozsiks Zuspiel kommt so geschickt, dass sein Mitspieler sich vom eigentlich schnelleren Eckel lösen kann und im Begriff ist, das Laufduell für sich zu entscheiden – doch Turek hat aufgepasst, einen kurzen Spurt aus seinem Kasten gemacht und den Ball vor Hidegkuti weggeschossen. Aber die Szene ist noch nicht vorbei.

Der Ball landet ein wenig glücklich bei Liebrich, der sich noch in der eigenen Hälfte einen unkonzentrierten Abspielfehler leistet und das Leder ausgerechnet Bozsik in die Füße spielt, der sofort wieder den Blick nach vorne hat. Und in Liebrichs Rücken Kocsis bedient, den mit elf Toren aus vier Einsätzen Führenden der WM-Torschützenliste. Ein brandgefährlicher Mann. Kocsis hält sich geschickt Liebrich vom Leib, dringt rechts in den Strafraum ein und zieht sofort ab. Ein bisschen überhastet.

Sein Abschluss wäre wohl am langen Eck vorbeigegangen, doch Eckel wirft sich in die Schussbahn und lenkt den Ball dadurch unglücklich vor die Füße von Puskás ab, der mit sieben Metern Torentfernung frei vor Turek steht und diesen mit einem scharfen Flachschuss überwindet. Ein Schuss, ein Tor – 1:0 für Ungarn.

»Schlechtes Abspiel von Liebrich«, bemängelt Zimmermann, der damit den Knackpunkt dieses frühen Gegentores erkannt hatte und direkt etwas Zuversicht einbüßt: »Was wir befürchtet haben, ist eingetreten.« Geht das jetzt so wie im Gruppenspiel? Dabei ist der Führungstreffer eigentlich vollkommen gegen den Spielverlauf gefallen.

Der Reporter scheint sich trotzdem an das 3:8 zu erinnern und beschwichtigt sein Publikum angesichts einer drohenden weiteren Schmach: »Vergessen wir nicht«, bittet Zimmermann, »Deutsch-

22

land hat noch nie einen ähnlichen Erfolg errungen. Es ist ein großer Tag, es ist ein stolzer Tag. Seien wir nicht so vermessen, dass wir glauben, er müsste erfolgreich ausgehen.«

Ein deutscher Erfolg deutet sich infolge des ersten Tores ohnehin deutlich weniger an, weil nun auch Ungarn im Finale angekommen ist und damit beginnt, sein gefürchtetes Spiel aufzuziehen. Puskás, der links verbindet, kurbelt die Kombinationen mit kurzen Ablagen per Hacke an oder startet Tiefenläufe, von denen sein Kindheitsfreund Bozsik Gebrauch machen soll.

Bozsik, der im 3-2-5 als offensiverer Part einer Art Doppel-Sechs agiert, hat im Rücken der streng bewachten Hidegkuti und Puskás viele Freiheiten, darf größtenteils relativ ungestört schalten und walten. Eine anhaltende Nachlässigkeit der deutschen Mannschaft.

Der Außenseiter gefällt sich aber auch in lauernder Rolle, wirft nach Ballgewinnen blitzschnell seinen Konterapparat an. Dann fällt immer wieder der Name Fritz Walter, weil der im deutschen Vortrag eigentlich immer seine Füße im Spiel hat und dort auftaucht, wo gerade der Ball ist. Auch er beherrscht das Hackenspiel bei hohem Tempo, sogar hinter dem Standbein. Und nicht nur für die Galerie: Seine Pässe kommen an.

Endstation ist für die DFB-Elf oft beim baumlangen Innenverteidiger Lorant, der hohe Bälle souverän wegköpft und als harter, aber fairer Zweikämpfer keine Kompromisse macht. Sein Gegenpart Liebrich läuft ähnlich heiß, befördert eine Flanke von Hidegkuti eindrucksvoll in der Luft stehend weit aus der Gefahrenzone.

Doch die Ungarn spielen jetzt deutlich dynamischer, von ganz hinten bis ganz vorne, wo Kocsis den im Vergleich zu Nebenmann Jupp Posipal weniger ballfertigen Werner Kohlmeyer unter Druck setzt. Hektisch gibt der Verteidiger zu Schlussmann Turek zurück, der den Ball beim Zu-Boden-Sinken in einer Drehbewegung auf ganz seltsame Weise aus den Händen gleiten lässt. Ein Geschenk für den mitgelaufenen Zoltán Czibor, der erst Turek und dann Kohlmeyer gemütlich umkurvt, ehe er schon in der

23

9. Minute zum 2:0 einschiebt und jubelnd abdreht. Womöglich wähnt er sich in diesem Moment schon mit einer Hand an der Jules-Rimet-Trophäe – und wer könnte es ihm verdenken?

»Unsere Hintermannschaft ist nervös, sie macht sich gegenseitig Vorwürfe«, hadert Zimmermann, während Fritz Walter nicht laute, aber ein paar bestimmte Worte an ein paar seiner Mitspieler richtet. In diesen Minuten würde sich aller Voraussicht nach entscheiden, ob Deutschland im WM-Finale gänzlich vorgeführt wird oder sich doch noch irgendwie im Spiel hält. Das Selbstvertrauen der Deutschen besteht diese Probe.

Ungarischer Einbahnstraßenfußball ist auch jetzt nicht zu bestaunen. Beiden Mannschaften gelingt es, mehr und mehr ihr Spiel zu etablieren. Auf der einen Seite schlägt Bozsik Steilpass um Steilpass, während auf der anderen Seite die überladenden Walter-Brüder Deutschlands Flügelspiel befeuern.

Dabei ziehen auch die Außenstürmer mal mit auf den anderen Flügel. So taucht etwa eineinhalb Minuten nach dem 0:2 Rechtsaußen Rahn am linken Strafraumeck auf und jagt eine scharfe Schussflanke durch den sogenannten Korridor der Ungewissheit. Der so heißt, weil sich der Ball dann mittig durch den Raum zwischen Verteidigern und Torhüter bewegt, sodass keiner richtig weiß, wer gerade eigentlich zuständig ist.

Das Leder rauscht an mehreren Verteidigerbeinen vorbei, bis schließlich Zakarias in die Schussbahn grätscht und den Ball dadurch zu Rückhalt Grosics lenkt. Doch er trifft den Ball nur leicht, was dem antizipierenden Morlock die Chance gibt, sich mit letzter Kraft noch zwischen Zakarias und Grosics zu werfen und der Kugel den entscheidenden Kontakt mitzugeben, der sie am heraueilenden Schlussmann vorbei in die Maschen kullern lässt. Wie in Zeitlupe. Aber unhaltbar.

In der 10. Minute steht es nur noch 1:2 – dank eines Mannes, der für Anfang Juli eigentlich schon Urlaub gebucht hatte. Weil es Morlock zu unrealistisch erschienen war, das WM-Finale zu erreichen. Deutschland hält Anschluss.

24

Verglichen mit dem deutschen läuft das ungarische Flügelspiel noch alles andere als rund, ein wenig notgedrungen spielen die Magyaren vor allem durch die Mitte. Denn Teamchef Gusztáv Sebes hat seine Außenstürmerpositionen im Finale gleich beide neu besetzt. Ungarns Angriffsstruktur, wie bei der Gala in Wembley prächtig vorgeführt, lief mit dem eingespielten Duo Kocsis und Rechtsaußen Laszlo Budai normalerweise hauptsächlich über den rechten Flügel ab. Von links, meist ballfern, zog mit viel Tempo gerne Czibor in die Mitte – oder mit auf rechts, um alles durcheinanderzuwirbeln. Kaum zu verteidigende Abläufe.

Doch ausgerechnet im größten aller Spiele verzichtete Sebes auf Budai, der sich im grandiosen Halbfinale gegen Uruguay – inklusive Verlängerung – verausgabt hatte und nicht im Vollbesitz seiner Kräfte gewesen sein soll. Doch nicht nur das. Außerdem nahm Sebes Czibor von seiner angestammten Position auf dem linken Flügel und stellte ihn rechts auf, während links überraschend Ersatzmann Mihály Tóth startete. Damit hatte der Teamchef seiner goldenen Elf keinen Gefallen getan.

Neben dem schnellen Anschlusstreffer hilft auch die Ungewissheit in den ungarischen Abläufen den Deutschen, wieder zu ihrer anfänglichen Zuversicht zurückzufinden – und Ungarn auf Augenhöhe zu begegnen. Gefährlicher wird auf einem Boden, den Zimmermann als »glatt« und »rutschig« beschreibt, zwar der Favorit, doch Liebrich verhindert einen aussichtsreichen Puskás-Schuss in der zwölften Minute bereits in der Entstehung. Er und Lorant eifern, beinahe in frühen Libero-Rollen, mit ihren gelungenen Defensivaktionen regelrecht um die Wette. Türme in der Schlacht.

Deutschland richtet sich in dieser Phase zunehmend auf Konter aus, was freiwillig mit den eigenen Trümpfen, aber auch etwas unfreiwillig mit der ungarischen Spielstärke zu tun hat. Als »verwirrendes Passspiel auf engem Raum« würdigt Zimmermann die Stafetten der Ungarn, die gleichwohl, was diesen Schlagabtausch umso interessanter macht, auch das Umschaltspiel beherrschen.

Nach 16 Minuten spielt Hidegkuti rechts im Strafraum Czibor frei, jenseits von Liebrichs Wirkungskreis. Völlig ungedeckt kommt der Rechtsfuß mit seinem Außenrist zum Abschluss – einen Meter dreht Czibor einen Ball, den er eigentlich aufs Tor bringen muss, am langen Eck vorbei. Turek wäre wohl chancenlos gewesen.

Mund abputzen, weitermachen. Das deutsche Angriffsspiel wirkt unverwüstlich, wie eine Maschine. Angetrieben wieder und wieder von Fritz Walter, der die Dynamiken einer Partie so ausgezeichnet lesen kann. Morlock dribbelt in den ungarischen Strafraum und holt eine Ecke heraus, die natürlich Chefsache ist. Fritz Walter zieht sie beinahe direkt aufs Tor, vor dem Buzanszky am ersten Pfosten klären muss, weil der Ball sonst womöglich reingegangen wäre. Auf Kosten einer weiteren Ecke.

Diesmal schlägt Fritz Walter die Kugel in Richtung zweiter Pfosten, während der zuvor noch mahnende Zimmermann die beachtliche Ausgeglichenheit dieses Endspiels hervorhebt: »Heute ist es kein 3:8, heute ist es keine B-Mannschaft, heute spielt Deutschland stärkstes Aufgebot ... Tor!«

Hinten im Fünfmeterraum war Rahn eingelaufen, der den Ball kompromisslos per Dropkick in die Maschen schoss – was ihm allerdings nur möglich gewesen war, weil Schäfer weiter vorne im Fünfer in Grosics gesprungen war, dessen Versuch des Wegfaustens daraufhin misslang. Diesen Einsatz hätte man auch abpfeifen können. Vielleicht sogar müssen. Ungeschickt von Schäfer? Nein, vielmehr hatte ihm Herberger das Stören Grosics' aufgetragen, wie der Kölner später einmal verriet. Ein Kniff im Graubereich, der aufgegangen war.

Keine zehn Minuten hatte es gedauert, bis Deutschland den frühen 0:2-Rückstand gegen die Übermannschaft des Weltfußballs ausgeglichen hatte. Im WM-Finale. Das hatte wohl keiner vorhergesehen. Schon gar nicht die Ungarn.

»Und wieder stürmt Deutschland«, schreit Zimmermann mit unverkennbarer Stimme in sein Mikrofon, weil die Entschlossen-

26

heit des Außenseiters das große Ungarn in regelmäßigen Abständen überrumpelt. Doch die Magyaren sind jetzt angestachelt. Haben endgültig begriffen, dass es kein 8:3 geben würde, dass ihnen nun das stärkste Aufgebot einer Mannschaft gegenübersteht, die ihr WM-Halbfinale mit 6:1 gewonnen hatte. Liebrich muss sich in den nächsten Puskás-Schuss werfen, während sich Kocsis und Czibor auf dem rechten Flügel allmählich einspielen. Gefährlich. Eckels Schnelligkeit ist auch an dieser Stelle ein wichtiger Faktor.

Doch wenn Eckel als Linksverteidiger auftritt, bedeutet das immer auch, dass die Ungarn ihre Gegenspieler von deren angestammten Positionen gezogen haben – was ganz besonders den Engländern zum Verhängnis geworden war. Plötzlich ist Vorsicht angesagt, Ungarn erzeugt eine erste Druckphase. Czibor will den Ball aus spitzem Winkel über Turek heben, der groß genug bleibt und sich in der 20. Minute endlich mal auszeichnen kann. »Kinder, ist das eine Aufregung«, begleitet Zimmermann die Steigerung einer Mannschaft, die jetzt auch immer wieder ihre Geheimwaffe einsetzt.

Mit »Goldköpfchen« Kocsis, der Name ist Programm, verfügt Ungarn über den wahrscheinlich gefährlichsten Kopfballspieler seiner Zeit. Diese Gefährlichkeit setzt der Rechtsfuß aber nicht nur ein, um etwa mit zwei unwiderstehlichen Kopfballtoren die Verlängerung gegen Uruguay zu entscheiden. Immer wieder lässt sich Kocsis auch etwas fallen, um hohe Zuspiele punktgenau zu seinen Sturmkollegen zu verlängern, die er auf diese Weise in glänzende Abschlusspositionen bringt. So geschehen in der 24. Minute des Endspiels, als Kocsis butterweich Hidegkuti einsetzt und dessen Bewacher Eckel damit auf dem falschen Fuß erwischt.

Viele der inzwischen vollzählig anwesenden Zuschauer hatten die stramme Direktabnahme des Mittelstürmers aus sechs Metern wahrscheinlich schon im Tor gesehen. Doch urplötzlich schnellt die linke Faust des Toni Turek zur Seite und lenkt den Ball noch über die Querlatte. Eckel und Co. nehmen die Glanztat ihres Schlussmannes übrigens einfach hin und konzentrieren sich pflichtbewusst auf den folgenden Eckball. Für den Helden dieses Moments ist nicht einmal ein Schulterklopfer drin.

Zimmermann hingegen ist völlig aus dem Häuschen. »Turek, du bist ein Teufelskerl; Turek, du bist ein Fußballgott«, proklamiert er schon nach der ersten Hälfte der ersten Hälfte und entschuldigt sich sogleich für seine Begeisterung. »Die Fußballlaien werden uns für verrückt erklären«, rügt sich der damals 36-Jährige – doch er konnte ja auch nichts dafür, dass Turek »einen sogenannten unmöglichen Ball gehalten hat«. Bei dem einen würde es nicht bleiben.

Schon nach der folgenden Ecke muss Turek gegen Hidegkutis Kopfball wieder zupacken, wenig später befördert Kocsis einen Rückzieher, den der *kicker* als »Gala-Einlage« adeln würde, nur einen Meter über den Querbalken. »Schon wieder sind die Ungarn an der Reihe«, informiert Zimmermann sein Publikum. Das würde es jetzt öfter zu hören kriegen.

Entlastung ist in dieser Phase ein seltenes Gut für die deutsche Mannschaft, die keinen echten Mittelstürmer auf dem Platz hat. Ottmar Walter ist zwar eigentlich einer und seine Torquote stets beachtlich, doch unter Herberger agiert er selten so. Vielmehr ist er Verstärkung, Raumaufreißer, Zuspieler – und bringt Zimmermann damit schier zur Verzweiflung: »Ottmar, schieß, schieß doch bitte – nein, er spielt ab«, grummelt Deutschlands Stimme dieses Endspiels wohl auch deshalb, weil ein Tor für die Herberger-Elf in diesem Moment so wichtig gewesen wäre. Der Treffer liegt fast ausschließlich auf der Gegenseite in der Luft.

Aus dieser Luft nimmt sich Hidegkuti die Kugel in der 27. Minute in aller Ruhe herunter, weil er 14 Meter vor Tureks Tor reichlich Zeit und Platz dafür hat – und jagt das regengetränkte Spielgerät ansatzlos an den linken Pfosten. Zimmermann hat Schnappatmung. Nur mit viel Glück übersteht die DFB-Elf diese Minuten ohne Gegentor.

28

Anschließend, die eigene Ballfertigkeit erlaubt es, finden die Deutschen durch längere Ballbesitzpassagen in dieses Finale zurück. In Tempoangriffen lag ihre größte Stärke, doch ein rohes Hin und Her, das hatte sich gezeigt, würden sie wohl nicht gewinnen. Dafür kombinieren die Gegner zu schnell, zu gut, dafür haben sie zu viele Spieler des Kalibers Fritz Walter.

»Das waren Fußballgötter«, schwärmt Overath wie ein kleiner Junge von den Ungarn; »das waren ja keine Spieler wie Puskás oder so«, stuft er hingegen einige seiner deutschen Kindheitshelden ein. »Wenn diese beiden Mannschaften zehnmal aufeinandertreffen«, behauptet er überzeugt, »können wir zufrieden sein, wenn wir einmal gewinnen.« Damit ausgerechnet das Endspiel zu diesem einen Mal werden konnte, wirft Overath Begriffe wie »Teamleistung« und »Kampf« in den Raum. Daran sollte es nicht scheitern.

»Ich habe spitze Ellbogen gehabt und spitze Knie«, erklärte Horst Eckel einst mit Augenzwinkern seiner Tochter Dagmar, wie er zur Not auch spielen konnte – was gegen die Ungarn hier und da nötig ist. Speziell Puskás lässt sich entnerven – »Liebrich mit hochgezogenen Beinen« –, dem man anmerkt, dass er noch nicht wieder im Vollbesitz seiner Kräfte ist. Seinen Namen nennt Zimmermann kaum. Fritz Walters ruft er weiterhin deutlich öfter, sogar in manch unerwartetem Kontext: »Fritz Walter, Sonderapplaus, im eigenen Strafraum als letztes Bollwerk!« Jeder für den anderen, wie es Herberger stets vorgelebt hatte. Die Ungarn sollten bloß nicht glauben, dass ihre spielerische Überlegenheit für einen Sieg schon ausreichen würde.

Doch längst hatten sich die Magyaren auch defensiv stabilisiert, hatte sich ihre teilweise entstehende Viererkette, die im Raum verteidigte, gefunden. Weil das zentrale Duo im 3-2-5, Zakarias und Bozsik, sich so unterschiedlich orientierte, formte sich durch Zakarias' defensives Denken – zudem kam Hidegkuti gelegentlich in den Bereich von Bozsik zurück – manchmal beinahe ein 4-2-4. Das war die Formation, mit der Brasilien 1958 Weltmeister werden sollte. Ungarn ist ein einflussreicher taktischer Vorreiter.

29

Als trotzige Antwort auf die zunehmende Einseitigkeit gibt Schäfer mal einen Fernschuss ab, »aus 25 Metern«, ruft Zimmermann. Grosics steht gut.

Die ungarischen Angreifer erleben einen unterschiedlichen Spätnachmittag. »Puskás, Mensch, wenn ich das sehe, wenn er so loslegt, von links nach rechts hinüberwandert«, schwärmt Zimmermann. Doch zu Ende gespielt bekommt der »galoppierende Major«, so sein militärischer Grad, wenig. Hidegkuti, wohl um Eckel zu entkommen, fällt gar nicht so oft tief und besetzt regelmäßig die Mittelstürmerposition, während Kocsis hauptsächlich Verbindungs- und Passspieler ist. Vielleicht auch, weil er von Fürths Karl Mai so gut von Tureks Tor ferngehalten wird.

In der 38. Minute aber setzt sich der Torjäger mal mit einem Haken gegen seinen Schatten durch und kommt im Strafraum zu Fall – zögerlich beschwert er sich. Vergeblich. Zimmermann will gesehen haben, dass Kocsis selbst gestolpert war. Danach hatte es nicht unbedingt ausgesehen. Aber kein Elfmeter.

Sobald Deutschland mal richtig ins Kontern kommt, kombiniert die Mannschaft mit dem Bundesadler auf der Brust noch flüssiger als die Ballkünstler aus Budapest. Kurz vor der Pause berichtet Zimmermann im Umschaltspiel von einer Aktion, »die man heute wahrscheinlich nur von den Ungarn erwartet hätte«. Das Spielverständnis von Morlock und Eckel hebt er besonders hervor.

Die Kombination im deutschen Vortrag aus robuster Physis und geradlinigem Angriffsspiel lässt Herbergers Mannen selbst in Ungarns besten Phasen konkurrenzfähig bleiben. Auf diese Weise wird die ungarische Dominanz immer mal wieder unterbunden. Notwendiges Luftholen.

Im ersten Durchgang bricht die Schlussphase an. Mit einem 2:2-Halbzeitstand wäre Deutschland definitiv gut bedient, damit hatten sich allerdings nur die Ungarn bereits abgefunden. Der Underdog hingegen zieht durch und begehrt in einer Phase auf, in der sich sein Gegner gedanklich vielleicht schon in der Kabine

30

befindet. Schäfer löst sich am linken Strafraumeck, dribbelt entschlossen in die Mitte und zwingt den auf sich gestellten Grosics zu einer Glanzparade. Dieser wehrt den Ball dabei jedoch vor die Füße von Rahn ab, der sofort abzieht und nur an Buzanszky scheitert, der für seinen geschlagenen Schlussmann auf der Linie rettet.

»Liebe Ungarn, jetzt habt ihr Glück gehabt«, merkt Zimmermann an, der nach einem fahrigen Ballverlust von Lorant in gefährlichster Zone sogar »dicke Luft im Strafraum der Ungarn« vermelden darf. Er vermeldet gegen Ende der ersten Hälfte auch, dass »das Spiel durchaus ausgeglichen« ist. Über weite Strecken der ersten 45 Minuten stimmte das. Es gab auch andere Phasen.

Bis zum Gang in die Katakomben muss Liebrich noch zweimal »mit seinem berühmten Spagatschritt« klären, Lorant »ein ungeheures Arbeitspensum« erledigen. Der etwas unglücklich agierende Kocsis köpft in der 45. Minute aus guter Position knapp vorbei. Wieder atmet Deutschland durch. Es gibt auch eine kurze Unterbrechung, weil sich Eckel gegen Lorant »eine klaffende Fleischwunde« (kicker) zuzieht. Aber Auswechslungen sind noch Zukunftsmusik. Eckel wird auf die Zähne beißen. Der Halbzeitpfiff ertönt. Was für ein Finale. Bestimmt kein 3:8.

In der deutschen Kabine werden wieder Kräfte und Konzentration gesammelt. Eckel erzählte oft von der besonderen Art, »wie Fritz Walter die Mannschaft nach dem Rückstand und in der Halbzeit motiviert hat, wie er Kraft und Vertrauen gegeben hat«. Das tat er mehr bestimmt als laut, der große Lautsprecher war er nie. Musste er auch gar nicht sein, wenn ihm ohnehin jeder Mitspieler an den Lippen hing.

Vor der Rückkehr auf den Rasen schwören sich alle noch mal ein. Zusammenhalt und Hingabe, von Respektsperson Herberger vorgelebt. »Wir haben in der Kabine an uns geglaubt«, versicherte Eckel gebetsmühlenartig, dass nur dabei sein für das DFB-Team am 4. Juli 1954 nicht alles war. »Sonst hätten wir es gar nicht packen können.«

Für Zimmermann ist das 2:2 zur Pause »mehr, als wir zu hoffen

31

gewagt haben«. Wobei es in seinen Augen noch weiterer 45 Minuten an »Kondition und Kampfkraft« bedarf – die Attribute, in denen Deutschland zweifelsfrei überlegen ist –, um gegen »technisch brillierende Ungarn« bestehen zu können.

Genau das wirkt während der 15-minütigen Unterbrechung aber allmählich greifbar, wie Zimmermann empirisch erforscht: »Vor dem Spiel haben wir rund 30, 40 Pressekollegen gefragt: Wer gewinnt? Ein einziger von ihnen hat gesagt Deutschland, alle anderen sagten Ungarn. In der Halbzeit haben wir wieder gefragt. Und die Sensation: Der Außenseiter hat gleich gute Chancen.« Sieh mal einer an.

Das Chancenverhältnis ist bis hierhin tatsächlich ziemlich ausgeglichen, was für den zweiten Durchgang aber gar nichts heißen muss. Vor allem weil Sebes jetzt zumindest Czibor zurück auf seinen linken Flügel stellt. Und dieser von dort aus schon wenige Sekunden nach Wiederbeginn – wegen eines wilden Abspielfehlers von Liebrich – einen strammen Schuss auf Turek abgeben kann. Aufpassen.

Die Ungarn haben es jetzt eilig, diesmal sind sie es, die sofort den Weg nach vorne suchen. Puskás bricht nach einem Steilpass durch und »stand allein acht Meter vor dem Tor, das hätte eigentlich ein Tor werden müssen«, keucht Zimmermann. Doch der Kapitän, dem auch Eckel ab und zu den Ball abluchsen kann, spielt weiterhin zu ungenau.

Jetzt geht es Schlag auf Schlag. Das ist eine entschlossenere ungarische Mannschaft, die Turek nun auch gefährliche Fernschüsse um die Ohren jagt. Sowohl bei Hidegkuti (»Ein hoher Schlenzer, den auch Turek nicht bekommen hätte«) als auch bei Bozsik (»20 Zentimeter über die Querlatte«) fehlt nicht viel. Erst viereinhalb Minuten ist das Finale zu diesem Zeitpunkt wieder alt. Ungarn erhöht das Tempo, Deutschland hat Probleme.

Eines der Probleme ist, dass das wunderbare Konterspiel im Ansatz zwar funktioniert. »Unser Linksaußen stand in der Sturmmitte, auch das ist typisch für das Spiel der Deutschen, sie wechseln ständig die Positionen«, erläutert Zimmermann. Doch zu Ende bringt diese Umschaltsituationen kaum mal einer, weil Mittelstürmer Ottmar Walter meistens auf dem Flügel steht. Die ertragreichsten deutschen Aktionen in dieser Phase eines »bemerkenswert fairen Spiels« sind längere Ballbesitzphasen, um den ungarischen Sturmlauf zu entschleunigen.

Der große Favorit ist augenscheinlich mit dem Vorhaben aus der Kabine gekommen, so schnell wie möglich für klare Verhältnisse zu sorgen. Die Überlegenheit auch in Tore umzumünzen. Apropos schnell: Über die rechte Seite kommt nun auch der wieselflinke Tóth besser zur Geltung.

In der 55. Minute steht er nach einer genialen Finte von Puskás, der einen Flachpass von Kocsis einfach durch seine Beine passieren lässt und damit die gesamte deutsche Abwehr aus dem Spiel nimmt, rechts im Strafraum völlig frei in Abschlussposition. Tóth zieht ab – und schießt Kohlmeyer an, der vor Turek in die Bresche springt, den Ball aber erneut vor Tóths Füße abwehrt.

Der Rechtsaußen geht an Deutschlands Schlussmann vorbei und hält diesmal mit dem schwächeren linken Fuß drauf – auf der Linie rettet der zurückgeeilte Kohlmeyer ein zweites Mal und bügelt spätestens in diesem Moment seinen fatalen Rückpass vor dem 0:2 aus. »Rettet, rettet, rettet«, schreit Zimmermann mitten in die deutschen Klärungsversuche hinein, von denen es mindestens zehn Stück braucht, bis die Gefahr wirklich »beseitigt« wird. Der Kommentator hatte »18 Spieler im deutschen Strafraum« gesehen und damit wahrscheinlich recht gehabt.

Puskás schlägt sich frustriert die Hände vors Gesicht, Czibor räumt wenig später Morlock ab – »ein hässliches Foul«, tadelt Zimmermann – und erntet vom Berner Publikum dafür Pfiffe. So langsam wird der Favorit ungemütlich, der dritte Treffer hätte ihm eigentlich längst gelingen müssen. Doch auch 1954 ist das Leben kein Konjunktiv.

Das magyarische Gemüt entspannt sich auch drei Minuten nach Tóths Doppelchance nicht, als Ungarn mal kontern darf und

33

das über Czibor tut, der rechts wieder Tóth mitnimmt. Dessen Flanke an den zweiten Pfosten landet auf dem Kopf von Kocsis, der aus schier unmöglichem Winkel noch druckvoll über Turek hinwegköpft – Latte. Wieder nichts.

In der ersten Viertelstunde des zweiten Durchgangs ist den Deutschen dieses WM-Finale in großem Stil entglitten und doch steht es auch nach dieser Chance noch 2:2. Zimmermann will sein Publikum womöglich beruhigen, als er nur eine »leichte Feldüberlegenheit« bei den Ungarn sieht, die »aus der Tiefe aufbauen und immer wieder die Positionen wechseln; die Querpässe einbauen, dann steil kombinieren«. Angeführt von Bozsik, dem »Herrscher des Mittelfelds«. Fritz Walter, »in diesen Minuten nicht so stark«, hat sich diesen Rang ablaufen lassen.

Hidegkuti jagt einen weiteren Fernschuss vorbei, während Zimmermann nach einer Stunde offen hofft, dass »der bedrohliche Druck vor dem deutschen Tor nachlässt«. Was womöglich nur Fritz Walter bewirken kann. Tatsächlich wehrt sich der wilde Rahn, der sich mit dem deutschen Kapitän das Zimmer teilt. Der Rechtsaußen verlangt den Ball, tritt mit ihm an, fordert seine Nebenleute zum Kombinationsspiel auf. Gut Ding will Weile haben.

Ungarn bleibt schärfer, Puskás knallt aber auch den nächsten Versuch vorbei. Mit seinem so starken linken Fuß. Auch Rahn wählt einen Fernschuss, der Grosics zwar nicht fordert, der ihn aber zumindest mal wieder beschäftigen soll. Allzweckwaffe Ottmar Walter verwickelt den eleganten Keeper in ein raues Luftduell. Kondition und Kampfkraft sind gefragter denn je. Irgendwie muss sich Deutschland ja wehren. 63 Minuten gespielt.

»Kocsis ist wirklich der Regisseur des Angriffsspiels der Ungarn«, schmückt Zimmermann seine Erklärungen zur Aufgabenteilung aus, unterschlägt dabei aber weiterhin, dass Mai Ungarns gefährlichsten Abschlussspieler in dieser Funktion erstaunlich stark neutralisiert. Puskás, obwohl bereits Torschütze, kann ihn an diesem Abend nicht vertreten, in der 68. Minute lässt er per

34

»Acht-Meter-Schrägschuss« den nächsten Hochkaräter liegen. Turek lässt sich nicht aus der Reserve locken und rettet per Fußparade. Die Nummer 1 hält ihre Kollegen im Spiel.

Die Protagonisten der goldenen Elf fangen allmählich das Gestikulieren an, während Zimmermann über die deutsche Mannschaft ein schönes Bild in die heimischen Endgeräte zeichnet: »Posipal, sein Dress über und über mit Dreck beschmiert.«

In diesen Minuten zeigen sich die Rollen so, wie viele Fachleute sie vor dem Spiel erwartet hatten. War Deutschland der Übermacht vor der Pause noch größtenteils auf Augenhöhe begegnet, konnte der Spielstand mittlerweile nun wahrlich nicht mehr als leistungsgerecht verkauft werden. Ohne einen starken Fritz Walter war selbst das deutsche Umschaltspiel zum Erliegen gekommen.

Rahn bleibt der Mann, der einem stirnrunzelnden Herberger auf der Trainerbank und allen, die es mit seiner Mannschaft halten, einen Funken Hoffnung bewahrt. Zimmermann stimmt mit ein: »Der Dribbelkönig Rahn ist immer eine Gefahr, er spielt heute auch viel mannschaftsdienlicher als sonst. Und Sie wissen, wenn er zum Schuss kommt, ist für jeden Torhüter Alarm geboten. Rahn hat Dynamit in seinen Füßen.«

Der Reporter umschmeichelt den Einzelgänger, fast als würde er ihn darum bitten, das Dynamit doch endlich mal zu zünden. Der beidfüßige Essener erhört ihn. In der 73. und in der 74. Minute feuert Rahn zwei gefährliche Fernschüsse ab. Den zweiten, hoch in Richtung Kreuzeck, kratzt Grosics mit einer Glanztat aus dem Giebel. Fritz Walter hatte vorbereitet. Fritz Walter war zurück. Jetzt ist Deutschland wieder im WM-Finale angekommen.

Rahn läuft über seine rechte Seite heiß, heizt dadurch das gefährliche Konterspiel an. Das eröffnet aber auch den Ungarn, die Deutschland inzwischen regelmäßig ins Abseits stellen, neue Lücken. Es ist die wildeste Phase dieses Endspiels, in der beide Mannschaften gut zehn Minuten vor Schluss Lust auf eine Entscheidung noch in der regulären Spielzeit signalisieren. Davon ist logischerweise auch das DFB-Team nur ein einziges Tor entfernt.

Plötzlich aber muss es den mit voller Geschwindigkeit sprintenden Czibor durch seine Mitte brechen lassen, mit dem Ball am Fuß auf Turek zu. Der Schlussmann eilt aus seinem Kasten, geht volles Risiko und kriegt Czibors Knie ab. Zunächst hat Turek durch seinen Einsatz Schlimmeres verhindert, für den Abpraller ist er aber aus dem Spiel. Turek hält sich bereits den Kopf, als Hidegkuti aus spitzem Winkel nachsetzt, aber nur das Außennetz trifft. Für die Ungarn soll es einfach nicht sein.

Tureks Kollision mit Czibor zieht eine kurze Unterbrechung nach sich. Schiedsrichter Ling lächelt dem deutschen Rückhalt anerkennend zu, während dieser im Fünfmeterraum von Physio Erich Deuser behandelt wird. Es ist damals noch nicht üblich, dass Herberger seine Spieler schnell noch einmal um sich schart, sie auf die letzten Minuten einschwört oder ihnen dafür ein taktisches Bonbon mitgibt. Aber die deutschen Spieler regeln das in dieser Minute gewissermaßen selbst.

Als Ling das Finale fortsetzt, haben sich Körpersprache und Ausstrahlung nicht nur bei Fritz Walter verändert. Noch mal volle Überzeugung, alles reinhauen. Ungarn merkt schnell, dass es eine wohl ziemlich offene Schlussphase geben würde.

In die eine Richtung treibt Hidegkuti den Ball, flankt Puskás ihn – vergeblich –, in die andere »laufen fast alle Angriffe über den Fritz«, wie Zimmermann frohlockt. Das Herz der deutschen Mannschaft hatte sich eine Pause genehmigt, doch die ist inzwischen vorbei, das zieht auch die Mitspieler mit. Konditionell macht Deutschland einen besseren Eindruck als Ungarn.

Schäfer, der sich durch Ottmar Walters Ausweichen häufig in Mittelstürmerposition wiederfindet, probiert es in der 82. Minute mal wieder. Sein Versuch wird abgeblockt. Aber im Direktspiel ist nun Deutschland stärker, während zunehmend müde Ungarn ein paar hohe Bälle in den gegnerischen Strafraum schlagen. Der Zustand des Rasens wird schließlich nicht besser.

»Sechs Minuten noch im Wankdorf-Stadion in Bern. Keiner wankt, der Regen prasselt unaufhörlich hernieder«, nimmt Zimmermann seine Zuhörer mit in die letzte Spielphase, in der die Ungarn ihre Souveränität verlieren. Dem Favoriten ist die Präzision abhandengekommen, sogar seinem an diesem Tag besten Spieler.

Bozsik treibt den Ball, noch tief in der eigenen Hälfte, ein bisschen zu unkonzentriert über die rechte Seite, was Deutschlands Linksaußen auf den Plan ruft. »Und Bozsik, immer wieder Bozsik, der rechte Läufer der Ungarn, er hat den Ball ...« – auf einmal kippt Zimmermanns Stimme – »... verloren diesmal, gegen Schäfer«. Dann geht es schnell. »Schäfer, nach innen geflankt – Kopfball, abgewehrt!«

Am eigenen Elfmeterpunkt verteidigt Ungarn in diesem Moment zwei gegen zwei, Lantos geht als Sieger aus diesem wichtigen Kopfball-Vierkampf hervor. Doch sein Klärungsversuch kommt nicht weit. Genauer gesagt nur bis zur Kante des ungarischen Strafraums, wo vollkommen ungedeckt Deutschlands Rechtsaußen lauert. »Aus dem Hintergrund müsste Rahn schießen«, fleht Zimmermann ins Mikrofon und sieht, wie der Hitzkopf die Ruhe behält, um mit einem Haken – er führt den Ball mit dem etwas stärkeren rechten auf seinen etwas schwächeren linken Fuß – die verbliebenen Verteidiger aus seiner Schussbahn zu täuschen.

Jetzt sind es noch 15 Meter Torentfernung, aber nur das linke Eck ist noch offen. Genau darauf rauscht der satte Flachschuss zu. »Rahn schießt!« Alles wie in Zeitlupe. Grosics sieht, was passieren wird, und hechtet los. Dynamisch. Aber zu spät. Diesen Ball wird er nicht erreichen. »Tor! Tor! Tor! Tor!«

Vielleicht wäre Ungarns Torhüter noch rangekommen, wenn Rahn nicht so stramm geschossen hätte oder wenn der Rasen durch den Regen nicht so rutschig geworden wäre. Aber beides ist der Fall. In der 85. Minute des WM-Endspiels von 1954 führt Deutschland gegen Ungarn mit 3:2.

»Halten Sie mich für verrückt, halten Sie mich für übergeschnappt«, versucht Zimmermann die Auswüchse einer der besten Kommentatoren-Leistungen zu entschuldigen, die es wahrscheinlich je gegeben hat, und gibt in seiner Aufregung fälschlicherweise den Spielstand von 3:2 für Ungarn durch. Eine Stimme aus seiner unmittelbaren Nähe korrigiert ihn gleich. Er sammelt sich.

»Viereinhalb Minuten Daumen halten in Wankdorf«, ruft Zimmermann auf, während Deutschland auch den ersten Angriff nach dem Wiederanstoß fährt und Ottmar Walter endlich mal einen Schuss abgibt. Grosics hält.

»Die Ungarn, wie von der Tarantel gestochen, drehen jetzt den siebten oder zwölften Gang auf«, tönt es durch die Endgeräte, weil den Magyaren natürlich bewusst ist, wie kurz ihnen der Fußball-GAU bevorsteht. In Budapest, vor dem Nepstadion, waren bereits riesige Sockel errichtet worden, auf denen bald überlebensgroße Statuen der kommenden Weltmeister stehen sollten. Die fantastischsten Fußballspieler der Welt, sie konnten doch nach über vier Jahren nicht ausgerechnet das wichtigste aller Spiele verlieren. Oder?

Der Goliath lehnt sich auf. Rennt, stürmt, drückt. Nur 77 Sekunden nach Rahns umjubelten 3:2 verlängert Kocsis eine Flanke mit dem Kopf in den Lauf von Puskás, der den Ball aus spitzem Winkel an Turek vorbei ins Tor grätscht. 3:3? »Kein Tor, kein Tor, kein Tor, Puskás Abseits«, brüllt Zimmermann unverzüglich und klingt ziemlich überzeugt. Er will eine »eindeutige Abseitsstellung« erkannt haben.

Der deutsche Ersatzspieler Alfred Pfaff, der am Spielfeldrand sitzt, würde später in der ZDF-Doku widersprechen und behaupten, dass Abseits definitiv eine Fehlentscheidung gewesen war. Linienrichter Sandy Griffiths, ein Waliser, hatte sie getroffen und Schiedsrichter Ling energisch übderstimmt. Öffentlich zugängliche Aufzeichnungen des vermeintlichen ungarischen Ausgleichstreffers, die so vollständig sind, dass sich diese hochinteressante Abseitsfrage klären lässt, kursieren aktuell nicht.

Da hat Deutschland Glück gehabt, doch das Nervenflattern geht weiter. Eckel schaut in diesen Sekunden – an diese Erzählung

38

erinnert sich seine Tochter gut – immer wieder auf die Stadion-uhr. »Ich habe gedacht, das hört überhaupt nicht mehr auf.«

Zimmermann erkennt nun eine gewisse Nervosität beim füh-renden Außenseiter, der den eigenen Strafraum mit acht Mann verteidigt – »nur Fritz Walter als Stürmer vorne«. Auch die Un-garn entwickeln eine Hektik, aber eine fruchtbare Hektik. Es gibt nur noch einen Weg, und der geht nach vorne. Turek hält in der 88. Minute gegen Hidegkuti, der »mit dem ausgestreckten Bein verlängert« hatte. Seine Vorderleute fahren Entlastungskonter, halten den Ball kurz, ziehen dann ab, um weitere wertvolle Sekun-den zu gewinnen.

»Deutschland stürmt, die Zuschauer gehen mit, auch die Schweizer«, ruft Zimmermann. Das neutrale Publikum findet all-mählich Gefallen an der sportlichen Sensation, die glücklich, aber doch nicht gänzlich unverdient wäre. Noch bahnt sie sich nur an. »Jetzt spielen die Deutschen auf Zeit«, umschreibt der Radio-Kommentar Schäfers Lauf auf den rechten Flügel, wo er sich den Ball abholt, dribbelt, fast von der Grundlinie ans Außennetz schießt. Einfach, um geschossen zu haben. Die nächsten Sekunden.

Für Ungarn soll es Bozsik richten, der Ball landet bei ihm. Er tänzelt an drei Deutschen vorbei, gibt zu Czibor, der einen Dop-pelpass mit Tóth spielt und rechts im Strafraum, nur zehn Meter vor Turek, vollkommen frei zum Abschluss kommt. In der 90. Mi-nute.

Die deutsche Abwehr war ausgehebelt, sie hatte sich sträflich entzerren lassen. Ein derart offener Schuss darf in dieser Situation eigentlich nicht mehr passieren. Doch es gibt ja noch Turek, der über sich hinauswächst, der blitzartig in sein linkes unteres Eck abtaucht und auch Czibors Gewaltschuss katzenartig wegfaustet. Was für eine Parade.

»Puskás hämmert die Fäuste auf den Boden«, jauchzt Zimmer-mann, während die reguläre Spielzeit endgültig abläuft. Nach-spielzeiten sind noch nicht so en vogue wie ein paar Jahrzehnte später. Es kann sich nur noch um Sekunden handeln. »Jetzt hat

Fritz Walter den Ball über die Außenlinie ins Aus geschlagen, wer will ihm das verdenken? Die Ungarn erhalten einen Einwurf zugesprochen, der ist ausgeführt, kommt zu Bozsik ... Aus! Aus! Aus! ... Aus! Das Spiel ist aus! Deutschland ist Weltmeister!« In seiner engen Rundfunkkabine schreit Zimmermann Worte für die Ewigkeit. Sein Kommentar gehört zum vielzitierten »Wunder von Bern« untrennbar dazu.

Das gilt auch für dessen berühmte Bezeichnung, die eingeordnet werden muss. Der Begriff »Wunder«, ob man das Finale vom Spielverlauf oder von sonstigen Umständen so bezeichnen möchte oder nicht, wurde in den Jahren des wirtschaftlichen Aufschwungs nach der unmittelbaren Nachkriegszeit – siehe »Wirtschaftswunder« – ziemlich inflationär gebraucht.

So leitete Zimmermann vor dem Endspiel bereits ein: »Deutschland im Finale der Fußball-Weltmeisterschaft, das ist eine Riesen-Sensation, das ist ein echtes Fußball-Wunder.« Schon nach dem gewonnenen Viertelfinale gegen Jugoslawien hatte der *kicker* geschrieben: »Ein Wunder wurde Wirklichkeit.«

Wichtiger Kontext. Kurz nach dem Schlusspfiff aber komplett egal. Was er in diesen Momenten empfunden hatte, beschrieb Horst Eckel lieber als nicht zu beschreibendes Gefühl. »Wie wir auf unsere Kameraden zugestürmt sind. Wie wir uns alle an den Händen gehalten haben.« Vor allem vom Halten der Hände, ein enorm verbindendes Erlebnis, erzählte der Läufer oft. Und wurde dann immer ganz wehmütig. Kameradschaft in ihrer reinsten Form.

Als sich die Gemüter allmählich beruhigt haben, macht Zimmermann auch den Ungarn, »die großartig verlieren können«, ein »Kompliment«. Ohne sie hätte es das »schönste, kunstvollste, fairste Weltmeisterschafts-Endspiel aller Zeiten«, wie der *kicker* 1954 schwärmte und was man selbst nach 2022 noch argumentieren könnte, nicht gegeben.

Auch die magischen Magyaren erhalten ihren Beifall, ehe nicht die dritte, sondern noch die erste Strophe des Deutschlandlieds gespielt wird. Zum Ambiente passt das nicht, wie auch der NDR schreibt: »Von der Politik jedenfalls wird dieser WM-Sieg nicht nationalistisch ausgeschlachtet. Kein Minister ist beim Finalspiel im Stadion, vom Bundeskanzler« – Konrad Adenauer – »ganz zu schweigen«.

Viel größer und intensiver erleben die einfachen Bürger diesen Triumph, vielen gilt er als eigentlicher Gründungstag der Bundesrepublik Deutschland. Man war wieder wer.

Mitgesungen wird die Hymne damals ohnehin noch nicht, aber andächtig innegehalten, ehe sich das Leben der ersten deutschen Weltmeister für immer verändert. Beginnend mit der triumphalen Heimkehr mit dem Zug: Ortschaft um Ortschaft – und auch dazwischen – stehen jubelnde Menschenmassen an den Gleisen Spalier. Mit einer solchen Resonanz hatte keiner der Weltmeister gerechnet. Sie sollte anhalten.

»Er war von heute auf morgen bekannt«, erzählt mit einem Lachen Eckel-Tochter Dagmar, »er wurde überall angesprochen, aus seinen einfachen Verhältnissen gerissen.« Lange vor Social Media, sogar noch einige Jahre vor der Bundesliga, erfuhren die »Helden von Bern« eine komplett andere Wahrnehmung, die zeitlebens blieb. Wenn nicht sogar wuchs.

»Erst im Laufe seines Lebens hat er gemerkt, was es bedeutet, Weltmeister zu sein«, erlebte Dagmar Eckel die Entwicklung ihres Vaters. »Er hat ganz lange gebraucht, um das zu verstehen. Er musste sich auch verändern, weil er nun ja die ganze Zeit auf Veranstaltungen eingeladen wurde.«

Dem »Windhund«, dem mit erst 22 Jahren jüngsten der Weltmeister, wurde das manchmal zu viel. Nicht der Rummel, der gefiel ihm irgendwann sogar ganz gut, verrät seine darüber belustigte Tochter. Aber die Überhöhung. »Wir sind keine Helden, wir sind ganz normale Menschen«, hörte Dagmar ihn oft sagen. Ob zu Hause oder zu Fremden. »Und so hat er auch gelebt.« Nach den Werten, die Herberger seinen Schützlingen eingetrichtert hatte.

Doch Bern ist nicht für alle Protagonisten der Startschuss in

41

ein aufregenderes, besseres Leben. Der unvermeidliche Ruhm hat auch Schattenseiten, mit denen nicht jeder umgehen kann. Mit Rahn verliert sich auch der große Held irgendwann im Alkohol. Davon gezeichnet und im Leben gescheitert, stirbt Kohlmeyer schon 1974 als Erster aus der Startelf, keine vollen 20 Jahre nach dem Endspiel.

1962 war bereits Ergänzungsspieler Richard Herrmann gestorben, an den Folgen einer Leberkrankheit. Auch andere leiden etwa an Gelbsucht, was Gerüchte aufkeimen lässt, die deutsche Mannschaft habe während der WM gedopt, die Spieler hätten sich an einer verunreinigten Spritze angesteckt.

Von der Sichtung einer oder mehrerer Spritzen in der deutschen Kabine wurde über die Jahre wiederholt berichtet, was auch als gesichert gilt. »Wir haben Traubenzucker gekriegt, sind aber nicht gedopt worden«, räumte nicht nur Eckel ein, bis er darauf irgendwann keine Lust mehr hatte. Herberger-Assistent Albert Sing erklärte in der ZDF-Doku, dass besagter Traubenzucker flüssig verabreicht worden war. In den Spritzen.

Investigativ tätige Wissenschaftler wähnten darin zwar immer mal wieder nicht Traubenzucker, sondern das Aufputschmittel Pervitin, Rufname »Panzerschokolade«, das den deutschen Soldaten im Zweiten Weltkrieg verabreicht worden war. Zweifelsfrei bewiesen wurde das aber nie.

Doch kleine Zweifel schwingen beim »Wunder von Bern« schon lange mit, das hatte bereits 1957 begonnen, als der große Puskás Doping-Vorwürfe in Richtung der deutschen Weltmeister erhob. Später musste er sich dafür entschuldigen, was er auch tat. Die Ungarn hatten zu diesem Zeitpunkt andere Sorgen.

Enttäuschung und Ablehnung waren noch harmlosere Symptome dessen gewesen, was die magischen Magyaren nach der Pleite von Bern in ihrer Heimat erwartete. Die Sockel vor dem Nepstadion blieben unbebaut und stehen dort – inzwischen heißt das Stadion Puskás-Arena – noch immer. Angeblich als Mahnmal für Überheblichkeit.

In der Folge der Niederlage, ausgerechnet im größten aller Spiele, blieb die goldene Elf eineinhalb weitere Jahre ungeschlagen, ehe sich einige ihrer Köpfe im Rahmen einer Honved-Reise im Europapokal ins Ausland absetzten, als 1956 die ungarische Revolution ausbrach. Manche würden erst viele Jahre später nach Hause zurückkehren, wo sie – als Verräter gebrandmarkt – zwischenzeitlich aus den Geschichtsbüchern gestrichen wurden.

Nach vorübergehenden internationalen Sperren legten Puskás (Real Madrid), Kocsis und Czibor (beide FC Barcelona) in Spanien beachtliche »zweite« Karrieren hin. Besonders Puskás stieg wie ein Phönix aus der Asche und schwang sich in Madrid zu einer der bis heute größten Vereinslegenden auf. Das Barca-Duo hingegen verlor 1961 das Endspiel im Europapokal der Landesmeister gegen Benfica Lissabon – kurioserweise im Wankdorf-Stadion, das 2001 schließlich abgerissen wurde. Wieder mit 2:3.

Die 1960er Jahre sollten die bis heute letzten Höhenflüge der ungarischen Nationalmannschaft erleben, auch wenn sie bei der WM 1982 durch das 10:1 gegen El Salvador überraschend den nach wie vor höchsten Sieg der Turniergeschichte feierte.

Während Deutschland nach 1954 noch drei weitere Male Weltmeister werden sollte und Bern vor allem als Grundstein für eine der größten Nationen der Fußballgeschichte gilt, war die einst dominanteste Auswahl, die es vielleicht je gegeben hat, bis heute nicht mehr so stark. Weltmeister wurde Ungarn, das auch 1938 im Finale gestanden hatte, nie.

Das Erbe einer revolutionären, aus der Historie des Sports nicht wegzudenkenden Elf hat sich aber auch ohne WM-Titel gehalten – wie auch jahrzehntelange Freundschaften mit ihren deutschen Gegnern, die bei regelmäßigen Treffen immer vertrauter wurden. Irgendwann durfte auch Dagmar Eckel mal mit – und einige der großen Ungarn kennenlernen. »Je älter alle wurden, desto herzlicher wurde das«, erzählt sie – und amüsiert sich köstlich: »Die haben sich natürlich auch gefoppt. Was, wenn es nicht geregnet hätte, witzelten zum Beispiel die Ungarn.«

43

Inzwischen lebt auf beiden Seiten keiner mehr, Horst Eckel starb 2021 als Letzter. »Am Ende«, schwärmt seine fußballverrückteste Tochter, die das hautnah miterlebt hat, »waren sie alle wie eine einzige Mannschaft.« Sieger und Verlierer vereint, bis alle Grenzen verschwammen. Auch wenn Sebes noch auf seinem Sterbebett damit haderte, die Flügel falsch besetzt zu haben.

Gemeinsam haben Deutsche und Ungarn, weil die Auswirkungen so weit über das Wankdorf-Stadion hinausgingen, das womöglich gewichtigste Spiel in der bisherigen Geschichte des Fußballs gespielt. Ganz sicher in der bisherigen Geschichte des deutschen Fußballs. Wo auch immer dessen Reise künftig noch haltmachen wird: Beim Blick in den Rückspiegel führen alle Wege nach Bern.

2
DAS JAHRHUNDERTSPIEL

Italien gegen Deutschland,
WM-Halbfinale 1970

Der Name ist Programm. Als »Jahrhundertspiel« wurde das WM-Halbfinale 1970 zwischen Italien und Deutschland sogar mit einer Plakette am legendären Aztekenstadion verewigt. Auch wenn sich die Protagonisten nicht ganz einig sind, wie toll es wirklich war.

4:3 n.V.

Italien – Deutschland

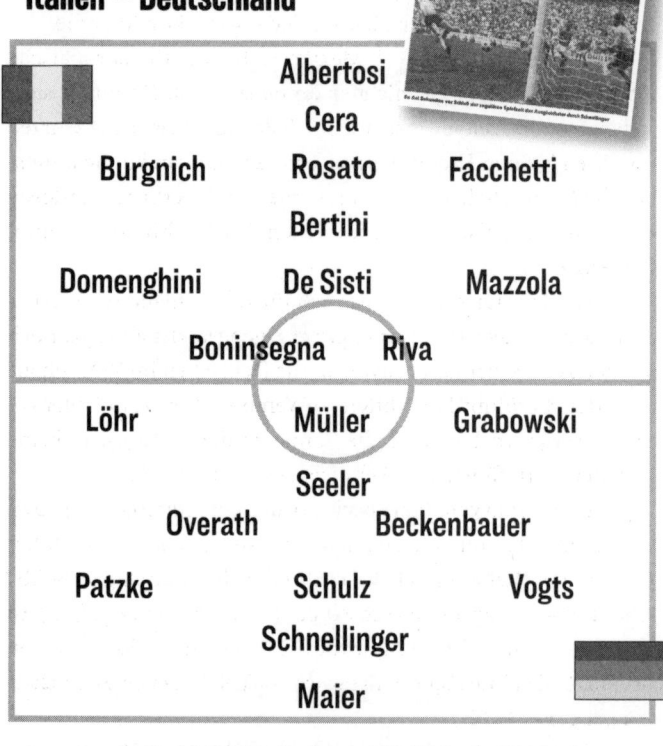

Albertosi

Cera

Burgnich   Rosato   Facchetti

Bertini

Domenghini   De Sisti   Mazzola

Boninsegna   Riva

Löhr   Müller   Grabowski

Seeler

Overath   Beckenbauer

Patzke   Schulz   Vogts

Schnellinger

Maier

17. Juni 1970 im Aztekenstadion, Mexiko-Stadt

Tore: 1:0 Boninsegna (8.), 1:1 Schnellinger (90.+2),
1:2 Müller (95.), 2:2 Burgnich (99.), 3:2 Riva (104.),
3:3 Müller (110.), 4:3 Rivera (111.)

Der längste Tag des Jahres ist nur noch vier Nächte entfernt, doch über Deutschland bricht bereits die Dunkelheit herein, als alle ihre Positionen einnehmen. Die 22 Spieler auf dem Rasen im imposanten Aztekenstadion in Mexiko-Stadt; die Daumendrücker in den heimischen Wohnzimmern, wo sich auch manch Schlafanzug tragender Nachwuchsfan auf die Fußballnacht des Jahres vorbereiten darf. Auf dem Sofa wird zusammengerückt, die Flimmerkisten flimmern – ein paar wenige sogar schon in Farbe.

Die WM 1970 findet in Mexiko statt, was für europäische TV-Zuschauer aber gar nicht so kompliziert ist. Damit sie sich, sieben Stunden zeitversetzt, noch zu halbwegs christlicher Uhrzeit vor ihren kleinen Kasten-Fernsehern versammeln können, müssen die Mannschaften einige ihrer Spiele in der erbarmungslosen mexikanischen Mittagshitze bestreiten. Die Nachfrage bestimmt das Angebot.

Um 12 Uhr Ortszeit war es auch für Deutschland ins Viertelfinale gegen Titelverteidiger England gegangen, der als sogar noch stärker galt als vier Jahre zuvor, als die Deutschen im WM-Finale auch dem berühmt-berüchtigten »Wembley-Tor« zum Opfer gefallen waren. In León, wo die Sonne zu dieser Tageszeit keine Schatten warf, führte der Weltmeister schon mit 2:0.

Doch ein Solo von Franz Beckenbauer, der Hinterkopf des Uwe Seeler und der unwiderstehlich eingesprungene Gerd Müller drehten die Partie, in der die Engländer ihren Strategen Bobby Charlton vorzeitig ausgewechselt hatten, in der Verlängerung. So kann man sich mal zum Mitfavoriten mausern. Im Schatten von überragenden Brasilianern natürlich. Vielleicht der einzige Schatten bei dieser WM.

Im Halbfinale also Italien. Noch nicht der große Angstgegner späterer Jahre, auch wenn das DFB-Team von den bis dato vier gemeinsamen Länderspielen in der Nachkriegszeit keines gewinnen konnte. Sehr wohl aber der amtierende Europameister mit Namen, die Deutschlands Wolfgang Overath beinahe den Mund offen stehen ließen.

»Riva, Mazzola, Boninsegna, Rivera, ... boah, war das eine Mannschaft«, schwärmt noch Jahrzehnte später der Mann, der 1970 in Mexiko zum besten Mittelfeldspieler des Turniers gewählt werden sollte. Und um den sich bekanntlich ähnlich eindrucksvolle Namen scharten. In der Rückschau. Denn die Italiener hatten ihren Titel zu diesem Zeitpunkt schon gewonnen – Beckenbauer, Müller oder Overath noch nicht.

Fußball-Deutschland hatte soeben die siebte Saison seiner Bundesliga verabschiedet, die 1962 Hals über Kopf in erster Linie deshalb gegründet worden war, weil der Weltmeister von 1954 international den Anschluss zu verlieren drohte. 1958 in Schweden war es als Titelverteidiger zumindest noch bis ins Halbfinale gegangen, wo die gealterten »Helden von Bern« höchst unglücklich dem Gastgeber unterlagen. Das konnte passieren. Doch 1962 in Chile wurden der Mannschaft von Bundestrainer Sepp Herberger schon von Viertelfinal-Gegner Jugoslawien krachend die Grenzen aufgezeigt. Grenzen, die man durch die Einführung einer Profi-Liga, wie es sie in anderen Nationen teilweise schon lange gab, zügig einreißen wollte.

Der Erfolg lag bald auf der Hand. Schon 1965 hatte Deutschland mit dem TSV 1860 München den ersten Europapokal-Finalisten vorzuweisen. 1966 gewann dann Borussia Dortmund als erster Bundesligist einen solchen Pott – den Europapokal der Pokalsieger gegen den FC Liverpool –, und Wochen später erreichte die inzwischen von Herberger-Assistent Helmut Schön trainierte Nationalmannschaft bei der WM in England das Finale. Sie wurde Zweiter.

Vier Jahre später in Mexiko, große Talente wie Beckenbauer und Overath waren nun gestandene Führungsspieler, trug die Schön-Elf mit dem vielleicht offensivsten WM-Fußball einer deutschen Mannschaft zu einem Weltturnier bei, das durch seine großen Namen und noch größeren Spiele in vielen Augen das bisher herausragende bleibt. »Als Spieler war das meine schönste WM«, ist sich DFB-Torhüter Sepp Maier nach kurzem Überlegen

48

sicher. Und er ist 1974 immerhin Weltmeister im eigenen Land geworden.

Die Aufholjagd gegen England hatte 1970 zweierlei bewirkt: einerseits große Euphorie, andererseits großen Kräfteverschleiß. Das eine half, das andere schadete gegen Italiener, die sich in der Gruppenphase keineswegs mit Ruhm bekleckert, die im Viertelfinale gegen Gastgeber Mexiko (4:1) aber rechtzeitig zu alter Form gefunden hatten.

»Riva und Rivera spielten groß auf«, vermeldete der *kicker* chronistenpflichtig, was in Deutschland keinem schmecken konnte. Denn Luigi »Gigi« Riva vom italienischen Meister Cagliari verfügte mit seiner linken Klebe über den wahrscheinlich gefährlichsten Schuss Europas. Und Gianni Rivera, eleganter Spielmacher der AC Mailand, hatte erst im Vorjahr den Europapokal der Landesmeister und deshalb auch den prestigeträchtigen Ballon d'Or gewonnen.

Doch Deutschland konnte aufatmen. Als der peruanische Schiedsrichter Arturo Yamasaki das WM-Halbfinale anpfiff, das als »Jahrhundertspiel« in die Fußballgeschichte eingehen sollte, stand Rivera gar nicht auf dem Platz.

Der italienische Nationaltrainer Ferruccio Valcareggi war der Überzeugung, dass Rivera und Sandro Mazzola, der Spielgestalter von Milans Stadtrivale Inter, einfach nicht zusammenspielen konnten. Oder sollten. So entschied er sich in Mexiko tatsächlich dazu, zunächst den körperlich stärkeren Mazzola einzusetzen, den er nach der Halbzeit meistens für Rivera austauschte, dessen etwas gemächlicheres Spieltempo besser passte, wenn alle anderen Spieler schon einige Minuten in den Knochen hatten. Das war auch der Plan gegen die Deutschen, die im brütend heißen León gegen England lange Zeit einem Rückstand hinterhergelaufen waren.

Ob Rivera nun spielte oder nicht – in Overaths Augen machte das kaum einen Unterschied. »Die Italiener konnten auf solche tollen Leute verzichten und hatten trotzdem noch eine überragende Mannschaft«, resümiert nüchtern ein Platzhirsch, der 1970 selbst Teil eines personellen Luxusproblems war, das eine ungewöhnliche Lösung erforderte.

Der Kölner Mittelfeldlenker hatte mit Günter Netzer, dem Zehner von Borussia Mönchengladbach, einen ziemlich ebenbürtigen Rivalen um eine Position, die es eben nur einmal gab. Bundestrainer Schön hatte immer mal wieder versucht, die beiden ballfordernden Rasengeneräle auch gemeinsam aufzubieten, was jedoch überhaupt nicht funktionierte. Im Dezember 1967 hatte diese Konstellation in der EM-Qualifikation in Albanien (0:0) für die »Schmach von Tirana« und das Verpassen des damals nur von vier Mannschaften ausgespielten Endturniers gesorgt. Overath und Netzer standen sich auf den Füßen. Es konnte nur einen geben.

In Mexiko gab es dann auch nur einen. Schön hatte das zweifelhafte Glück, dass sich Netzer, der mit Gladbach soeben erstmals Meister geworden war, kurz vor dem Turnier verletzt hatte. Neben Overath im faktischen Zwei-Mann-Mittelfeld spielte wie schon 1966 Beckenbauer, der sich mit seinem Nebenmann besser ergänzte als Netzer.

»Franz hat mehr von hinten raus gespielt«, unterscheidet der horizontaler agierende Overath sich selbst vom nach vorne stoßenden »Kaiser«, der das deutsche Spiel nur noch angriffslustiger machte. Den Libero in Schöns Abwehr gab dagegen Karl-Heinz Schnellinger – ein Verteidiger, der sich nur in Ausnahmefällen nach vorne einschaltete. Der Legionär der großen AC Mailand musste hinter durchaus offensiv denkenden Manndeckern wie Berti Vogts und Bernd Patzke aufräumen. Und hinter allen anderen.

Denn in der Zentrale hatten Overath und Beckenbauer den Blick auch eher nach vorne gerichtet, auf den Außenbahnen stürmten Jürgen Grabowski und Hannes Löhr, vorne drin Müller und etwas dahinter Uwe Seeler. Ob 4-2-4 oder 4-2-3-1 – offensiver war Deutschland seither wohl bei keiner WM aufgestellt.

50

Die Italiener, mit den unerwarteten vier Toren gegen Mexiko im Gepäck, lassen sich im Halbfinale von dieser Herangehensweise anstecken: Beide Teams suchen von Beginn an den Weg nach vorne. Durch ihr Passspiel. In diesem Klima, das man von den Spielbedingungen laut Overath mit der WM 1974 in Deutschland überhaupt nicht vergleichen konnte, muss man mehr den Ball als die eigenen Mitspieler laufen lassen. Wenigstens wird die Vorschlussrunde erst um 16 Uhr Ortszeit angepfiffen, was für die Protagonisten im Vergleich zu den Mittagsspielen deutlich angenehmer ist.

Sieben Stunden zeitversetzt nehmen die aufgebliebenen deutschen Anhänger amüsiert zur Kenntnis, wie Vogts – ohne, dass es nötig gewesen wäre – gleich ein herzhaftes Zeichen gegen Riva setzt. Patzke gegen Angelo Domenghini und Willi Schulz gegen Roberto Boninsegna versuchen Ähnliches. Der Willkommensgruß der alten Schule.

Deutschland ist in den ersten Minuten das aktivere Team. Overath zieht die Fäden, die ziemlich locker gespannt sind. Soll heißen: viele Rochaden im Spiel, keine übermäßig starren Positionspflichten. Auch Mittelstürmer Müller wandert. Sein Gegenspieler Roberto Rosato folgt ihm auf Schritt und Tritt. Es wird sich noch mehr in Pärchen über den Platz bewegt.

Fixpunkt der italienischen Offensive ist nicht Mazzola, der lieber sehr direkt und oft wie eine hängende Spitze spielt, sondern Giancarlo De Sisti von der AC Florenz. Er hat in erster Linie das Umschaltspiel zu dirigieren, auf das sich die »Azzurri« wenig überraschend ausgerichtet haben. Den Gegner kommen lassen, Ballgewinn, Konter. Erst im Viertelfinale gegen Mexiko hatte das ja wieder wunderbar funktioniert, da würde Valcareggi eine Runde später sicherlich nichts über den Haufen werfen. Schon früh zahlt sich das aus.

In der 8. Minute spielt De Sisti einen Steilpass auf Unruheherd Boninsegna, der Schulz immer wieder weit vom Strafraum wegzieht. Gleich mehrere Deutsche können den ballfertigen Linksfuß

51

nicht vom Spielgerät trennen, das Boninsegna am Strafraum eigentlich zu Riva spielen will. Doch Beckenbauer geht dazwischen, von ihm springt die Kugel gegen Vogts und von Vogts wieder zurück zu Boninsegna, der die Gunst der Sekunde nutzt und aus etwa 20 Metern zentral vor dem Sechzehner sofort abzieht. Keine Abwehrmöglichkeit. Der Inter-Stürmer trifft den Ball mit seinem starken Fuß perfekt, das Leder dreht sich von Maier weg, klatscht gegen den Innenpfosten – und ins Tor. Nichts zu halten.

Der italienische Jubel fällt so exzessiv aus, als würden die Azzurri genau wissen, dass das 1:0 für sie schon die halbe Miete ist. Weil keine Fußballnation so stoisch und entnervend verteidigen, eine Führung so unerbittlich verwalten kann. Die »Freude« darüber kann man auch der Körpersprache der deutschen Spieler entnehmen. Die Vorentscheidung also, 82 Minuten vor Schluss. Natürlich nicht.

Beckenbauer hat sogleich einen Geistesblitz und Vereinskamerad Müller die Chance zur direkten Antwort, doch der »Bomber der Nation« kommt an den schnell ausgeführten Freistoß des Kaisers nicht ganz heran. Die meisten der anderen Spieler drehten sich da erst verwundert um.

Die Abstände im deutschen Spiel sind in dieser Phase groß, lange Bälle jedoch nicht immer zielführend, weil die Verlagerungen zu langsam vonstattengehen, um das Bollwerk des Europameisters wirklich entzerren zu können. Zeit ist jedenfalls genug, die Italiener lassen sich in der Folge ihrer Führung zurückfallen.

Aus ihrem tiefen Block heraus agiert die Valcareggi-Elf allerdings ballsicherer und spielstärker als ihr Gegner, sie tritt geschlossener und eingespielter auf, sie hält Deutschland auf diese Weise geschickt vom eigenen Tor weg, sie ist jetzt genau in ihrem Element. Das Flügelspiel wird auf beiden Seiten vernachlässigt, einen Linksaußen hat Italien gar nicht auf dem Platz. Nur einen verkappten in Linksverteidiger Giacinto Facchetti, der sich offensiv jedoch weitgehend zurückhält.

Für Deutschland tritt indes Beckenbauer mehr und mehr in

52

Erscheinung, der den unverblümten Weg in die Spitze sucht. Dort sollen Seeler und Müller, über die vor dem Turnier intensiv diskutiert worden war, ob denn auch sie vielleicht gar nicht zusammenspielen können, für den jeweils anderen ablegen. Vor allem der hängend spielende Seeler für Strafraumstürmer Müller. Es klappt, die beiden harmonieren – wenn auch noch nicht gegen Italien.

Konternde Azzurri kommen durch ihr Abwarten und Lauern in unregelmäßigen Abständen relativ einfach nach vorne, Rivas halblebiger Volley nach 16 Minuten kann es aber nur als Entlastungsangriff in die Spielberichte geschafft haben. Anders eine Szene nur eine Zeigerumdrehung später. Beckenbauer startet einen genialen Lauf und dringt mit Tempo in den italienischen Strafraum ein, wo Facchetti, der am Ball nicht mal am Rande interessiert ist, Deutschlands Nummer 4 uncharmant zu Fall bringt. Schiedsrichter Yamasaki will aber kein Vergehen erkannt haben, zumindest kein elfmeterwürdiges. Glück für Italien. Doch es passt in die Zeit.

Der Europameister versteht die Szene als Weckruf, etwas häufiger präsentiert er wieder sein Angriffsspiel, das meistens in teils wilde Abschlüsse von Riva mündet. Vogts hat alle Hände voll zu tun. Alle Füße sowieso. Deutschland verliert ein wenig an Boden, weil Overaths Ideen in diesen Minuten nicht mehr aufgehen. Gegen den vertikalen Beckenbauer hingegen wissen sich die Italiener kaum mit fairen Mitteln zu helfen.

Den Deutschen fallen auch Alternativen ein. In der 21. Minute lässt sich Müller fallen und bringt einen Vorstoß mit auf den Weg, den überraschend der durchgelaufene Vogts abschließt. Riva hatte seinen Bewacher natürlich nicht verfolgt. Schlussendlich behält er recht, Vogts' Ausflug endet harmlos. Ein probates Mittel, mehr nicht. Dafür hat Italien in Enrico Albertosi einen zu starken Mann zwischen den Pfosten.

Gegenpart Maier hat wenig später Probleme, als Domenghini einen wuchtigen Fernschuss abgibt – auf sein Deckungspersonal kann sich der Schlussmann des FC Bayern allerdings verlassen. Die meisten Zuspiele auf Italiens Stürmer bekommen Vogts und Co. unterbunden.

Im Stadion werden plötzlich Pfiffe laut, als Uruguays Führung im parallel stattfindenden anderen Halbfinale gegen die populären Brasilianer durchgesagt wird. Im Verlauf des »Jahrhundertspiels« wird Deutschen und Italienern aber klarwerden, dass im Finale vier Tage später die Seleção wartet.

Pfiffe kassiert für einen Rückpass auch der große Facchetti, der die gegnerische Hälfte nach wie vor hauptsächlich aus der Ferne sieht. Deutschlands Rechtsaußen Grabowski, der in seiner Paraderolle als »bester Einwechselspieler der Welt« so gut funktioniert hatte, dass er von Schön auch mal von Beginn an die Chance bekommt, beschäftigt Inters 1,90-Meter-Mann.

Overath meldet sich mit zwei Fernschüssen zurück, die Albertosi nach einer knappen halben Stunde zwar nicht in Verlegenheit bringen. Die Overaths Mitspielern aber signalisieren, dass mehr kommen muss, wenn irgendwann der Ausgleich fallen soll. Seine Intention wird erhört.

Nach Löhrs scharfer Flanke vom linken Flügel rettet Bertini in der Gefahrenzone in höchster Not vor Seeler (29.). Kurz darauf verfehlt Müller das Tor aus 14 Metern nur knapp (30.). Auf einmal spielt Deutschland auf das 1:1, das in diesen Minuten verdient gewesen wäre. Italien zieht sich mehr und mehr zurück.

Doch die Azzurri absorbieren den Druck. Am eigenen Strafraum machen sie dicht. Richtig dicht. Das Tempo, das nötig wäre, um den Europameister zu überlaufen, bringt Deutschland in dieser Besetzung nicht mit. Höchstens mal durch Beckenbauer, dem Gegenspieler Mazzola, der natürlich lieber offensiv denkt, einige Freiheiten gewährt.

Das Stilmittel Fernschuss wird auch als nächster Pfeil aus dem Köcher gezogen, mit einem leicht abgefälschten Kracher zwingt Grabowski Albertosi zu einer Flugeinlage. Über das Chancenplus muss nun nicht mehr diskutiert werden – eine dieser Möglichkeiten sollte allerdings auch genutzt werden. Löhr verzieht bei einer aussichtsreichen Freistoßchance klar.

Nur sehr langsam kommt Deutschland dem italienischen Tor näher. Es gelingt dem DFB-Team dabei aber, die notwendige Balance nicht zu vernachlässigen. Selbst Seeler verfolgt seinen Gegenspieler Bertini bis auf die eigene Grundlinie und klärt per Grätsche zur Ecke. Ist ja schließlich ein Halbfinale.

Mit der Halbzeitpause am Horizont rücken auch die Azzurri noch mal geschlossen vor. Es beginnen ein paar Riva-Minuten, der wuchtige Linksfuß kommt kurz hintereinander zu zwei gefährlichen Kopfballchancen. Die bessere köpft er vorbei, die etwas schlechtere vereitelt Maier mit einem Hechtsprung – und schon fängt Overath ein halbes Jahrhundert später wieder an, von seinem damaligen Gegner zu schwärmen. Alle wach?

Italien konnte nachlegen, wenn es sein musste, das wurde den Deutschen deutlich vor Augen geführt. Boninsegna setzt im Konter Mazzola ein, den nach seinem langen Lauf in Deutschlands Strafraum, den Beckenbauer in diesem Tempo nicht mitgehen kann, jedoch die Kräfte verlassen. Sonst hätte er vielleicht nicht den Außenrist gewählt, sonst hätte er den Ball vielleicht nicht am Tor vorbeigespitzelt. Für Mazzola ist dieses Halbfinale damit beendet. In der zweiten Hälfte würde Italien mit Rivera spielen.

Durch die brenzlige Phase kurz vor der Pause kann sich Deutschland nun nicht mehr damit rausreden, dass die italienische Führung unverdient war, dass das Chancenverhältnis eigentlich einen anderen Spielstand suggerierte. Auch zu Beginn des zweiten Durchgangs sind beide Mannschaften sofort auf Betriebstemperatur – ganz besonders die Defensiven, die jeweils ziemlich rigoros auftreten.

Der Traumstart gelingt diesmal beinahe dem DFB-Team, weil Bertini wegrutscht, sodass Seeler völlig ungestört zum Abschluss kommt. Der routinierte Hamburger überhastet aus 14 Metern trotzdem und trifft den Ball nicht ideal – flach und mittig, ist sein Schuss leichte Beute für Albertosi.

Früh schiebt Deutschland wieder geschlossen nach vorne, versucht Italien unter Druck zu setzen, sucht nach Lücken, die kaum zu finden sind. Die man dadurch aber selbst hinterlässt, in die Domenghini nach einem Fehler von Patzke stößt und sich mit seiner Geschwindigkeit nicht mehr einfangen lässt. Der Rechtsaußen flankt an den Fünfer, Vogts verschätzt sich, Riva kommt aus wenigen Metern zum Kopfball. Mit seiner linken Klebe ist er besser, Maier pariert. Große Chancen auf beiden Seiten, und der zweite Durchgang ist erst fünf Minuten alt.

An der Statik dieses Spiels ändert sich selten etwas, weil die Italiener eben so früh in Führung gegangen waren. Deutschland spielt und macht und tut, die »Squadra Azzurra« mauert und lauert. Und was man nicht verteidigt bekommt, vermögen die Deutschen weiterhin nicht zu nutzen. Vor allem Seeler nicht, der sich mit einem feinen Fallrückzieher nur eine Minute nach der Riva-Chance beinahe rehabilitiert hätte. Knapp vorbei. Aber richtig Leben drin. Nur nicht auf Deutschlands linkem Flügel.

Schön reagiert frühzeitig und bringt schon in der 52. Minute für den blassen Löhr den Dribbler Reinhard – genannt »Stan« – Libuda. Mit Schalkes Rechtsaußen, Deutschlands Antwort auf den legendären englischen Flügelstürmer Stanley Matthews, will der Bundestrainer auf dem Weg zum Ausgleich auch das bis dato vakante Flügelspiel beleben. Sogar so sehr, dass Libuda und Grabowski den rechten Flügel hin und wieder gemeinsam bespielen, um Facchettis defensive Standfestigkeit zu prüfen.

Mit Libuda hat der lange Italiener so seine liebe Mühe – denn er hat keine Flinte dabei. Nur mit einer solchen, meinte zumindest Bulgariens Trainer Stefan Boschkow nach Libudas Gala beim deutschen 5:2-Erfolg in der Gruppenphase, könne man diesen Magier stoppen. Ein guter Wechsel. Deutschland wird gefährlicher.

Overath bleibt seinen Fernschüssen treu, weil sich um das Treiben des Balles an diesem Nachmittag in erster Linie Beckenbauer kümmert. Rivera verändert derweil das italienische Angriffsspiel.

56

Weitaus tiefer als zuvor Mazzola bringt der Techniker eine Struktur in die Vorträge der Azzurri, selbst die Konter versprühen nun eine gewisse Eleganz. In der 57. Minute gibt Rivera am Ende eines solchen Gegenstoßes selbst einen gefährlichen Schuss ab – mit Italien muss man weiterhin rechnen.

In dieser Phase beginnen die abgebrühten Europameister auch in die Trickkiste zu greifen. Sie bedienen sich ihrer Klischees, die sie vollumfänglich erfüllen. Um nicht zu sagen: Die Italiener fallen leicht – und Schiedsrichter Yamasaki darauf herein. Hingebungsvolles Lamentieren inklusive. »Wenn man gegen Italiener gespielt hat, musste man mit solchen Dingen immer rechnen«, formuliert Overath dieses Verhalten als Selbstverständlichkeit: »Das war eben ihre Mentalität. Das haben wir so akzeptiert.«

Genau darin erkennt Maier, dem die Unzufriedenheit nach wie vor anzumerken ist, inzwischen ein Problem. Die Deutschen ließen sich zu viel gefallen, nahmen die Dinge einfach hin. So hatte man vier Jahre zuvor im WM-Finale gegen England schon das Wembley-Tor ziemlich klaglos über sich ergehen lassen, was den Deutschen als gute Verlierer große Sympathien einbrachte. Nicht aber den Sieg.

Deutschlands Manndecker Vogts und Schulz erledigen ihre Jobs weiterhin weitgehend fair, schalten sich zudem immer wieder mit nach vorne ein. Libero Schnellinger, wie sein Gegenüber Pierluigi Cera, nach wie vor gar nicht. Auf dem linken Flügel, der zuvor von Löhr bespielt wurde, hat sich in der Zwischenzeit Grabowski eingenistet, der nach einer guten Stunde gleich zweimal im Fokus steht.

Zunächst kommt der Frankfurter aus spitzem Winkel zu einer großen Schusschance, die er recht kläglich auslässt. Ärgerlich, denn solche Lücken öffnen sich gegen Italien nicht oft. Außer etwa zwei Minuten später, als Grabowski nach einem Fehler von Bertini bis auf die Grundlinie geht und in die Mitte gibt, wo Overath angerauscht kommt. Aus zwölf Metern hält der schussgewaltige Kölner mit vollem Risiko drauf – Latte. »Wenn der drin gewesen

57

wäre«, spielt der Linksfuß auf eine Entscheidung noch in der regulären Spielzeit an, »wäre es vielleicht anders gelaufen.«

Eine Behauptung, die sich auch über eine Szene aufstellen lässt, zu der es wiederum nur eine Minute später kommt: Beckenbauer dribbelt im rechten Halbraum in Richtung des italienischen Sechzehners, als ihm Libero Cera humorlos in die Parade fährt. Der Kaiser überschlägt sich fast. Das sah schmerzhaft aus. Elfmeter, fordert Maier noch heute, doch das Foul fand wahrscheinlich gerade noch vor der Strafraumkante statt. Viel entscheidender aber war, dass sich Beckenbauer ernsthaft verletzt zu haben schien.

Der 24-Jährige war mit voller Wucht unglücklich auf die Schulter gefallen, was ihn fortan – wie seine vorsichtige Armhaltung verrät – deutlich beeinträchtigt. Das war ein Tiefschlag. »Wenn dein bester Spieler auszufallen droht«, denkt Overath an diesen Moment zurück und spricht auf einmal mit ganz verhaltener Stimme, »fängst du schon zu überlegen an.«

In einer Ära, in der Körperkontakt zwar oft übel, aber teilweise relativ vermeidbar war, spielt Beckenbauer weiter, und das ist wichtig für die deutsche Nationalmannschaft. »Noch nie erlebten wir so viele dynamische Vorstöße Beckenbauers«, adelte der *kicker* den Münchener nach dem Spiel. Die Hoffnung ist noch nicht verloren.

Schön reagiert ein weiteres Mal und schickt für Verteidiger Patzke Angreifer Sigfried Held aufs Feld. Das ist eine Ansage. Sogleich kommt der neue Mann nach dem folgenden Freistoß zum Abschluss – ein Stück vorbei. Immer ein Stück vorbei. In der zweiten Hälfte bricht die zweite Hälfte an. Italien ändert nichts.

Deutschland hingegen wird offensiver. Durch den Wechsel, aber auch durch Schnellinger, der sich nun ebenfalls immer mehr nach vorne orientiert. Vorne ist, wo Seeler das Glück weiterhin nicht gepachtet hat. Die Legende schießt aus aussichtsreicher Position zwar nicht vorbei, aber wieder zu mittig auf Albertosi. Die Deutschen haben gute Chancen, doch keine landet im Tor. Das würde auf Dauer nicht gut gehen.

58

Zum fehlenden Glück kommt dann auch noch Pech, als Overath in Minute 70 mit einem starken Antritt herrlich einleitet und links im Strafraum Held einsetzt, dessen Schuss Rosato von der Linie kratzt. Doch die Szene ist noch nicht vorbei. Seeler will nachsetzen, darf aber nicht, weil Bertini ihn mit einer astreinen Blutgrätsche niederstreckt. Bertini blickt kurz auf, stellt sich dann tot und hofft, dass seine Stoßgebete erhört werden. Einen viel klareren Elfmeter kann es nicht geben, selbst wenn anschließend noch Müller aus vielversprechender Position an den Ball kommt – und drüber schießt. Doch Yamasakis Pfeife bleibt stumm. Bertini lacht sich ins Fäustchen.

Yamasaki – ein Name, den Sepp Maier zeit seines Lebens nicht mehr vergessen kann. »Das Allerschlimmste war der Schiedsrichter. Der hat uns verpfiffen, deshalb kann ich mir den Namen auch noch merken«, ärgert sich die »Katze von Anzing« bis heute. Der Puls steigt noch immer. »So offensichtlich kann man es ja gar nicht machen. Wenn er einigermaßen gepfiffen hätte«, keift Maier, »hätten wir normalerweise schon in der regulären Spielzeit gewinnen können.« Doch das tut Yamasaki nicht. Und so laufen die Deutschen weiterhin einem Rückstand hinterher. 20 Minuten bleiben noch. Reicht das?

Beckenbauers Vorstöße waren schon vor seiner Verletzung seltener geworden, weil Rivera die defensive Aufmerksamkeit des Kaisers intensiver fordert als zuvor Mazzola. Libuda ist trotz gefälliger erster Minuten kaum noch am Ball. Und jetzt kommt noch erschwerend mit hinzu, dass sich die Italiener im Anschluss an die Bertini-Seeler-Szene vollends ihrer Polemik hingeben. Es wird getreten, dann argumentiert, dann lamentiert und schließlich bei Freistößen der Ball zurückgesetzt. Das macht es auch dem strauchelnden Yamasaki nicht leichter.

Den Deutschen ohnehin nicht. »Mein Gott, ist das ein Fußball hier«, echauffiert sich bei der ARD Rundfunk-Kommentator Kurt Brumme, der mit despektierlichen Aussagen in dieser Nacht über das Ziel hinausschießt. Mit Klagerufen wie »Das ist ja entsetzlich,

59

was hier gespielt wird«, hat Brumme allerdings nicht immer unrecht.

Die Azzurri drehen an der Uhr, für Offensive interessieren sie sich längst nicht mehr. Da hätte Rivera auch draußen bleiben können. Doch auch er hilft, den italienischen Plan durchzuziehen, der verstrichene Minute für verstrichene Minute immer mehr aufgeht.

Auf deutscher Seite schielt man inzwischen zunehmend in Richtung Müller, der in der Gruppenphase zwei Dreierpacks gegen Bulgarien und Peru sowie gegen Marokko und im Viertelfinale gegen England das Siegtor geschossen hatte. So langsam wäre Müller-Zeit. Doch der Bomber macht zu wenig aus einer Schusschance in der 76. und aus einer Kopfballchance in der 82. Minute – und bei Seeler läuft es an diesem Mittwochabend, der in Deutschland schon ein Donnerstag ist, sowieso nicht. Jetzt muss die Schön-Elf kreativ werden.

Mal wieder ein Overath-Knaller, die Freistoßposition hat es hergegeben. Doch der Linksfuß wählt Gewalt statt Effet und wuchtet die Kugel in die Mauer. Plötzlich gibt es beinahe Schützenhilfe. In der 83. Minute schießt Albertosi beim Abschlag Grabowski an, der Ball fliegt gen italienisches Tor zurück und tänzelt dort für ein paar quälend lange Sekundenbruchteile die Linie entlang. Müller kommt angestürmt, aber einen halben Schritt zu spät gegen Albertosi, der den Ball im letzten Moment von der Linie spitzeln kann. Und dann erst Müller trifft. Kein Elfmeter.

Dennoch nehmen sich Rosato und Albertosi die Zeit und helfen dem gekrümmten Müller fair auf die Beine – eine erfrischende Szene in dieser hitzigen Schlussphase. Im Gegenzug meldet sich ansatzlos Boninsegna zurück, seine Schusschance wird aber im Keim erstickt. Ein 2:0 wäre jetzt natürlich die Entscheidung.

Statt des angeschlagenen Beckenbauer ist es in der Schlussphase Overath, der die meisten deutschen Angriffe einleitet. Er läuft an, er dribbelt sich fest. Vogts, Schnellinger – jetzt hält es keinen mehr hinten. All-in. Auch Bundestrainer Schön hat durch seine frühzeitigen Wechsel das, was für damalige Verhältnisse von der Seitenlinie aus möglich ist, bereits beigetragen. Jetzt klappt es eben – oder es klappt nicht.

Rivera kriegt in diesen Minuten keinen Fuß mehr auf den Boden, um mal eine Ballbesitzphase anzuregen, die eine wertvolle Minute von der Uhr nehmen könnte. Das Schinden und Unterbrechen aber läuft weiterhin auf Hochtouren. Mit dem Finaleinzug vor Augen sind sich die Azzurri für nichts mehr zu schade: De Sisti reißt Grabowski, der ihn umkurvt hatte, wie beim Ringkampf einfach zu Boden. Immerhin beschwert er sich nicht über den Pfiff.

Schiedsrichter Yamasaki nimmt das italienische Zeitspiel zur Kenntnis. Zwei Minuten wird der Peruaner, der schon bei der WM 1962 Deutschlands Ausscheiden gegen Jugoslawien geleitet hatte, am Ende nachspielen lassen. In der ersten dieser beiden Minuten führt Deutschland eine Ecke kurz aus. Dann fliegt der Ball doch in die Mitte, wo acht Meter vor dem Tor keiner so hoch in der Luft steht wie Methusalem Seeler, der das Leder mit Schmackes in Richtung Kreuzeck köpft. Wunderschön kommt Albertosi geflogen und boxt den Ball aus dem Eck. War es das?

In der zweiten der beiden Extra-Minuten kann die Deutschen wohl nur noch das retten, was gerne mal als »Lucky Punch« bezeichnet wird. Schulz muss noch mal Riva hinterherhetzen und den Ball zu Maier zurückspielen, der ihn sofort in hohem Bogen nach vorne drischt. Zu Held, der flankt, doch die Flanke wird abgewehrt. Ecke? Nein, Burgnich rennt der Kugel nach und verursacht lieber einen Einwurf.

Held wirft ein, zu Grabowski, der sich links, verfolgt von Boninsegna, in Richtung Grundlinie aufmacht. Nummer 20 gegen Nummer 20 – die deutsche setzt sich durch. Mit dem schwächeren linken Fuß flankt Grabowski scharf nach innen, an den Fünfer. Da muss der Ball jetzt hin. Da ist aber kein Müller zu sehen, da ist kein Seeler zu sehen, da ist also auch kein Italiener zu sehen. Nicht einmal Libero Cera. Doch auf einmal ist da Schnellinger zu sehen, wie er dort steht, wo in diesem Moment eigentlich ein Mittelstürmer zu stehen hat; wie er eingesprungen kommt und den Ball mustergültig mit der Innenseite über die Linie drückt, während um ihn herum alle erstarrt waren.

»Ausgerechnet Schnellinger!«, bringt Kommentator Ernst Huberty Deutschlands Ausgleich in letzter Sekunde auf den Punkt. Ausgerechnet der, der nur dieses eine Mal ganz vorne war. Ausgerechnet der, der sein Geld seit Jahren in Italien verdiente. 30 Minuten Nachschlag.

Mit seinem Tor zur Verlängerung, die Deutschland nun mit ziemlich offensivem Personal zu bestreiten hat, tut Schnellinger diesem Halbfinale einen großen Gefallen. Findet er zumindest selbst. »In den ersten 90 Minuten war es ein scheiß Spiel«, meinte sich der Schütze des 1:1 bei »11 Freunde« einmal zu erinnern, womit er auf eine Weise vielleicht auch einer zu großen Verherrlichung des DFB entgegenwirken wollte. Weil der Verband im Umgang mit einer Legende – Schnellinger – jahrzehntelang bestenfalls nachlässig aufgetreten war. Im Ansatz hatte der Libero aber recht: Zum Jahrhundertspiel wird dieses Halbfinale erst in der Verlängerung.

Die zweimal 15 Minuten beginnen mit einer modischen Auffälligkeit: Der verletzte Beckenbauer trägt nun einen Verband, der seinen rechten Arm an die Brust fixiert. Was sein ganzes Erscheinungsbild beim unermüdlichen Treiben des Balles noch einmal erhabener wirken lässt. Jetzt sieht er wirklich wie ein Kaiser aus.

Deutschland bleibt im Vorwärtsgang. Libuda lässt über rechts Facchetti stehen, Müller köpft im Zentrum vorbei. Riva erwidert, profitiert von Vogts' Stellungsfehler. Gladbachs »Terrier« bügelt selbst aus. Auch die Italiener, die in den vergangenen 84 Minuten ja geführt hatten, investieren nun wieder mehr ins Spiel nach vorne. Es entwickelt sich ein munteres Auf und Ab vor offiziell 102 444 Zuschauern im epochalen Aztekenstadion, in dem man aus dem Oberrang – glaubt man einem Erlebnisbericht des faszinierten Overath – »kaum noch die einzelnen Spieler erkennen kann«.

Einen aber, mit seinen typischen kleinen Bewegungen; mit seinen Toren, die so nur er schießen konnte, erkannte man immer. Libuda schlägt eine Ecke, Seeler köpft, der für Rosato eingewechselte Fabrizio Poletti will den Ball zu seinem Schlussmann Albertosi zurücklenken. Doch der Neue hat die Rechnung ohne Müller gemacht, der natürlich Bomber, aber auch Wühler sein konnte. Der auf einmal mit blitzschnellen Trippelschritten dazwischenspritzt und den Ball mit einer minimalen Berührung an Albertosi vorbeilenkt.

In absoluter Zeitlupengeschwindigkeit kullert die Kugel aus wenigen Metern auf die Torlinie zu, doch der italienische Torwächter liegt bereits am Boden und kann wie ein Baby nur hilflos hinterherkrabbeln. In der TV-Wiederholung scheint sich der Ball überhaupt nicht zu bewegen, so langsam ist er unterwegs, und doch ist er für Albertosi unerreichbar.

Gerd Müller schoss in seiner großen Karriere schier unzählige Tore. Kaum eines trug seine Handschrift so wie dieses. Ein Müller-Tor. Wie eine Zirkusnummer. In einem WM-Halbfinale gegen Italien. Beim Jubellauf fällt auch eine Last von ihm ab. 2:1 für Deutschland, 95. Minute.

Fast über die gesamte bisherige Spieldauer hatten die Italiener eine Führung verwalten dürfen – auf einmal liegen sie hinten. Sie wissen sofort, worauf es jetzt ankommt. In Riveras Pässen, in Domenghinis Läufen, in Rivas fordernden Blicken in Richtung des Ballführenden ist gleich ein ganz anderer Zug. Sämtliche Destruktivität wird ganz schnell abgelegt. Die Azzurri können sich keine 84 Minuten Zeit lassen. Sie brauchen nur vier.

Die tragische Figur trägt den Namen Held. Nach einem Freistoß der Italiener lässt Deutschlands Angreifer den Ball im eigenen Strafraum ohne Not vor die Füße von Haudegen Burgnich prallen, der eigentlich ganz andere Aufgaben hat. Bestimmt nicht das Erzielen von Toren. Doch solch einen freien Ball, sogar mit seinem schwächeren linken Fuß, schießt er aus wenigen Metern natürlich rein. 2:2, 99. Minute.

Spätestens jetzt ist hüben wie drüben alle Zurückhaltung abgelegt. Ohne große Rücksicht auf Verluste geht es nur noch darum, den nächsten Treffer zu erzielen. Bevor es der Gegner tun würde. Auf einmal hat dieser Fußballkampf der Schwergewichte einen ganz anderen Charakter. Ein Jahrhundertspiel bahnt sich an.

»Dieses Spiel war so besonders, weil es so dramatisch hin und her ging«, erklärt Overath: »Gelebt hat es von seiner Spannung. Ob man es von seiner Klasse ›Jahrhundertspiel‹ nennen kann, müssen andere beurteilen«, grübelt einer seiner Protagonisten. »Von seiner Spannung auf jeden Fall.« In diesen Minuten ist sie förmlich zu greifen. Bei jedem Angriff liegt etwas in der Luft.

Nur eine Minute nach dem italienischen Ausgleich hat Seeler eine Kopfballchance, doch der Winkel ist zu spitz. Deutschland spielt offensiver, auch dem Personal geschuldet, aber Italien hat mehr Balance. Beckenbauer lässt nach, natürlich, er ist verletzt. Außerdem schlaucht ihn Gegenspieler Rivera immer mehr. Das Pendel beginnt, in die andere Richtung auszuschlagen.

In den Schlussmomenten der ersten Hälfte der Verlängerung offenbart das DFB-Team nach einem Ballverlust zu viele Lücken. Die Italiener kontern rasend schnell, und jetzt ist Riva dran. Vogts hat ihn aus den Augen verloren, Schnellinger wird auf dem falschen Fuß erwischt, als die gefährlichste linke Klebe Europas durch einen simplen Haken unweigerlich in Szene gesetzt wird. Maier kommt ein paar Schritte aus seinem Kasten, macht das kurze Eck zu, bietet aber das äußerste Stück des langen an. Genau dort schlägt kein strammer, jedoch ein sehr platzierter Schuss ein.

Deutschlands Torwart muss an diesem Nachmittag in Mexiko gleich viermal hinter sich greifen, nie konnte man ihm dabei wirklich einen Vorwurf machen. Diesen Treffer hätte er womöglich am ehesten verhindern können. Eine Frage der Konzentration. Doch dieses Spiel ist bald zwei Stunden alt. 3:2 für Italien, 104. Minute.

Deutschland hat einige Körner gelassen, auch im Viertelfinale gegen England schon. Das macht sich jetzt bemerkbar. Schöns Schützlinge laufen ein wenig unkoordiniert an, aber sie müssen ja. Italien fällt es in dieser Phase leichter, aktiv zu verwalten. Die Azzurri werden gefährlicher, weil sie im Konterspiel geradliniger sein können als die Deutschen aus ihrer organisierten Offensive heraus. Verbindungsspieler Seeler, der zwischen Mittelfeld und Sturm nirgendwo richtig Zugehörigkeit findet, wird diese Partie nicht mehr zu seiner machen – Albertosi aber auch nicht.

Als Burgnich einen für Müller gedachten Steilpass des dribbelnden Held abgefangen und zum italienischen Torhüter zurückgespielt hat, wirft dieser die Kugel in Richtung Poletti ab. Der aber weiß gar nichts davon. Von seinem Rücken prallt der Ball einfach ab, den Müller diesmal vor Albertosi erreicht, der seinen Fehler ausbügeln will. Er kommt zu spät und tritt Deutschlands Torjäger ungelenk um. Im Strafraum, nicht außerhalb – wohin Schiedsrichter Yamasaki das Foul jedoch verlegt. Streng genommen der dritte Elfmeter, der Deutschland in diesem Halbfinale verwehrt bleibt.

Fast fliegt Albertosi seine Nachlässigkeit trotzdem um die Ohren, weil nach dem schmeichelhaften Freistoß erneut Seeler zum Kopfball kommt. Doch der Aufsetzer des Hamburgers wird vom stumpfen Rasen ausgebremst, Albertosi wischt die Kugel über die Latte. Was der Keeper da noch nicht ahnt: Aus der Nummer kommt er nicht mehr raus.

Libuda schlägt auch die folgende Ecke auf Seeler, dessen Sprungkraft ihresgleichen sucht und die vielleicht mit dem Instinkt Müllers gleichzusetzen ist, der als Einziger dort steht, wo Seelers Ablage landet. Der Bomber streckt sich – und nickt aus drei Metern ein. Zum 3:3, 110. Minute. Wahnsinn.

Das Jahrhundertspiel nimmt Formen an. Später wird es sogar eine Plakette erhalten, die am Aztekenstadion angebracht wird, um an diesen 17. Juni 1970 zu erinnern. Es geht Schlag auf Schlag, die Deckung ist längst unten, wie in »Rocky«-Filmen, die es damals noch gar nicht gibt. In einer Verlängerung, wie es sie in

65

einem WM-Spiel bis heute nicht mehr gegeben hat. Auf einmal führte Deutschland, dann wieder Ausgleich, dann führte Italien, dann wieder Ausgleich. Zehn Minuten sind noch immer zu spielen und dieser Partie ist absolut alles zuzutrauen.

Nach Müllers 3:3 läuft sie erst wieder wenige Sekunden, es war Italiens erster Angriff vom Anstoßpunkt weg, da vergisst Willi Schulz, dass er Willi Schulz ist. »Er hatte den Boninsegna zehnmal umgehauen in diesem Spiel, und ausgerechnet da geht er nicht richtig in den Zweikampf«, hadert Maier inzwischen lächelnd über die Szene, in der sich der italienische Stürmer auf dem linken Flügel gegen seinen deutschen Bewacher durchsetzt. Und in die Mitte gibt. Wo Rivera eingelaufen kommt, ziehen gelassen vom entkräfteten Beckenbauer, und nur 20 Sekunden nach Wiederanstoß gegen Maiers Laufrichtung ins kurze Eck einschiebt. 4:3 für Italien, 111. Minute. Ein Nervenkrimi.

Das siebte Tor, das fünfte in der Verlängerung, ist der eine Wirkungstreffer zu viel. Der italienische Angriff zum 4:3 war aus einer ruhenden Ballbesitzphase entstanden, und doch hatte er wie ein Konter ausgesehen. Deutschland ist platt. Hat alles gegeben. Alles, was im Tank war, auf diesem trockenen Rasen gelassen. Die Deutschen traben noch an, aber sie rennen kaum noch an. Mit den Kräften schwindet auch die Überzeugung.

Die Squadra Azzurra spielt ihren Stiefel runter, nutzt die großen Räume, die sich ihr nun auftun, lässt die Sekunden verstreichen. Müller dreht sich noch mal im Strafraum, aber nicht mehr so dynamisch, wie er es tun würde, wenn er nicht schon 117 Minuten in den Knochen hätte. Burgnich kocht ihn ab. Bertini zaubert oscarverdächtige Schauspieleinheiten auf den Rasen, jetzt wird ihr Zeitspiel für die Italiener zum Genuss. Am Ende, so könnte man meinen, gewinnen sie beinahe ungefährdet. Deutschland ist ausgeschieden.

Mehr als 22 Körper sind so ausgepumpt, dass böses Blut mit dem Schlusspfiff gar nicht mehr hochkochen kann. Es sind ein faires Abklatschen und ein schätzendes Zunicken, mit dem einige

66

Trikots getauscht werden – Müller mit Facchetti, Schnellinger mit seinem Vereinskameraden Rivera –, es ist ein würdiges Abmoderieren einer epischen Fußballschlacht, die auch die Italiener so viele Kräfte gekostet hat, dass sie das Finale gegen Pelés Brasilianer mit 1:4 verlieren.

Erst nach ein paar Minuten Durchschnaufen fällt Maier wieder ein, was der *kicker* in seiner nächsten Ausgabe auf den Titel druckt: »Schiedsrichter verschaukelt unser Team.« Plakativ, nachtragend, aber ganz bestimmt nicht falsch. »Ich wollte nach dem Spiel zu ihm in die Kabine, ich war stocksauer«, poltert Maier unverändert und klingt dabei, als wäre er gedanklich wieder in den Katakomben des Aztekenstadions. »Mich mussten alle zurückhalten, sonst wäre ich auf Lebenszeit gesperrt worden.«

Für Overath ist dieses Ende so bitter, weil er in Mexiko seine beste WM spielt. »Ich war 26, in puncto Kraft und Routine war das das beste Alter.« Er überragt noch im Spiel um Platz drei, für ihn sein bestes überhaupt. Sein wuchtiger Linksschuss markiert beim 1:0-Erfolg gegen Uruguay das Siegtor. Versöhnlich.

Über das »Jahrhundertspiel« – eine Bezeichnung, die Beckenbauer in seiner 1975 erschienen Autobiografie »Einer wie ich« als übertrieben einstuft – sagt Overath ohne Missgunst: »Die Italiener hatten das Glück. Beide Mannschaften waren sich ebenbürtig, ansonsten gab es keine großen Unterschiede.« Außer vielleicht den einen, dass eine der beiden Mannschaften über 80 Minuten lang einem Rückstand hinterhergelaufen war.

Was wohl passiert wäre, wenn Deutschland noch das 4:4 geschossen hätte? Definitiv kein Elfmeterschießen. Das gab es damals noch nicht, darauf weist auch Maier hin. »Man kann am Ende froh sein, dass wenigstens einer gewonnen hat«, findet er deshalb – und erklärt: »Sonst hätte es ja einen Losentscheid gegeben.« Kein Scherz.

Das wäre der Super-GAU gewesen. Ein solches Jahrhundertspiel – und dann der Münzwurf. Auf diesem Weg waren die Italiener bei ihrer Heim-EM 1968 nach dem 0:0 im Halbfinale gegen

67

die Sowjetunion übrigens ins Finale eingezogen, das sie gegen Jugoslawien dann erst im Wiederholungsspiel gewannen. Andere Zeiten, andere Sitten.

Für diese italienische Generation ging es nach dem »Jahrhundertspiel« bergab. Den Gipfel erklomm die Squadra Azzurra erst wieder bei der WM 1982, als man im Finale schließlich auf Deutschland traf.

Für dessen stürmische Jahrgänge war das verlorene Halbfinale 1970 hingegen nicht das Ende, sondern erst der Anfang gewesen – auch wenn das wohl die wenigsten tröstete, die in den Morgenstunden des 18. Juni enttäuscht ihre TV-Geräte ausdrehten. Doch Beckenbauer, Müller und Co. würden ihre Chancen noch bekommen.

3

FUSSBALL 2000

England gegen Deutschland,
EM-Viertelfinale 1972

1972 im Wembley-Stadion soll
die in einigen Augen beste
aller deutschen National-
mannschaften ihr bestes aller
Spiele gemacht haben. Mit
Günter Netzer, der aus der
»Tiefe des Raumes« kam.
Doch das kam er nicht allein.

1:3

England – Deutschland

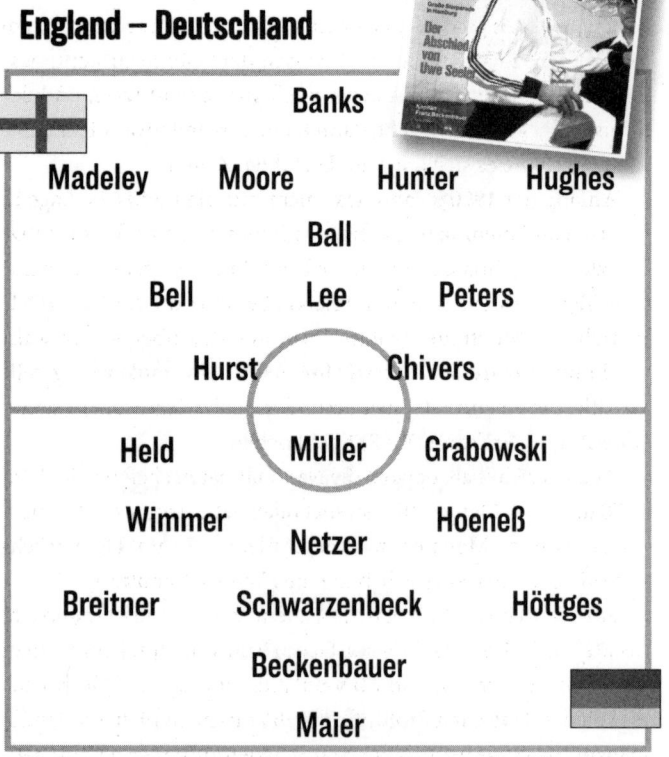

Banks

Madeley   Moore   Hunter   Hughes

Ball

Bell   Lee   Peters

Hurst   Chivers

Held   Müller   Grabowski

Wimmer   Hoeneß

Netzer

Breitner   Schwarzenbeck   Höttges

Beckenbauer

Maier

29. April 1972 im Wembley-Stadion, London

Tore: 0:1 Hoeneß (26.), 1:1 Lee (77.),
1:2 Netzer (85., FE), 1:3 Müller (88.)

Eine Zahnarztpraxis mit zwei Türmen. Ein Fußball-Tempel als Schlachtbank. Am 29. April 1972 durfte die deutsche National-mannschaft im altehrwürdigen Wembley-Stadion auflaufen – und wollte das eigentlich gar nicht.

Bundestrainer Helmut Schön verfügte über die vielleicht be-gabteste Generation deutscher Spieler, die diese Fußballnation in über 100 Jahren gesehen hat, doch wenn ein Günter Netzer einem Franz Beckenbauer vor dem Verlassen der Kabine zuraunt, dass man mit fünf Gegentoren heute noch gut bedient wäre, und der »Kaiser« nicht widerspricht, dann konnte irgendetwas nicht stim-men. So fühlte es sich auch an. Unruhige Zeiten.

Anfang der 1970er Jahre war nicht nur die politische Lage in Deutschland mehr dabei, sich zu suchen, als sich zu finden. SPD-Kanzler Willy Brandt will »mehr Demokratie wagen«, muss nur zwei Tage vor dem Spiel in England aber ein von der CDU/CSU getriebenes Misstrauensvotum im Bundestag überstehen, wäh-rend immer extremere Auswüchse einer tief verankerten gesell-schaftlichen Unzufriedenheit besonders in der Terrororganisation Rote-Armee-Fraktion (RAF) hochkochen.

Auch der Fußball, obwohl die Nationalmannschaft bei der WM 1970 mit einer Menge Offensivspektakel hatte begeistern können, hängt in diesen Monaten in einem luftleeren Raum. Der berüch-tigte »Bundesliga-Skandal« hatte die Nation erschüttert.

Horst-Gregorio Canellas, Präsident von Kickers Offenbach, deckte im Rahmen seines 50. Geburtstags im Juni 1971 einen Wulst an Bestechung und Manipulation auf, der der Glaubwür-digkeit des deutschen Profifußballs, damals noch nicht das Hoch-glanzprodukt wie heute, schweren Schaden zufügte. Die Zuschau-erzahlen sanken, die Skepsis wuchs. Um es nicht öffentliche Ablehnung zu nennen.

Die Nationalmannschaft hatte im Hinblick auf die anstehende EM, deren Bedeutung von einer WM zu dieser Zeit noch ein gan-zes Stück entfernt war, zwar theoretisch die Chance, die breitere Öffentlichkeit wieder für sich und damit für den Fußball zu ge-

71

winnen. Ein bisschen zumindest. Doch man fürchtete eher, sie womöglich ganz zu verlieren. Es gab Gründe zuhauf.

Zunächst war da die Auslosung. »Schlimmer ging's nicht – England!«, titelte der *kicker* entsetzt, als Gewissheit herrschte, gegen wen die deutsche Mannschaft ihre beiden Viertelfinal-Spiele bestreiten musste. Die waren damals noch gleichzusetzen mit der letzten Qualifikationsrunde vor dem Endturnier, an dem bis einschließlich 1976 lediglich vier Nationen teilnehmen. Die Crème de la Crème. England galt, auch wenn Deutschland den damals amtierenden Weltmeister im Viertelfinale der WM 1970 bezwungen hatte, als härtestes Los. Besonders wegen seiner extremen Heimstärke.

Auf Englands heiligem Rasen in Wembley würde am 29. April das Hinspiel stattfinden, das zu einem viel ungünstigeren Zeitpunkt aus deutscher Sicht gar nicht hätte angesetzt werden können. Das aufstrebende Steckenpferd der inzwischen fast zehnjährigen Bundesliga, der FC Bayern München, steckte nicht nur in einer Krise. Die Krise hatte die Bayern mit Haut und Haaren verschlungen.

Überspielte Münchener wären angesichts von 13 Partien in 36 Tagen selbst dann auf dem Zahnfleisch gegangen, hätten sie diese größtenteils erfolgreich gestalten können. Das hätte ein paar der deutschen Schlüsselspieler wie Beckenbauer, Gerd Müller oder Sepp Maier ja wenigstens noch beflügelt. Aber Pustekuchen.

Zwischen dem 12. und dem 22. April 1972 verloren die Bayern drei von vier Spielen: 1:5 im Pokal beim 1. FC Köln, 0:2 im Halbfinal-Rückspiel des Europapokals der Pokalsieger bei den Glasgow Rangers – der FCB schied aus – und mit 0:3 in der Bundesliga in Duisburg. Das Münchener »Mia san mia«, wenn es das damals schon gab, war ein Scherbenhaufen. Ähnlich schlecht stand es um das Verhältnis der Bayern nach dem hitzigen und teils überharten Pokalspiel mit einer anderen Fraktion der Nationalmannschaft, mit den Kölnern.

Für Wembley fiel das immerhin nicht ins Gewicht, weil Kölns

72

Spielmacher Wolfgang Overath nach einer Leistenoperation im Krankenhaus lag und damit ebenso ausfiel wie seine Mannschaftskollegen Wolfgang Weber und Hannes Löhr. Wie Italien-Legionär Karl-Heinz Schnellinger, der seit der WM 1958 eigentlich alle großen Schlachten geschlagen hatte. Oder »Terrier« Berti Vogts von Borussia Mönchengladbach, der am Meniskus verletzt war. Oder die Schalker Klaus Fichtel und Reinhard »Stan« Libuda, die in den Bundesliga-Skandal verwickelt und deswegen gesperrt waren. Eine Abwesenheitsliste, länger als Netzers Haare. So langsam beginnt man, dessen »Zuversicht« zu verstehen.

Deutschland tritt in Wembley schließlich mit dem 20-jährigen Uli Hoeneß an, der erst sein zweites Länderspiel macht. Kumpel Paul Breitner kommt jetzt immerhin auf vier. Deutschland tritt auch mit einem Torwart Maier an, der für seine Leistungen in den zurückliegenden Wochen so sehr in der Kritik gestanden hatte, dass er es öffentlich für beschlossene Sache erklärte, den FC Bayern zum Saisonende zu verlassen. Und der außerdem nicht ganz ehrlich zu seinem Trainer war.

Maier leidet dieser Tage an einer Schleimbeutelentzündung – »ich hatte einen ganz dicken Arm«, erinnert er sich. Der Arm wird unter seinem Langarmtrikot sogar noch dicker, weil Teamarzt Professor Hanns Schoberth und Masseur Erich Deuser der »Katze von Anzing« einen Schaumstoffverband verpassen, die das Tandem daraufhin eindringlich beschwört, »ja dem Schön nichts zu sagen«. Der sensible Bundestrainer wäre womöglich nicht nur in Ohnmacht gefallen, er hätte Maier auch niemals aufgestellt. Der Schlussmann muss nun liefern – und steht sofort im Mittelpunkt.

Der nasse Wembley-Rasen, es hatte geregnet, ermöglicht der Partie einen furiosen Beginn, dem sich Deutschland nicht verschließt. Doch die Engländer pressen ohne Ende und erzeugen eine Hektik, die selbst Netzer den Ball gleich bei seiner ersten Aktion verspringen lässt. Hoppla.

Bereits in der zweiten Spielminute erzwingen die »Three Lions« vogelwilde Fehlpässe von Jürgen Grabowski und sogar

Beckenbauer am eigenen Strafraum, in dem das DFB-Team so sehr ins Schwimmen gerät, dass es beinahe ertrinkt. Im Verbund werfen sich die Deutschen zumindest noch so koordiniert in alle möglichen Schussbahnen, dass sie nach all diesen panischen Schreckmomenten irgendwie schadlos aus der Affäre kommen. Das konnte ja heiter werden.

Die angeschlagenen Deutschen können diesen anfänglichen Sturmlauf der Engländer, der selbst die gefestigtste Mannschaft hätte aus der Bahn werfen können, zwar nicht verhindern. Doch es hilft zumindest, dass man sich auf solch einen überfallartigen Start vorbereitet hatte. »Das war doch immer so, wenn man in dieser Zeit gegen Engländer gespielt hat«, relativiert Maier über 50 Jahre später salopp. »Dieses Forechecking in den ersten Minuten musst du überstehen.« Leichter gesagt als getan.

Irgendwie überleben, das sind in dieser Phase die deutschen Gedanken. Wahrscheinlich schon während der Hymnen, als die 22 Spieler seltsamerweise nicht nebeneinander, sondern sich direkt gegenüberstanden hatten. Irgendwie überleben. »Wir haben nicht geglaubt, dass wir in England gewinnen, wir sind da ohne Ambitionen hingefahren«, gibt Maier offen zu. Nur keine fünf Stück kassieren. »Wir dachten halt, schau'n mer mal«, sagt der bayerische Schlussmann und hört sich dabei fast wieder so entmutigt an wie damals. Na dann, schaut mal. Doch auf einmal schauen die Engländer, und zwar ziemlich überrascht.

Inmitten der rauschenden englischen Angriffswellen fassen sich die Deutschen ein Herz. Als erstes Chefpessimist Netzer, der den Ball fordert und versucht, das Tempo zu diktieren. Zunächst nimmt er es ein wenig raus, verständlicherweise.

Mit Netzer geht es los, an ihm ziehen sich die anderen hoch. Es passiert ganz schnell, Mann für Mann. Neben dem Zehner, der oft nicht im Zehnerraum, sondern tief vor der eigenen Abwehr mit seinen Aktionen beginnt, bieten sich die agilen Hoeneß und Herbert »Hacki« Wimmer an in einer Rolle, die man heute als Achter betiteln würde. Von vorne kommt der manchmal alles an-

74

dere als strafraumfixierte Müller entgegen, der zwar nicht als »falsche Neun« spielt, es aber zumindest gelegentlich versucht. Und Beckenbauer schiebt von hinten mit vor. Schöns Schützlinge versammeln sich nah beieinander und beginnen gemeinsam anzugreifen. Und wie.

Die anfängliche Nervosität ist längst verflogen, als Deutschland mehr und mehr ein zickzackartiges Kombinationsspiel aufzieht – von innen nach außen nach innen. Um die äußerst zentrumslastigen Engländer zu entzerren oder an ihnen vorbeizuspielen. Vor allem über die linke Seite mit Beckenbauer, Breitner und Sigfried Held, der inzwischen zweitklassig für Kickers Offenbach spielt und damit Deutschlands einziger Spieler ist, der nicht aus der Bundesliga kommt.

Im Mittelfeld tauschen vor allem Hoeneß und Wimmer immer wieder ihre Positionen, was dem deutschen Fußball keinen Abbruch tut. Im Gegenteil. Dem englischen schon eher. Es geht alles so schnell. Und so reibungslos. Schön schwärmte hinterher von einem »Swingrhythmus«. So hatte man die Deutschen selten gesehen.

Das glatte Geläuf greift dem deutschen Spieltempo zusätzlich unter die Arme, die Engländer staunen nicht schlecht. Körperlich sind sie ihrem Gegner zwar überlegen, doch spielerisch fängt Deutschland an, die Hausherren ein bisschen vorzuführen. Sie laufen hauptsächlich hinterher. Auch wenn sie gar nicht immer genau wissen, wohin. »Ich war überrascht, dass die Deutschen uns sofort angriffen«, fasste Englands Trainer Sir Alf Ramsey diese fußballerische Majestätsbeleidigung nach dem Spiel in Worte. Währenddessen waren auch ihm keine eingefallen.

Deutschlands Anführer wirkt unantastbar. Aktion für Aktion wird Netzer mit seiner prägnanten blonden Mähne, die im Flutlicht zu leuchten scheint, sicherer, dynamischer, besser. Der 27-Jährige gleitet regelrecht über den Platz. »Es war ein Festtag für Techniker«, erinnerte sich Netzer einmal in der *Frankfurter Rundschau* an einen Rasen »wie ein Billardtisch. Wer hier nicht Fußball spielen konnte, der konnte es nirgendwo. Der Ball lief wie von allein.« Und Netzer lief, schier ohne Ende. Mit raumgreifenden Schritten, mit Dribblings über 50, 60 Meter. Eine Augenweide.

Es würde übrigens noch eineinhalb Jahre dauern, bis Karl-Heinz Bohrer, Kulturchef der *Frankfurter Allgemeinen Zeitung*, über Netzer jene berühmten Worte verfasste, die es später auch als Titel auf dessen Biografie schafften: »Der aus der Tiefe des Raumes plötzlich vorstoßende Netzer hatte ›thrill‹. ›Thrill‹, das ist das Ergebnis, das nicht erwartete Manöver; das ist die Verwandlung von Geometrie in Energie, die vor Glück wahnsinnig machende Explosion im Strafraum, ›thrill‹, das ist die Vollstreckung schlechthin, der Anfang und das Ende. ›Thrill‹ ist Wembley.«

Was Bohrer durchaus ein wenig unhandlich formulierte, gibt doch erstaunlich gut wieder, was sich an diesem Samstagabend zwischen England und Deutschland ereignet. Vorerst zumindest.

Netzer hat in der 9. Minute die erste deutsche Gelegenheit, Netzer dirigiert, Netzer verlagert, Netzer kontrolliert das deutsche Spiel, das doch viel mehr hergibt als Netzer. Auf der linken Bahn interpretiert der gelernte Offensivspieler Breitner den Außenverteidiger so offensiv wie der legendäre Italiener Giacinto Facchetti; über rechts gibt der einst zum Super-Joker verdammte Jürgen Grabowski als Startelf-Spieler einen gefährlichen Fernschuss ab; hinten greift sich Maier, der immer sicherer wird, quasi jede dieser unzähligen englischen Flanken, die oft Stürmer Geoff Hurst schlägt, weil er seinem erbarmungslosen Bewacher Horst-Dieter Höttges auf den Flügeln zu entkommen versucht. Mit mäßigem Erfolg.

Und wer bewacht Netzer? Alan Ball versucht es zumindest, der im englischen Spiel aber eigentlich bei eigenem Ballbesitz der wichtigste Mann ist. Kontraproduktiv. Auf diese Weise hatte Ramsey schon im WM-Finale 1966 dem auf Beckenbauer angesetzten Bobby Charlton geschadet, der dieses Privatduell mit dem damals erst 20-jährigen Kaiser wenigstens hatte für sich entscheiden können. Für Ball bleibt es beim Versuch.

76

Der Vorbereiter des berühmt-berüchtigten »Wembley-Tores« hat die Faxen schon früh dicke und lässt Netzer unsanft über die Klinge springen. Dieser lässt sich das nicht gefallen, so hat es auch das folgende Verbalduell in sich. Bei bloß einem bleibt es nicht – Ball will Netzer, den er als »deutsches Fräulein« verunglimpfte, auch öffentlich der Lächerlichkeit preisgeben. Einstweiligen Frieden – oder zumindest Respekt – begießen beide schließlich nach dem Rückspiel zwei Wochen später in Berlin.

Ball ist frustriert, natürlich ist er das. Er bekommt Netzer ja überhaupt nicht in den Griff. Weil dieser nicht allein handelt. Schon vor ihrer Unterredung, dass man ein 0:5 möglicherweise unterschreiben würde, war der offensichtliche Spielmacher auf den verkappten zugegangen, auf Libero Beckenbauer, und hatte diesem eine Taktik vorgeschlagen, mit der Netzer bereits im Verein gute Erfahrungen gemacht hatte.

Weil zu dieser Zeit so gut wie jede Mannschaft gegen Gladbach einen Wadenbeißer abstellte, der sich lediglich um Netzer zu kümmern hatte – beziehungsweise darum, ihm die Spielfreude zu nehmen –, betrieb der Gejagte mit dem Gladbacher Libero Hans-Jürgen Wittkamp ein Wechselspiel. Netzer ließ sich gelegentlich fallen, räumlich betrachtet. Aber nicht nur, um mal etwas Ruhe vor seinem Kettenhund zu bekommen, sondern auch um Räume aufzureißen, in die dann Wittkamp vorstoßen konnte – ehe beide später wieder ihre angestammten Positionen einnahmen.

Mit dieser Idee ging Netzer in London auf Beckenbauer zu. Was auch daran lag, dass Netzer befürchtete, dass sich beide bei den Vorstößen des Kaisers ins Gehege kommen könnten. Sein herzlich offenes Totschlagargument: »Wenn das schon mit meinem Wittkamp klappt, wird das mit uns beiden doch erst recht funktionieren.« Er hatte ja recht.

Auch der Bundestrainer, ein sehr harmoniebedürftiger Mensch, gab seinen Segen – was aber gar nicht erst in Frage gestellt worden war. »Es war die Phase, in der Schön die Mannschaft machen ließ, was sie für richtig hielt«, erzählt Netzer in seiner

Biografie. Und unterstreicht damit auch, dass das geölte deutsche Kombinationsspiel nicht auf bis zum Erbrechen einstudierten Vorgaben beruhte.

»Gegen England waren wir nicht mal eine Mannschaft, sondern ein zusammengewürfelter Haufen«, bremste Netzer angesichts der vielen Ausfälle in einem *kicker*-Interview zum 50. Jahrestag dieses Spiels. Es widerstrebt ihm ganz grundsätzlich, seine Leistungen von einst zu überhöhen. Doch die Idee mit Beckenbauer war schlicht genial.

»Unsere Absprache klappte ohne Worte, ohne Gesten, ohne Irrtümer«, räumt Netzer ein. »Zwei verschiedene Systeme funktionierten zusammen: das der Bayern und das von uns.« Also das der Gladbacher. Balldominanz gepaart mit Direktspiel. Beckenbauer gepaart mit Netzer. Vielversprechend.

Deutschland, in seinen grünen Auswärtsleibchen, spielt sich in einen Rausch. Wahrscheinlich wäre es befriedigend, greifbare Erklärungen dafür zu haben, wie es etwa durch eine ausgeklügelte Taktik dazu kommen konnte. Jenseits von Netzers Plan mit Beckenbauer. Doch so ist es nicht.

»Ich glaube nicht, dass irgendwer erklären kann, warum dieses Spiel passiert ist. Es gibt keine Erklärung, die ich akzeptieren könnte«, meint Netzer. »Wir haben einfach drauflosgespielt und gemerkt, wie gut es ging. Jeder spürte, dass ihm etwas Besonderes gelang. So hat es sich entwickelt. Dieses Spiel in Wembley ist aus dem Nichts geboren.« Wahrscheinlich wäre solch ein Spielfluss nach strikter Schablone auch gar nicht möglich gewesen. Wobei ein Grundprinzip sowohl existierte als auch griff.

Dass Hoeneß meistens so positioniert ist, dass er möglichst nah bei seinen Vereinskameraden Beckenbauer, Breitner oder Müller spielt, ist ebenso wenig Zufall wie Wimmers Nähe zu Netzer oder Ersatz-Angreifer Jupp Heynckes. »Es wurde schon darauf geachtet, dass wir so aufgestellt sind, dass es zusammenpasst«, bestätigt Maier die sogenannte Pärchenbildung, auf die er von seinem Tor aus beste Sicht hat. Wie auch auf das daraus resultierende Kombinationsspektakel. Es ereignet sich hauptsächlich zu seiner Linken, wo Deutschland durch das Zusammenrücken seiner Spieler immer wieder erdrückende Überzahl herstellt. Besonders in der 26. Minute.

»Bomber« Müller hatte gerade erst die bis dato größte deutsche Chance, von einem Netzer-Dribbling eingeleitet, etwas leichtfertig vergeben, da setzt die DFB-Auswahl geschlossen nach. Und bringt einen Grandseigneur des englischen Fußballs in große Verlegenheit.

Bobby Moore, Weltmeister-Kapitän von 1966, hatte seine besten Jahre hinter sich, was inklusive ihm selbst aber noch keiner so richtig wahrhaben will. Obwohl schon auffällt, dass sowohl Norman Hunter als auch Emlyn Hughes bereits weitaus mehr zum englischen Angriffsspiel beitragen als ihr wesentlich berühmterer Nebenmann.

Dieser überschätzt sich, als sich die deutsche Schlinge im englischen Strafraum immer enger um seinen Hals zieht, und stolpert in ein vermeidbares Dribbling, das ihm ein paar Jahre zuvor womöglich noch gelungen wäre. Doch das interessiert die Deutschen nicht, die Moore den Ball im Verbund abluchsen und das Leder anschließend ebenfalls im Verbund mit einem Kontakt zum freien Mann spielen. Am Ende legt der alte Held für den jungen Hoeneß auf, dessen von Hunter noch abgefälschter Rechtsschuss unhaltbar im kurzen Eck einschlägt. Hoeneß steht jubelnd in der Luft, kann sein Glück kaum fassen. Deutschland führt in Wembley, hochverdient.

Doch der Zorn der Engländer, im eigenen Stadion in die passive Rolle gedrängt, erzeugt eine Reaktion. Hurst setzt sich über rechts mal gegen Höttges durch und flankt auf Goalgetter Francis Lee, den Bewacher Breitner aus den Augen verloren hat. Doch es gibt ja noch Maier, der Lees Kopfball-Aufsetzer so entschärft, als wäre sein einbandagierter Arm vollständig gesund.

Für Deutschland läuft eigentlich alles nach Plan, doch ein Bild ist unstimmig: Die Schön-Elf diktiert das Geschehen fast nach

79

Belieben, sie erzeugt dabei aber keine dauerhafte Gefahr – und hätte längst schon zwei oder drei Tore mehr schießen müssen. Das ist sicherlich ein Manko. Deutschland spielt reibungslos, aber zu horizontal, zu viel um den Mittelkreis herum. Selten geht es schnell nach vorne. Angesichts der Umstände wäre das dann aber vielleicht auch zu viel verlangt gewesen.

Allein die volle Kontrolle durch ein positionell höchst flexibles Kombinationsspiel, das an den niederländischen Totalfußball dieser Jahre erinnert, ist ein sehr beeindruckender Anblick. »Das war Ajax-Fußball«, schreibt Taktik-Experte Tobias Escher in »Vom Libero zur Doppelsechs«, »nur ohne das Pressing«. Vielleicht mit Ausnahme der Szene vor dem 1:0. Wobei das eher Gegenpressing war.

Vieles glänzt, nicht alles ist golden, doch von einer deutschen Nationalmannschaft, als deren Tugenden seit jeher Lauf, Kampf und Willenskraft galten, war man derartige Spielkultur nicht gewohnt. Was Netzer und Co. an diesem Abend auf den Billard-Rasen von Wembley zaubern, bringt ihnen noch heute den glorifizierten Ruf als spielstärkste, wenn nicht gar beste deutsche Nationalmannschaft ein, die es bisher gab.

Letztere Behauptung entspricht auch Jahrzehnte später der Meinung Breitners; Netzer, der Gegenentwurf eines Ewiggestrigen mit dem Leitsatz »Früher war alles besser«, erkennt zumindest an, dass es »mein bestes Länderspiel« war.

Weil er die Komponente war, die bei der Heim-WM 1974 schließlich nicht mehr auf dem Platz stand – als der deutsche Fußball weitaus weniger begeisterte –, wird für immer er es sein, der mit dieser kunstvollen Offenbarung zwei Jahre zuvor gleichgesetzt wird. Folklore. Aber auch die Zahlen belegen Netzers Meisterstück in Wembley. Er sammelt in diesen 90 Minuten 99 Ballkontakte, sorgt für 88 Offensivaktionen, bringt 64 Pässe zum Mitspieler. In allen drei Statistiken Bestwert. Die Gesamtheit des deutschen Spiels, das Netzer im April 1972 anleitet, wurde sogar noch genauer untersucht.

2010 misst die Sporthochschule Köln, dass sich der »Lange« mit der blonden Mähne und seine Kollegen den Ball damals im Schnitt mit einer Geschwindigkeit von 2,9 Metern pro Sekunde zuspielen, fast doppelt so schnell wie die weniger modernen Engländer (1,64 Meter pro Sekunde). Doch auch bei den Deutschen waren es zwei Jahre zuvor im »Jahrhundertspiel« gegen Italien noch 1,77 Meter pro Sekunde gewesen – und Joachim Löws Konterfußball bei der WM 2010 (gemessen wurde das WM-Auftaktspiel gegen Australien) war mit 3,63 Metern pro Sekunde noch nicht um Lichtjahre enteilt.

Die deutsche Darbietung 1972, mit der ja keiner gerechnet hatte, mutet gar so übermächtig an, dass auf der Insel am nächsten Tag etwa der *Sunday Express* titelt: »Oh, what a black day for England«. Was für ein schwarzer Tag. Das Mutterland des Fußballs war von den Entwicklungen auf dem Kontinent mal wieder abgehängt worden. Dabei liefert Deutschlands zusammengewürfelte Verlegenheitself, deren Triumph Netzer »der Spontaneität und den Fähigkeiten der Einzelspieler« zuschreibt, keineswegs einen fehlerfreien Auftritt ab. Außerdem steht es erst 1:0 – und es sind noch 60 Minuten zu spielen.

Deutschland bleibt auch nach Hoeneß' Führungstreffer aktiv, steigert sich mitunter in zauberhafte Vorträge hinein. Doch ein zweites Tor liegt nicht in der Luft. Es mangelt an Durchschlagskraft. Die Engländer, meist aus der zweiten Reihe, schließen da öfter ab. Die Geradlinigkeit kann ihnen keiner absprechen. Zumal der Gastgeber auf diesem Weg wieder zurück ins Spiel findet, was in Netzer ganz neue Seiten zum Vorschein bringt.

Als Colin Bell im deutschen Strafraum eine Schusschance hat, hilft der defensiv gewöhnlich überschaubar engagierte Spielmacher aus, wirft sich rein wie ein Verteidiger, liegt bereits am Boden, stochert, wühlt regelrecht. Doch Netzers Einsatzfreude färbt nicht auf alle ab, nach einer Ecke in der 41. Minute kommt am Fünfmeterraum plötzlich Martin Peters mutterseelenallein zum Abschluss. Er trifft den Ball nicht richtig. Maier pariert. Auf den

Rückhalt ist Verlass. Das ist mit fortlaufender Spieldauer auch bitter nötig.

Von den elf Spielen, die in diesem Buch thematisiert werden, stand Sepp Maier in vier auf dem Platz. Das verschafft einen guten Überblick darüber, was für eine besondere Epoche des deutschen Fußballs der Sympathieträger miterlebt und mitgeprägt hat. Einige Jahre zuvor und alle Jahre seither konnte der Bayer natürlich auch verfolgen. Und daher wundert sich Maier, wenn das Viertelfinal-Hinspiel von Wembley regelmäßig zum besten aller deutschen Länderspiele hochstilisiert wird.

»Das soll das beste gewesen sein? Ich hab' es ehrlich gesagt nicht so gut gefunden«, bilanziert die Bayern-Legende, als sie sich die vollen 90 Minuten mit ein paar Jahrzehnten Abstand noch einmal zu Gemüte führt. Maier versteht es wirklich nicht. Weil er nicht nur die Highlights, sondern das ganze Spiel betrachtet. Auf die erste Spielhälfte trifft all die Lobhudelei noch weitgehend zu. Mit dem Pausenpfiff aber wendet sich das Blatt.

In der Halbzeit nimmt der einstige Weltmeister-Trainer Ramsey mehr Einfluss auf das Spiel seiner Mannschaft als der kommende Weltmeister-Trainer Schön, dessen Trumpf es stets gewesen war, dass er die Eckpfeiler seiner Elf über Jahre kaum ausgetauscht hatte. Und dass er diese dann eben machen ließ. Ramsey hingegen, in dessen 4-1-3-2-Formation keine Flügelstürmer vorgesehen waren, schiebt seine Außenverteidiger im zweiten Durchgang deutlich höher und lässt sie sich offensiv austoben. Mit der nötigen Disziplin natürlich. Darauf schien Linksverteidiger Hughes nur gewartet zu haben.

Englands in diesem Spiel bester Verteidiger, der nicht unfair zu Werke geht, der durch seine Präsenz aber eine unheimliche Wucht mit in die Zweikämpfe nimmt, stürmt im zweiten Abschnitt noch offensiver als Breitner, der wohl auch wegen Hughes' plötzlichem Aktionspensum immer wieder auf Deutschlands rechte Abwehrseite wechselt.

Bei den Deutschen werden auf einmal sämtliche Abwehrseiten

relevant, denn jetzt kommt England. Jetzt kommen die »Wingless Wonders« mit Flügelspiel, das sie bei ihrem WM-Erfolg 1966 noch improvisiert hatten. So erwischen nun die Engländer Deutschland auf dem falschen Fuß. Das Spiel dreht sich.

Schon bald ist es fest in englischer Hand. Was zwar nicht so hübsch aussieht wie zuvor die deutsche Dominanz, was durch die britische Dynamik aber ein ganzes Stück bedrohlicher wirkt. Einzig WM-Held Hurst will kein Stich gelingen, sodass Trainer Ramsey ihn in der 58. Minute als einzigen Spieler während dieses Showdowns auswechselt. Hurst läuft anschließend nie wieder für England auf.

Im Gesamtwerk eines berühmt gebliebenen Spiels ist Hursts Herausnahme lediglich eine Randnotiz – für »Eisenfuß« Höttges aber ist sie die Überschrift. Seine persönliche Genugtuung. »Für viele war ich nach dem WM-Finale 1966 der größte Verlierer«, erzählte Höttges, den Schön im Endspiel angeschlagen aufgestellt hatte, der den Dreifach-Torschützen Hurst jedoch nicht hatte stoppen können, später mal dem *Weser-Kurier*. Über den Tag, »auf den ich sechs Jahre lang gewartet hatte«. Für Hurst kommt der flinke Marsh. Höttges übernimmt.

Hin und wieder gelingt der DFB-Elf ein wenig Entlastung, die Netzer dann aber meistens zu ungeduldig dirigiert. Und die immer seltener wird. Das Direktspiel Mann gegen mann ermöglicht Deutschland zwar, seine Führung auch defensiv verwaltet zu bekommen. Doch nur dafür ist noch viel zu viel Zeit auf der Uhr.

Auch Beckenbauer darf sich für Drecksarbeit nun nicht mehr zu schade sein, pflichtbewusst wirft er sich im eigenen Strafraum Hughes in den Weg. Und verhindert womöglich Schlimmeres.

Über Englands rechte Seite, wo Breitner eine Lücke hinterlässt, setzt sich Marsh deutlich öfter durch als zuvor Hurst; Ball und Bell geben scharfe Schüsse ab; das Anlaufen der Hausherren wird wieder aggressiver. So dominant war Deutschland nicht aufgetreten.

Gegen Mitte der ersten Hälfte war es mal nur um die Höhe der deutschen Führung gegangen, inzwischen scheint der Ausgleich nur noch eine Frage der Zeit zu sein. Beinahe fällt er schon in der 62. Minute, als – natürlich – Hughes den Ball nach einer Flanke aus spitzem Winkel per Dropkick nimmt, aber lediglich die Oberkante der Querlatte trifft. Wobei Maier auch nichts hätte ausrichten können, wäre die Kugel 20 Zentimeter tiefer gekommen.

Die Deutschen brechen unter dem Druck nicht zusammen, weil Höttges dann doch einen guten Job gegen Marsh macht und auch Englands Mittelstürmer Martin Chivers von Georg Schwarzenbeck weitestgehend aus dem Spiel genommen wird. Doch die herrlichen Angriffskombinationen aus dem ersten Durchgang finden längst nicht mehr statt. Jetzt ist Deutschland die Mannschaft, die manchmal kontern darf. Mehr nicht. ›Wembley 1972‹ ist ein Spiel der zwei Hälften, die unterschiedlicher kaum hätten ausfallen können.

Netzer macht defensiv inzwischen mehr mit als Beckenbauer noch offensiv, viel mehr muss man über den Spielverlauf in dieser Phase nicht wissen. Allen Wechselplänen zum Trotz hatten beide vor der Pause vor allem dann überzeugt, wenn sie nicht hinter-, sondern nebeneinander agiert hatten. Das tun sie auch jetzt noch. Nur eben gegen den Ball.

Dass sie die englische Dominanz so lange schadlos übersteht, spricht für eine deutsche Mannschaft, die unter normalen Umständen so niemals zusammengespielt hätte. Doch als sich die DFB-Elf nach einem Peters-Kopfball einmal mehr »nur« auf Rückhalt Maier verlassen kann, ist immer noch eine knappe halbe Stunde zu spielen. Aus deutscher Sicht will die Zeit so gar nicht vergehen. Deutschland muss wieder in dieses Spiel finden.

Torjäger Müller, sooft er sich auch seitlich oder ein bisschen tiefer anbietet, hängt ziemlich in der Luft. Aber nicht so sehr wie Held, der im WM-Finale 1966 noch bester Deutscher war, sechs Jahre später auf seiner Linksaußenposition aber wie ein Fremdkörper wirkt. Einmal hätte ihn der dribbelnde Hoeneß beinahe über den Haufen gerannt. Auf rechts hat Grabowski große Probleme gegen Hughes, sodass der deutsche Angriff im zweiten

Durchgang fast gar nicht stattfindet. Da kann auch Dirigent Netzer wenig machen.

Es dauert eine halbe Stunde, bis in die 74. Minute, bis Müller mal wieder eine Kostprobe seiner historischen Gefährlichkeit abgeben kann, als der pfeilschnelle Hoeneß einen Konter nach vorne treibt. Doch Müller lässt sich nicht nur abdrängen, er verzieht hastig und ungenau – zweifelsfreie Anzeichen, dass dem Bomber der Nation das Selbstvertrauen fehlt.

Nur Sekunden später greift nach einer Ecke auf der anderen Seite sogar Maier daneben. Hinter ihm ist Marsh deswegen aber so perplex, dass er den Ball aus wenigen Metern neben den verwaisten Kasten köpft.

Wie lange kann das noch gut gehen? Wozu all die Superlative für das schöne deutsche Spiel, wenn es großen Widrigkeiten nicht standhält? Die letzte Viertelstunde bricht an.

Einmal mehr stemmt sich Netzer dagegen, nimmt sich den Ball, kurbelt geduldig das deutsche Kombinationsspiel an, das Schön zur Pause also doch nicht ausgewechselt hatte. Beckenbauer lässt sich anstecken, ihm wird nach einem Doppelpass mit Müller gerade noch in die Parade gefahren. Lebenszeichen! Zum richtigen Zeitpunkt. Oder?

Die Deutschen orientieren sich wieder mehr nach vorne, als Beckenbauer auf Höhe der Mittellinie einen Fehlpass spielt. Weil Adressat Wimmer gefoult wird? Schiedsrichter Robert Helies aus Frankreich lässt das Spiel jedenfalls weiterlaufen und damit auch Bell, der den Ball nach einem Doppelpass mit Peters die rechte Seite entlangtreibt. Er schießt. Er schießt hart. Zu mittig. Maier wehrt zur Seite ab. Aber nicht weit genug.

Der Ball ist glitschig, es hat geregnet, die Kugel fällt dem nachsetzenden Lee genau vor die Füße, der nur noch einschieben muss. »Ich wollte den Ball zur Seite lenken, zum Festhalten war er zu glatt«, erklärte Deutschlands reumütige Nummer 1 nach dem Schlusspfiff. »Doch ich habe ihn zu fest in die Hände bekommen, dadurch hat der Ball an Fahrt verloren.« Es ist das nötige Quäntchen Glück, das sich England längst erarbeitet hat. Es ist der verdiente Ausgleich, zwölf Minuten vor Schluss.

Und was jetzt? Ein Unentschieden, Entscheidung erst im Rückspiel? Spielt trotzdem jemand auf Sieg? Beide. Deutschland traut sich plötzlich wieder mehr Ballbesitz zu, England läuft hoch an – als würde das Spiel noch mal von Neuem beginnen.

Marsh lässt im Strafraum Höttges aussteigen, was Hurst nicht ein einziges Mal gelungen war. Doch dahinter wartet Beckenbauer und räumt auf. Hughes muss nun wieder den Rückwärtsgang einlegen, fängt Netzers Steilpass auf Müller aber noch ab. Jetzt ist alles möglich.

Was Netzer für Deutschland ist, ist Hughes für die Engländer, nimmermüde führt er seine Farben an. Maier muss eine scharfe Flanke des Liverpoolers über die Latte wischen. In diesen Minuten sind es die Three Lions, die dem Sieg näher wirken. Durch ihre reine Physis, durch die Essenz des englischen Spiels. »You'll never walk alone« ertönt im weiten Rund, und man konnte den Eindruck gewinnen, als würden die zunächst düpierten Lokalmatadoren ihr Platzrecht – nicht nur in Wembley, sondern auch im Weltfußball – nun verspätet, aber unerbittlich einfordern. Die Deutschen können nur noch reagieren. Doch sie haben noch ein Ass im Ärmel.

In der 83. Minute schickt Maier mit einem langen Abschlag den quasi abwesenden Held auf die Reise, der noch einiges im Tank zu haben scheint. Und dem großen Moore davonläuft. Aber der Altmeister, also Moore, lässt die Erfahrung raushängen und verhält sich im Zweikampf so geschickt, dass der Schiedsrichter Offensivfoul pfeift. Noch mal gut gegangen.

Seine bis dato beste Szene des Spiels lässt Moore in der Folge geradezu aufblühen. Fortan schlägt er Flugball um Flugball nach vorne, wo Chivers seine persönliche Klette Schwarzenbeck langsam nicht mehr sehen kann. Moore will zu viel. Es ist der beinahe exakt gleiche Angriff, der England nur eine Zeigerumdrehung später um die Ohren fliegt.

86

Über seine linke Seite fährt Spätzünder Held den nächsten Konter und ist für Moore diesmal den entscheidenden halben Schritt zu schnell. Zwei Jahre vorher hätte der elegante Ballgewinner die Kugel mit einer Grätsche vielleicht noch bekommen, tatsächlich berührt Moore sie sogar leicht. Doch er trifft vor allem eine ganze Menge Sigi Held. Und weil Moore nicht mehr so schnell ist, wie Moore es einmal war, trifft er Held erst genau auf der Strafraumkante. Elfmeter. Die große Chance zum Sieg.

Als Schütze ist eigentlich Müller vorgesehen, doch den Mittelstürmer verlässt der Mut. Er bittet Netzer, der wegen seines großen Auftritts gar nicht erst überlegt. »Ein Spieler, dem so viel gelungen war, war prädestiniert dafür, in dieser Phase Verantwortung zu übernehmen«, erklärt die personifizierte Tiefe des Raumes 50 Jahre später. »Gerd spürte, dass er nicht den besten Tag hatte.« Netzer spürt das Gegenteil.

Bundestrainer Schön nickt auch diesen Tausch ab – und sorgt dabei unfreiwillig für das heimliche Highlight dieses historischen Abends. Netzer kugelt sich beinahe vor Freude, wenn er daran denkt. »Schön lief die Linie entlang, zeigte auf mich, bewegte sich dann rückwärts – um alles beobachten zu können – zur Bank zurück, setzte sich hin, aber die Bank war nicht da. Sodass er in drei Etappen zu Boden fiel. Die Ersatzspieler brachen zusammen vor Lachen.«

Den Fauxpas des Bundestrainers muss Netzer ausblenden, als er Deutschland fünf Minuten vor Schluss mit 2:1 in Führung bringen kann. Er fackelt nicht lang. Kürzer, als er zittern muss. Netzer visiert das aus seiner Sicht linke Eck an und schießt hart, aber nicht sonderlich platziert. Englands Torwart-Legende Gordon Banks ist in die richtige Richtung unterwegs und kommt an den Ball, lenkt ihn an den Pfosten. An den Innenpfosten. Von dort, weil Netzer ordentlich durchgezogen hatte, prallt das Leder über die Linie. Ins Tor.

Netzer wischt sich nicht in ergiebiger Dankbarkeit der Glücksgöttin Fortuna gegenüber die Stirn ab und trabt demütig in die eigene Hälfte zurück. Weit gefehlt. Er bejubelt diesen Treffer mit wuchtigen Freudensprüngen seiner Bedeutung entsprechend – der mindestens ebenso erleichterte Müller ist erster Gratulant.

Die erneute deutsche Führung ist nicht unbedingt dem Spielverlauf entsprechend, doch ihre Entstehung attestiert dieser Mannschaft ein, zwei weitere wertvolle Facetten. Erneut ist ihr auch Fortuna hold, als Marsh gegen Beckenbauer auch einen Elfmeter für England schinden will, der eigentlich keiner war. Den es für das simple Reinstellen des Körpers in diesen Jahren aber durchaus hätte geben können.

Eigentlich ist es ein Unentschieden-Spiel, was die Deutschen vorher wohl mit Kusshand genommen hätten. Doch was zählt, ist zwar oft auf dem Platz, noch öfter aber auf der Anzeigetafel. Und dort lässt sich Deutschlands »Wembley-Elf« nicht lumpen.

Einzelkämpfer Held hatte am furiosen deutschen Angriffsfußball der ersten Hälfte kaum einen Anteil gehabt. Immer wieder war er regelrecht umspielt worden. Doch in den Schlussminuten des Hinspiels schwingt er sich zu dem auf, was sein Name suggeriert. Ausgerechnet den überragenden Hughes zwingt der Mann, der schon das 1:0 vorbereitet hatte, nahe des englischen Sechzehners zu einem Fehler, ehe der aufgerückte Hoeneß mustergültig zu seinem Vereinskameraden Müller durchsteckt. Mit der Sicherheit der deutschen Führung im Rücken lässt sich der verunsicherte Torjäger von seinen Instinkten leiten und schießt aus einer blitzschnellen Drehung unnachahmlich an den Innenpfosten. Erneut springt der Ball von dort aus in die Maschen.

Das 3:1 in der 88. Minute ist das Tor, durch das Müller als DFB-Rekordtorschütze zu Uwe Seeler aufschließt; das Tor, durch das Deutschland zum ersten Mal in England gewinnt. Müller und die Seinen haben Gewissheit. Sie strahlen über das ganze Gesicht.

Der deutsche Sieg in Wembley Ende April 1972 war ein Erfolg in einem EM-Spiel, das noch gar nicht zur Endrunde gehörte. Es war eine Leistung, die wahrscheinlich nur deshalb unvergessen bleibt, weil Deutschland am Ende noch zwei Tore schoss. Die Gesamtstatistik mit 25:13 Abschlüssen und 14:4 Ecken pro England würde wohl einige überraschen. Doch an diesem Tag, in einer Notbesetzung, kam irgendwie alles zusammen. »In Wembley«, und das sagt immerhin der dahingehend zurückhaltende Netzer, »kamen wir der Perfektion schon sehr nahe.« Zumindest phasenweise.

Europaweit sah man das ähnlich. Die französische *L'Equipe* wollte sogar Zukunftsfußball »aus dem Jahr 2000« erkannt haben. Auf der Insel selbst bewegte man sich auf dem Zeitstrahl in die andere Richtung, was das sogar noch größere Kompliment war. »Dank der Deutschen gibt es jetzt wieder jenen brillanten Fußball in Europa, den die Ungarn früher so unnachahmlich zeigten«, schrieb der »Daily Telegraph«; der englische FIFA-Präsident Stanley Rous wählte noch im Stadion ebenfalls den Vergleich mit Ungarns »goldener Elf«, die 1953 als erstes Team vom Festland die Festung Wembley gestürmt hatte. Allerdings mit brachialer Torgefahr und einem Endstand von 6:3.

Doch die Beobachter waren sich 1972 einig: Deutschland hatte, vor allem durch seinen Kombinationsfußball, ein ganz besonderes Spiel abgeliefert. Bundestrainer Schön, die Bodenständigkeit mit Mütze, griff ebenfalls ins oberste Regal, befand, es sei »die beste Leistung einer deutschen Nationalmannschaft überhaupt« gewesen. So erzählt man es sich ja bis heute.

Bis zu seinem Lebensende 1996 ließ sich Schön von dieser Meinung nicht mehr abbringen: »Wenn ich einmal ausgesprochen nostalgisch bin und wirklich guten Fußball sehen will«, sagte er, »dann lege ich die Kassette ›England 72‹ ein, setze mich aufs Sofa und schwelge in Erinnerungen.« Ja, schöner spielte Deutschland wahrscheinlich nie.

Die besondere Strahlkraft dieses Spiels liegt sicherlich auch im Moment der großen Begeisterung begründet. Die Schandwolke des Bundesliga-Skandals hing schwer über allen, die man damit auf irgendeinem Wege in Verbindung bringen konnte. Und auf einmal war sie wie verflogen. »Wir haben im deutschen Fußball in den letzten Monaten nicht oft Anlass zur Freude gehabt«, formulierte der *kicker*: »Dieses Spiel jedoch hat Spaß gemacht. Und weil der Sieg nach den schlechten Vorzeichen so überzeugend errungen wurde, können wir uns so recht daran erfreuen.«

Die Freude ist allerdings sternschnuppengleich. Kaum da, schon wieder weg. Auf die Frage, welche Auswirkung das Wembley-Spiel auf den deutschen Fußball hatte, antwortet Netzer: »Keine.« Und er hat recht.

Schon bei der WM 1974, die völlig abdriftende Engländer ebenso verpassen sollten wie die EM 1976 und die WM 1978, war die deutsche Kombinationsfreude weitgehend verschwunden, auch wenn am Ende des Heim-Turniers der »zweite Stern« stand. In den 1980er Jahren würde das reine Ergebnis den deutschen Fußball noch viel mehr bestimmen als die Sorge, wie hübsch es denn eigentlich zustande gekommen war. Obwohl Schön, Netzer und Co. 1972 bewiesen hatten, dass man auch auf diese Weise triumphieren kann.

Deutschlands erster EM-Titel also als für sich stehendes Relikt einer danach vernachlässigten Spielkunst? Kann man so sagen. Dabei war das Wembley-Spiel 1972 noch nicht mal der Höhepunkt.

Weil das Endturnier in Belgien einige Wochen später stattfand, während der Ligabetrieb noch im Gange war – was auch etwas über die Bedeutung von Europameisterschaften Anfang der 1970er Jahre aussagt –, musste Deutschland seine Flügel neu besetzen. Denn Grabowski hatte sich verletzt und Zweitligaspieler Held von seinem Verein keine Freigabe bekommen. Das muss man sich mal vorstellen.

So stürmten stattdessen Schalkes Linksaußen Erwin Kremers und Heynckes von Netzer-Klub Gladbach, was nicht nur Wimmer und Hoeneß – Stichwort Pärchenbildung – wieder die Seiten tauschen ließ, sondern das feine deutsche Angriffsspiel auch weitaus direkter machte. Deutschland spielte nun mehr Fohlen-Fußball: vertikaler, gefährlicher, noch idealer für Anführer Netzer, noch

90

idealer für Bomber Müller, der in den zwei Endrunden-Spielen vier Tore schoss.

Es sind wahrscheinlich diese Spiele – das Halbfinale gegen Gastgeber Belgien (2:1), das Finale gegen die Sowjetunion (3:0) –, die als Gipfel des deutschen Nationalmannschaftsfußballs bejubelt werden sollten. Doch die Rede wird auf ewig von Wembley sein, wo Schöns Schönspieler die wohl geschmeidigsten Kombinationen auf den Londoner Billard-Rasen malten. Die Aussagekraft des Fußballs hat eben eine ganze Menge mit Ästhetik zu tun.

Das Viertelfinal-Rückspiel zwei Wochen später in Berlin, eine öde und ziemlich raue Veranstaltung, endete übrigens 0:0. Aber davon hört man noch weniger als von der zweiten Hälfte in Wembley.

4

GÖTTERDÄMMERUNG AUF DEM TEUFELSBERG

Kaiserslautern gegen Bayern,
Bundesliga 1973/74

Im womöglich spektakulärsten aller bisherigen Bundesliga-Spiele führte der FC Bayern München mit 4:1 – und verlor noch deutlich. Weil nicht immer der nächste Gegner der schwerste ist.

7:4

Kaiserslautern – Bayern München

Elting
Diehl

Huber Schwager Fuchs

Toppmöller Bitz Laumen

Pirrung Sandberg Ackermann

Gersdorff Müller Hoffmann

Zobel Roth Hoeneß

Dürnberger Schwarzenbeck Hansen

Beckenbauer

Maier

20. Oktober 1973 im Betzenberg-Stadion, Kaiserslautern

Tore: 0:1 Gersdorff (3.), 0:2 Gersdorff (12.), 0:3 Müller (36.),
1:3 Pirrung (43.), 1:4 Müller (57.), 2:4 Toppmöller (58.),
3:4 Pirrung (61.), 4:4 Pirrung (73.), 5:4 Diehl (84.),
6:4 Laumen (87.), 7:4 Laumen (89.)

Acht Wörter wie ein verwundertes Augenreiben. Acht Wörter, die im deutschen Fußball völlig aus der Zeit gefallen sind. Die eine Erklärung benötigen, und am besten nicht zu knapp.

Sie kamen, am 20. Oktober 1973, aus dem Mund von Kaiserslauterns Trainer Erich Ribbeck und transportierten eine Arroganz, wie böse Zungen sie höchstens dem heutigen Rekordmeister zuordnen würden. Und doch umgab diese acht Wörter in diesem konkreten Moment, nach einem denkwürdigen Elf-Tore-Spektakel, eine seltsame Angemessenheit. »Wir nahmen die Bayern doch nicht ganz ernst.« Wie in aller Welt konnte das denn passieren?

Im Herbst 1973 war Bayern München mit Franz Beckenbauer, Gerd Müller, Sepp Maier und wie sie alle hießen bereits zur ganz großen Nummer im deutschen Fußball herangewachsen. Auch wenn sie nicht zu den 16 Gründungsmitgliedern der zehn Jahre zuvor uraufgeführten Bundesliga gezählt hatten und erst mit zwei Spielzeiten Verzögerung ins professionelle Oberhaus aufsteigen konnten, waren die Bayern sofort ein Faktor.

Platz drei gleich in der ersten Saison 1965/66, zudem Pokalsieger. Ein Jahr später auch Europapokalsieger – im Europapokal der Pokalsieger –, 1969 erstmals in der Bundesliga-Ära Deutscher Meister. Ein steiler Aufstieg. Die Spielergeneration gab es her.

Es folgten zwei Jahre, in denen Borussia Mönchengladbach mit Hennes Weisweiler und seiner stürmischen Fohlen-Elf die Bundesliga bestimmte. Nach deren Meisterschaften 1970 und 1971 wanderte das Zepter der Dominanz jedoch erstmals nachhaltig nach München.

In der Saison 1973/74 waren die Roten, die längst den Kern der deutschen Nationalmannschaft bildeten, die 1972 Europameister geworden war und 1974 im eigenen Land Weltmeister werden sollte, auf dem Weg zur dritten Meisterschaft in Folge. Rekordmeister war zwar noch der 1. FC Nürnberg, aber die sportliche Sonderstellung der Münchener in den frühen bis mittleren 1970er Jahren war beinahe vergleichbar mit heute.

Viele Gegner in der Bundesliga beeindruckte das. In einem

95

Maße, dass sie ihre Spiele gegen die Bayern oft vorab schon im Kopf verloren hatten. Oder dass sie das eben während der Spiele taten. Andere wiederum motivierte es bis in die Haarspitzen. Niemanden wohl so sehr wie den 1. FC Kaiserslautern.

»Für uns waren Spiele gegen den FC Bayern wie das Champions-League-Finale«, erklärt Klaus Toppmöller – und klingt dabei gleich wieder so angestachelt, als wolle er am liebsten noch mal die Fußballschuhe schnüren.

Der damals 22 Jahre alte Stürmer, in Kaiserslautern zu einem der offensivsten Mittelfeldspieler umgeschult, die man sich vorstellen kann, ging im Herbst 1973 erst in seine zweite Saison beim FCK, hatte aber bereits eine ungewöhnliche Angewohnheit entwickelt. »Sobald der Spielplan herauskam, habe ich immer als Erstes geschaut, wann es gegen die Bayern geht. Ich hab' mich da immer so drauf gefreut, in diesen Spielen wollte ich mich zeigen«, lacht er herzlich. »Gegen Bayern – das war mein Spiel des Jahres.«

Toppmöllers Aussagen klingen so besonders erst mal nicht. Die meisten Bundesligisten dürften, damals wie heute, gegen den großen FCB besonders motiviert gewesen sein. Doch Lautern und die Bayern, das hatte eine Vorgeschichte.

Am 23. April 1966, in der ersten Bundesliga-Saison der Bayern, kam es auf dem Betzenberg zu einem hitzigen Gastspiel der Münchener, das sie gegen am Ende acht Pfälzer mit 2:1 gewannen. Weil Spieler und Verantwortliche des Aufsteigers sich in der Folge »undiplomatisch äußerten«, wie es der FCK auf seiner Website noch zurückhaltend formuliert, bekam das Verhältnis beider Vereine dauerhafte Dellen. »Das Feindbild für die FCK-Fans«, so heißt es, »war damit geboren.«

Anfang der 1980er Jahre sollte Kaiserslauterns legendärem Stadionsprecher Udo Scholz ein musikalischer Einfall kommen, mit dem er bei seinem Betze-Publikum offene Türen einrannte. Auf die Melodie von »Yellow Submarine«, dem berühmten Hit der Beatles, dichtete er den heute deutschlandweit bekannten Fan-Gesang »Zieht den Bayern die Lederhosen aus.«

96

Der bayerische Dominator in der Pfalz? Da war immer Zündstoff drin. Nicht nur für Toppmöller, der im Oktober 1973, ehe er mit zwölf Toren in elf Duellen als großer Bayern-Spezialist in die Fußballgeschichte eingehen sollte, erst einmal gegen den FCB angetreten war. Im Münchener Olympiastadion setzte es, fünf Monate war das erst her, ein krachendes 0:6.

»Sang- und klanglos« sei man »untergegangen«, steht auf der Website der Pfälzer. Doch auswärts, das konnte passieren. Anders als die Bayern und Gladbach zählte der FCK in diesen Jahren nur zum Mittelmaß der Bundesliga, die großen Walter-Jahre waren längst passé. »Auf fremdem Platz spielten wir fast nur auf Konter«, gibt Toppmöller zu. »Auswärts gewannen wir eigentlich nie.«

Doch auf dem Betzenberg, besonders wenn die Bayern kamen, spielte Lautern verrückt. Bayern-Youngster Paul Breitner fehlte an diesem 20. Oktober verletzt, später würde er einmal zähneknirschend den berühmten Satz prägen, dass die Bayern die Punkte eigentlich mit der Post nach Kaiserslautern schicken könnten. Also dass sie dort nicht erst antreten bräuchten, so erfolglos schnitten Beckenbauer und Co. in der Pfalz ab.

Von den zurückliegenden sieben Ligaspielen in Kaiserslautern hatte der FCB lediglich eines gewonnen, viermal war er gar als Verlierer nach Hause gefahren. Obwohl man in Heimspielen gegen die Roten Teufel eigentlich nie Probleme hatte. »Nach Lautern hätten wir gar nicht hinfahren brauchen«, platzt es ein halbes Jahrhundert später aus Bayerns damaligem Nationaltorwart Sepp Maier heraus, der unterstreicht, dass Breitners später getätigter Spruch auch 1973 schon galt. »Das war sinnlos. Da hätten wir zu Hause bleiben und trainieren sollen. Die haben sich doch alle gefreut, wenn Bayern kommt.« Die nächsten Worte aus einer anderen Zeit.

Durch diese eigenartige Konstellation war es auch, obwohl ihm Maier, Beckenbauer und Müller gegenübergestanden hatten, zu Ribbecks ungewöhnlicher Aussage gekommen. In Kaiserslautern fürchtete man die Bayern einfach nicht. Wobei der spätere Bundestrainer mit seinen acht Worten nach Spielende ja darauf anspielte, dass der Betze-Bayern-Mythos nur wenige Stunden zuvor im Begriff gewesen war, in großem Stil eingerissen zu werden.

Der Bayern-Wirbel erwischt die Pfälzer kalt an diesem windigen Herbstnachmittag, an dem der Bundesliga-Dritte in der 12. Spielrunde beim Siebten antritt. Durch ihre Positionsrochaden verteilen die Münchener ihre Gegenspieler wahllos über das ganze Feld. Mittelstürmer Müller kommt tief, Linksaußen Bernd Gersdorff mischt plötzlich rechts und zentral mit, Jungspund Uli Hoeneß ist mit seiner Geschwindigkeit sowieso kaum zu halten.

Den Münchenern, die einen Spieltag zuvor nach einem 1:2-Rückstand nur dank zweier Elfmeter noch gegen Schlusslicht Duisburg gewonnen hatten, wird in diesen Wochen eine Krise nachgesagt. Auf dem Betze, wo Lautern unter der Woche ebenfalls nicht überzeugend aufgetreten war, ist davon herzlich wenig zu sehen. Womöglich hat die wachsende Rivalität mit den Pfälzern auch dem FC Bayern ein paar Prozent Extramotivation eingehaucht. In »Champions-League-Finals« gelten eben eigene Gesetze.

»In der ersten Hälfte wusste keiner so richtig, wen er decken sollte«, haderte FCK-Neuzugang Herbert Laumen seinerzeit im *kicker*. Das sieht man den Hausherren auch an. Sie laufen nur hinterher. Und das nicht mal sonderlich koordiniert. Besonders für Manndecker Georg Schwarzenbeck fühlt sich kein Lauterer zuständig, sobald der »Ausputzer des Kaisers« plötzlich vorne mitmischt und von Anfang an Angriff um Angriff inszeniert. Beckenbauer überfällt beinahe der Neid.

Kaiserlauterns Verteidiger wirken gefangen zwischen völliger Verwirrung und apathischer Abwesenheit, als Schwarzenbeck, im Spaziergang und ohne Gegenwehr, schon in der dritten Minute Gersdorff in den Strafraum schickt, der ähnlich unbedarft und noch nicht mal übermäßig platziert ins lange Eck vollstreckt. Einfacher, so scheint es, hätte es der FCK dem FCB gar nicht machen können.

Auch eine verunglückte Flanke des technisch beschlagenen Gersdorff fällt wenig später hinter Lauterns Schlussmann Josef Elting ins lange Eck, als Parade konnte man Eltings behäbiges Strecken kaum bezeichnen. Und erneut war alles so leicht gegangen, dass sich der Münchener Neuzugang augenscheinlich gar nicht richtig freuen kann. Oder will. In eleganten weißen Trikots drückt der Serienmeister auf dem gefürchteten Betzenberg erbarmungslos sein Spiel durch. Lautern bekommt so gar keinen Zugriff. Eine Vorführung bahnt sich an.

»Wir haben dominiert, das hat uns schon überrascht«, erinnert sich noch immer mit Verwunderung im Unterton Keeper Maier, der aller Dominanz zum Trotz nicht beschäftigungslos bleibt. Beim Stand von 0:2 setzt sich Lauterns Linksaußen Klaus Ackermann auf seinem Flügel durch und flankt gefährlich an den Fünfer, wo Schwarzenbeck, wieder in seiner Rolle als Manndecker, Roland Sandberg gerade noch zuvorkommt und den möglichen Anschlusstreffer verhindert. Prompt gibt's aus dem Kaiser'schen Mundwerk die erste bayerische Watschn. Bloß nicht nachlassen.

Sandberg, Lauterns neuer schwedischer Mittelstürmer, narrt Bewacher Schwarzenbeck immer wieder, zieht ihn durch sein Fallen ins Mittelfeld oder Ausweichen auf die Flügel teilweise über den halben Platz mit. Der spielstarke Sandberg – eine frühe »falsche Neun« der Bundesliga-Geschichte.

Toppmöller, in seinem unbändigen Vorwärtsdrang, kommt dieser Spielstil entgegen. »Wenn Sandberg sich fallen gelassen hat«, erklärt er, »bin ich in die Spitze vorgestoßen.« Der lange Lockenkopf, nominell im Dreier-Mittelfeld rechts aufgeboten, geht den Weg in die Spitze aber nicht nur in diesen Situationen mit, sondern eigentlich immer. Er kann nicht anders.

»Ursprünglich bin ich ja Mittelstürmer gewesen«, umschreibt sich der spätere Trainer Toppmöller als jungen Spieler, »doch ich wollte auch viel am Ball sein, dort, wo Fußball gespielt wird.« Also im Mittelfeld. »Halber Mittelfeldspieler, halber Stürmer«, definiert sich Toppmöller in der Rückschau selbst – beziehungsweise die Rolle, die er damals in dieser Mannschaft spielt.

Im Herbst 1973 gegen die Bayern enden die meisten von Toppmöllers Tiefenläufen zunächst mit einer Enttäuschung. Der Ball kommt nicht. Lautern fällt höchstens mal ein Fernschuss ein. Ganz anders läuft es beim FCB.

In einer Zeit, in der Pressing in der Bundesliga noch ein Fremdwort ist, was in dieser Partie extrem auffällt, gleiten die Münchener Meister über den Betze wie das heiße Messer durch die Butter. Vor allem Gersdorff, dessen Finesse die Pfälzer Toppmöller und Josef Pirrung in einer Szene an der Seitenlinie amüsant ineinanderlaufen lässt. Frech.

Auch Schwarzenbeck kurbelt weiterhin an, verteidigen muss er an diesem Nachmittag nur selten mal. Nach seinem Zuspiel links in den Strafraum löst sich Hoeneß, dessen Flanke über den umherirrenden Elting bis auf den Kopf von Goalgetter Müller fliegt, der nur noch ins verwaiste Gehäuse einnicken muss. Der »Bomber der Nation« steht mutterseelenallein in der Luft, der Ball prallt von der Unterkante der Querlatte über die Linie. Großer Jubel. Das 3:0 hat schon etwas von einer Vorentscheidung.

Ausgerechnet in der Pfalz scheint der Elf von Bayern-Trainer Udo Lattek diesmal alles zu gelingen. Sie ist sogar so gefährlich, dass sie auch für die beste Lauterer Chance in der ersten halben Stunde sorgt: Hoeneß, als er hinten aushilft, misslingt eine Klärungsaktion so gründlich, dass er den Ball versehentlich wuchtig auf das eigene Tor köpft. Nur ein starker Reflex von Maier verhindert ein höchst spektakuläres Eigentor. Dem 21 Jahre alten Hoeneß, um Vergebung bittend die Hände gefaltet, steht die Erleichterung ins Gesicht geschrieben.

Maiers Vorderleute halten den Nationaltorwart mehr auf Trab, als ihm das wahrscheinlich lieb ist. Auf Dauer kann das nicht gut gehen. »Wir waren 3:0 vorne, dann hat Bulle einen Fehlpass gemacht«, ärgert sich die »Katze von Anzing« über eine Szene zwei Minuten vor der Pause, als Franz »Bulle« Roth es gehörig vermasselt. Toppmöllers Gegenspieler lässt sich, am eigenen Sechzehner stehend, beim Abspiel erst viel zu viel Zeit und anschließend, während er versucht, seine Füße zu sortieren, das Spielgerät vom Lauterer Schlitzohr »Seppl« Pirrung abluchsen.

»Anbieten!«, hatte zwei Sekunden zuvor noch Lattek auf den Platz gerufen, nein geschimpft, doch es war zu spät. Ansatzlos steht Balldieb Pirrung auf einmal frei vor Maier, clever vollstreckt der Rechtsaußen ins kurze Eck. Und verkürzt zum 1:3-Halbzeitstand.

Weht da etwa Comeback-Luft über den Betzenberg? Längst noch nicht. Toppmöller hätte sie – zumindest 1973 noch – wahrscheinlich auch gar nicht gerochen. »Die Bayern waren die viel bessere Mannschaft, die beste in Europa«, urteilt er rückblickend voller Hochachtung über die Münchener, die ihre Qualität auch im zweiten Durchgang eindrucksvoll unter Beweis stellen.

Lautern ist inzwischen zwar durchaus im Spiel, was sich allerdings ändert, sobald Münchens Granden so richtig loslegen. In der 57. Minute dribbelt Libero Beckenbauer durch die gegnerische Hälfte, dynamisch, aber auch zu ungestört, ehe er den Ball scharf in den gegnerischen Strafraum spielt. In einer kleinen Spielertraube behindern sich Lauterns Zentralverteidiger Ernst Diehl und Dietmar Schwager gegenseitig, während sich ein gewisser Gerhard Müller sowohl am besten positioniert als auch am schnellsten schaltet.

Die Kugel rauscht standesgemäß unter Eltings Armen hindurch, der Torschütze stürmt davon und vollführt tollkühnste Jubelsprünge, wie man sie von Müller in diesen Jahren kennt. Weil er eigentlich ständig trifft. 365 Tore in 427 Bundesligaspielen, siebenmal Torschützenkönig. Keiner mehr, keiner öfter. 4:1.

Oder 1:4, je nach Perspektive. »Das 1:4 war im Prinzip der Zusammenbruch«, erzählt Toppmöller von dem Gegentreffer, der den alten Abstand wiederherstellt. Der diesmal wirklich wie eine Vorentscheidung daherkommt. Der auch eine Vorentscheidung ist – nur nicht so, wie sich wahrscheinlich jeder das in diesem Moment gedacht hat.

Das schließt auch Walter Fritzsch ein, den Trainer des DDR-Meisters Dynamo Dresden, der sich auf den Betzenberg aufgemacht hatte und das dortige Geschehen sogar auf Film festhält. Schließlich würden seine Dynamos nur vier Tage später im Europapokal der Landesmeister – im ersten großen deutsch-deutschen Vereinsduell – auf die Münchener Bayern treffen. Womöglich denkt sich auch Fritzsch in dieser 57. Minute, dass es jetzt vielleicht sogar richtig deutlich wird. Doch die Bayern begehen einen großen Fehler.

Mit Dresden im Hinterkopf, weil sich an der Säbener Straße mittlerweile »voll auf den Europacup eingestellt wurde«, wie Maier glaubwürdig versichert, schalten die Gäste, ob ihrer komfortablen Drei-Tore-Führung, gut eine halbe Stunde vor Schluss ab. Zumindest einen Gang runter. Eher zwei. »Wir dachten, jetzt machen wir halt so weiter«, feixt Maier, und spricht damit auch für seine Vorderleute, die sowieso immer für ein Tor gut waren. »Und dann ist es umgekippt.«

Es kippt auch, weil der FCK nur eine Minute nach dem 1:4 schon das 2:4 erzielt. Für Toppmöller – seine technisch anspruchsvolle Kopfball-Bogenlampe senkt sich herrlich ins Kreuzeck – ist es der Moment, in dem die Dynamik bereits umschwingt. Ausgerechnet Mittelstürmer Sandberg hatte den Angriff erst mit einem Ballgewinn gegen Schwarzenbeck, dann mit einem eröffnenden Zuspiel auf den Flügel eingeleitet. Aktionen, die mit einem Publikum etwas machen können.

Obwohl ein Drittel der Zuschauer das Stadion bereits verlassen habe – »das hab' ich schon wahrgenommen«, sagt Toppmöller –, werden die Fans auf einmal laut. »Sie standen hinter uns. Und dann ist so was möglich«, beschreibt der Torschütze die Situation nach seinem ersten Treffer gegen den FCB. Oder als Schwager am Strafraum rüde von Bernd Dürnberger abgeräumt wird und auf einmal der ganze Hexenkessel aufschreit. Nur Zentimeter rauscht der Ball nach dem folgenden Freistoß von Lothar Huber über die Querlatte. Dieses »Sowas« passiert ziemlich schnell.

Diese Erfahrung muss auch Maier machen, der unmittelbar nach dem Freistoß einen bitteren Bock schießt. Beim Abschlag trifft der Bayer den Ball nicht sauber, sodass sein völlig missratener Schuss zu einem hohen Kaiserslauterer Ballgewinn wird. Erneut Bulle Roth spielt den Ball daraufhin völlig abwesend zurück in den eigenen Strafraum, wo sich Pirrung bedankt und Maier wieder im kurzen Eck bezwingt. Nur vier Minuten nach dem 1:4 ist der FCK plötzlich auf einen Treffer ran. »Es war wichtig, dass es so schnell 3:4 stand«, würde Laumen auf der Suche nach Erklärungen später sagen.

Aus dem Wanken perplexer Münchener ist längst ein Straucheln geworden. Wie aus dem Nichts fallen sie regelrecht auseinander, was allerdings nicht nur mit dem viel zu frühen Abschalten zusammenhängt. Zu einem großen Faktor ist inzwischen auch die körperliche Beanspruchung der Bayern in diesen Jahren geworden, die den jungen Toppmöller nach dem Schlusspfiff zu fast genauso polarisierenden Aussagen bewegte wie seinen Trainer.

»Nach einer Stunde wurde deutlich: Den Bayern fehlt die Kondition«, erkannte einer der Lauterer Leistungsträger, der dafür auch eine Erklärung hatte. »Drei Jahre ohne systematisches Aufbautraining zu Beginn der Saison kann man doch nicht verkraften«, meinte Toppmöller, der gar den »Zerfall dieser einst so großen Mannschaft« sah. Damit sollte er auf Strecke zwar danebenliegen. Zu diesem Zeitpunkt jedoch stand außer Frage, dass der deutsche Meister heillos überspielt war.

Vor grob 50 Jahren hatte sich der FCB zwar einen fast mit heute vergleichbaren sportlichen Vorsprung herausgearbeitet. Von einem vergleichbaren finanziellen Vorsprung konnte allerdings noch lange nicht die Rede sein. Um die Ausnahmemannschaft mit Beckenbauer, Müller und Co. zusammenzuhalten, deren Stars sowohl reichlich umworben als auch durchaus abwanderungswillig waren, ging man einerseits, wie Hans Woller in seiner Biografie »Gerd Müller – oder wie das große Geld in den Fußball kam« aufdröselt, manch undurchsichtigen Steuerdeal mit der CSU ein.

Andererseits mussten die Bayern-Spieler, wozu sich Manager Robert Schwan gezwungen sah, unzählige Promo- und Privatspiele bestreiten, was stolze Geldsummen einbrachte. Allerdings auf Kosten von Fitness und Gesundheit der berühmten Spieler.

Beinahe in jeder freien Stunde, ob während des Spielbetriebs oder in dessen vermeintlichen Pausen, reisten, spielten und wirtschafteten Beckenbauer, Müller und Co., damit sie sich der FC Bayern weiterhin leisten konnte. »Die Bayern-Spieler hatten schon in der Ära Cajkovski/Zebec so gut wie keine Pausen gehabt«, schreibt Woller im Müller-Werk. »Nach 1970 wurden die Strapazen noch größer. Um den Jahreswechsel 1970/71 hielt sich die Mannschaft drei Wochen in Südamerika auf. Sie spielte in Kolumbien, Peru, Brasilien und Argentinien, legte bei diesem Reisemarathon 33 000 Kilometer zurück und kam so missmutig und ausgelaugt in der Heimat an, dass Präsident Neudecker schwor, nie mehr in Südamerika anzutreten.«

Maier, der zu den Attraktionen zählte, für die man in der deutschen Region oder in der großen weiten Welt die gewünschten Gelder zahlte, erinnert sich noch gut: »Wir sind herumgereist, um Geld einzuspielen, anstatt zu trainieren. Wir waren die ganze Zeit unterwegs, statt uns vernünftig vorzubereiten«, verrät der Schlussmann, der dafür noch immer kein Verständnis hat. »In der Mannschaft war das ein Problem. Das rächte sich.«

Nach seiner Zählung war das WM-Finale 1974 für Bayerns Nationalspieler, die »Bonus-Spiele« inklusive, bereits der 113. Saison-Einsatz. Unfassbar. »Wenn wir samstags auswärts ranmussten, haben wir am Sonntag immer ein Freundschaftsspiel gehabt«, schildert Maier. Und zwar in Bestbesetzung. Denn für die kamen die Leute ja. »Manager Schwan wollte es noch schaffen, dass wir an einem Tag zweimal spielen«, lacht die Nummer 1 – und fügt erleichtert an: »Das hat er Gott sei Dank nicht fertiggebracht.«

Doch die Folgen des Versuchs hinterlassen Spuren, auch an

diesem 20. Oktober 1973 in Kaiserslautern. Als die Bayern – einmal mehr – im Kopf bereits beim nächsten Spiel sind.

Den Schalter noch mal umzulegen, sich noch mal mit allem, was sie noch im Tank haben, auf dieses Hin und Her am Betzenberg einzulassen, dazu sind Beckenbauer und Co. nicht mehr in der Lage. Eine ziemlich körperlos geführte Partie ist ein Spiel der Überzeugung, des Selbstvertrauens. Wer gerade mehr davon hat, der gibt den Ton an. Bayern München hat es zu diesem Zeitpunkt nicht mehr.

Die verbliebene Energie des Kaisers wird mehr und mehr zum Meckern und Abwinken genutzt. Selten hat sich die Resignation in einem Bundesligaspiel so Bahn gebrochen. »Die ersten drei Tore haben wir uns selbst reingehauen«, resümierte hinterher Bayern-Verteidiger Johnny Hansen mit einer Portion Galgenhumor. »Danach war jeder Schuss ein Treffer.« Beinahe.

Denn in der 73. Minute kann sich Maier nach einem Freistoßtrick, den sich der FCK aus Brasilien abgeschaut hatte – Hermann Bitz lupfte an, Dietmar Schwager zog ab –, mit einer tollen Flugeinlage auszeichnen. Doch den Nachschuss, aus ziemlich spitzem Winkel, jagt ihm Pirrung wieder ins kurze Eck.

Mit dem beliebten Pirrung, dessen Kneipe für seine Kameraden ein Anlaufpunkt war, bildete Toppmöller, der dort sein erstes Bier trank, ein Traumduo. »Wir hatten eine Absprache«, plaudert der Mittelfeldmann aus dem Nähkästchen. »Seppl, der wie Stan Matthews immer nur rechts vorbeigegangen ist, flankt anschließend direkt; ich starte am zweiten Pfosten und laufe an den ersten. Wenn der Ball da hinkommt«, vereinfacht Toppmöller, »ist es ein Tor.« So einfach war das.

Auf diese Weise schoss Lauterns Bundesliga-Rekordtorschütze so manchen seiner 108 Treffer in der höchsten deutschen Profiliga. Im Oktober 1973 aber war Pirrung der Vollstrecker.

Die Kaiserslauterer biegen nach dem unverhofften Ausgleich gemeinsam zum Jubel ab, die Münchener stehen mit den Händen in den Hüften allein da und schütteln den Kopf, jeder für sich. 4:4.

»Das haben sich die Bayern selbst zuzuschreiben«, urteilt Sportschau-Kommentator Walter Johannsen trocken. Für den FCB kommt es jetzt immer dicker.

Passend zum Spielverlauf, der für die Bayern-Profis minütlich frustrierender werden musste, brennen Doppelpacker Gersdorff, den die Pfälzer auf fairem Wege nur selten stoppen konnten, die Sicherungen durch. Platzverweis.

Völlig desillusioniert schlendert Gersdorff von dannen in einem Spiel, über das er in einem *kicker*-Interview einmal sagte, »dass es auch mein Durchbruch bei Bayern hätte werden können«. Mit den zwei frühen Toren, es sollten seine einzigen beiden für den FC Bayern bleiben, und einer auch ansonsten ansprechenden Leistung hatte sich der Techniker dafür bestens in Szene gesetzt. »Doch dann ist alles in die falsche Richtung gelaufen.«

Im zurückliegenden Sommer war der spätere Nationalspieler von Eintracht Braunschweig gekommen, um festzustellen, dass er sich den Weg nach München trotz aller Formstärke hätte sparen können: »Ich habe gemerkt, dass ich in diese Mannschaft eigentlich nichts einbringen konnte«, so Gersdorff – höchstens in einer Rolle, auf die er gar keine Lust hatte. »Ich musste, weil ich Linksfuß war, immer als Linksaußen spielen, obwohl ich eigentlich Zehner oder hängender Stürmer war. Ich merkte, dass ich bei Bayern nicht glücklich werde.«

An diesem Nachmittag in Kaiserslautern, als er seine Linksaußenposition nur selten hält, hat das vermutlich keiner ahnen können. Kein Außenstehender zumindest. Bis zu Gersdorffs unrühmlichem Gang vom Platz. Schon einen Monat nach dem Debakel auf dem Betzenberg kehrte er vorzeitig nach Braunschweig zurück.

Doch der Schaden war angerichtet. »Wir sind immer nervöser geworden. Der Platzverweis von Gersdorff war dann der letzte Schock«, polterte Lattek nach dem Spielende, das für seine Spieler im Moment dieses vermeintlich letzten Schocks, eine Viertelstunde vor Schluss, noch in weiter Ferne liegt. Denn auch wenn die Bayern wahrlich genug hatten – die Lauterer hatten es noch nicht.

Am wenigsten Tiefenläufer Toppmöller, der am ersten Pfosten Diehls Freistoßflanke über die Linie drückt, sich für den Schützen des 5:4 hält und jubelnd abdreht, ein paar auf den Rasen vorgedrungenen Zuschauern entgegen. Als er sich schließlich aus dieser Menschentraube der Glückseligkeit löst, steht ihm das nackte Unverständnis ins Gesicht geschrieben. Weil Schiedsrichter Horst Bonacker Toppmöllers zweiten Treffer nicht anerkennen will.

»Aus völlig unverständlichen Gründen«, motzt der Bayern-Spezialist ein halbes Jahrhundert später ohne jegliches Verständnis – »das war ein astreines Tor, kein Foul, kein Garnichts.« Bonacker hatte, als sich Toppmöller löste, jedenfalls Foul angezeigt. Was kleinlich wirkt. Also bereitet »Toppi« das 5:4 eben vor.

Bis in die 84. Minute hatten diffuse Bayern, die nun konsequent immer einen Schritt zu spät kommen, den Gleichstand irgendwie retten können. Ein Spiel dauert aber auch schon damals deren 90. Und im Gegensatz zu seinen völlig ausgelaugten Gästen tragen den FCK seine Beine noch immer. »Waldläufe mit Erich Ribbeck«, begründet Toppmöller Lauterns körperliche Überlegenheit mit einer gewissen Abscheu im Unterton – »wir sind gelaufen wie die Wahnsinnigen. Im Wald sind viele Neulinge, die bei uns getestet wurden, gleich wieder aussortiert worden.« Eine harte Schule.

Diehl ist der Kapitän dieser Läufertruppe, weshalb er nach Toppmöllers Ablage in der 84. Minute noch problemlos in der Lage ist, lässig durch die erledigte FCB-Abwehr hindurchzuspazieren – beinahe als wäre er der Kaiser, und nicht Beckenbauer. Maier kann da auch nichts mehr retten. 5:4 – zum ersten Mal ist Lautern vorn.

Der Betze bebt, während seine Helden ihre Gegenspieler mit verzögerten und angelupften Pässen derart vorführen, dass es dafür hinterher Kritik gibt. Und noch haben die Bayern diese Demütigung nicht überstanden.

Ribbecks Läufer sind jetzt so richtig auf den Geschmack ge-

107

kommen, was nicht nur ihrer körperlichen Fitness zuzuschreiben ist. Auch geistig, mental, ist dieser FCK gefestigt. Unter der Woche noch hatte er bei Tabellenführer Gladbach eigentlich keine Chance gehabt, war 0:2 in Rückstand geraten, wurde im Nachgang mit dem Vorwurf des »Anti-Fußballs« konfrontiert. Gegen deutlich überlegene Fohlen, irgendwann ebenfalls ausgepowert, gab es am Ende trotzdem noch ein 2:2. Eine Mentalität, »die Lücken zu diesen Top-Teams schließen kann«, attestiert Toppmöller sich und seinen Kollegen in diesen Jahren.

Den späten Schlusspunkt hatte auf dem Bökelberg Neuzugang Laumen gesetzt, auf dem Betzenberg gegen die Bayern setzt er gleich zwei. Einen wunderschönen Doppelpunkt.

Als die Münchener nur noch auf dem Rasen stehen, weil alles andere wirklich komisch ausgesehen hätte, verlädt der Mittelfeldmann drei Minuten vor Schluss erst Totalausfall Roth, ehe er den Ball aus 18 Metern traumhaft in den Winkel drischt und seine Glanzleistung mit einem euphorischen Purzelbaum feiert. »Hi, ha, ho, Bayern ist k. o.«, dröhnt es von den Rängen.

In der 89. Minute versetzt der elegante Laumen mit einem Haken dann sogar Schwarzenbeck und platziert die Kugel noch überlegter – zum 7:4-Endstand. Maier lässt es über sich ergehen.

Mittlerweile nimmt der Bayer den damaligen Leistungseinbruch mit Humor und einem Querverweis, der rückblickend wie eine Vorbestimmung klingt. »Wenn wir zu dieser Zeit hoch verloren haben, dann so richtig«, schmunzelt Maier. »Und dann hat es immer sieben gegeben.«

Im Dezember 1967 hatte der FCB mal ein 3:7 gegen den kommenden Meister Nürnberg kassiert, im Oktober 1976 sollte ein 0:7 gegen Schalke, im Dezember 1978 ein 1:7 bei Fortuna Düsseldorf folgen. Waren die Bayern in diesen Jahren mal geknackt, wurde es nicht selten ein Schützenfest. Oder wie es Kaiser Beckenbauer zu einem Jubiläum des 4:7 einmal charmant abmoderierte: »Nach dem 4:1 haben wir die Lauterer vielleicht ein wenig unterschätzt.«

In der Geschichte des FC Bayern, der 1973/74 trotzdem Meister wird, ist das 4:7, wenn auch als bitterste und berühmteste Betzenberg-Pleite, nicht mehr als eine Fußnote. »Das war ja bloß ein Punktspiel«, meint Maier lapidar. In der Pfalz hingegen, wo jeder entsprechend betagte FCK-Fan heute behauptet, sie im Stadion erlebt zu haben, bleibt die legendärste Aufholjagd der bisherigen Bundesliga-Geschichte der Triumph schlechthin.

»Das war ein Jahrhundertspiel, das ich gewonnen und in dem ich ein Tor geschossen habe«, begründet euphorisch Toppmöller, der auf dem Betze gegen Bayern viermal gewann und nie verlor, seine Wahl zum Highlight seiner aktiven Karriere. Eine andere Partie, obwohl er in München 1976 als erster Gäste-Spieler überhaupt einen Dreierpack schnürte, käme für ihn nicht in Frage. Nur dieses 7:4. Er wird noch immer fast wöchentlich darauf angesprochen.

Toppmöller und Pirrung, das kongeniale Duo, sind die beiden Lauterer, die anschließend in der kicker-Elf des Spieltags auftauchen. Ins »Aktuelle Sportstudio« darf noch am selben Abend Kapitän Diehl, der das Selbstvertrauen vom Comeback-Triumph einfach mitnimmt und Jürgen Grabowski von Eintracht Frankfurt an der Torwand souverän mit 3:1 schlägt.

Aber auch die Bayern gingen aus diesem Spiel noch irgendwie als Gewinner hervor. Irgendetwas zwischen gesparten Kräften und Wiedergutmachungsdrang verhalf ihnen vier Tage später im Heimspiel gegen Dresden zu einem spektakulären 4:3-Erfolg – obwohl die Deckungsarbeit selbst von Beckenbauer schon wieder schockiert hatte.

Durch ein 3:3 im Rückspiel zitterte sich Deutschlands Vorzeigeklub schließlich weiter und am Ende sogar bis ins Finale des Europapokals der Landesmeister gegen Atletico Madrid, wo ausgerechnet der unscheinbare Schwarzenbeck wieder im Fokus stand. Und mit der letzten Chance der Partie durch einen Fernschuss ein Wiederholungsspiel erzwang, das die Bayern zwei Tage später hoch überlegen mit 4:0 gewannen. Sie waren diesen Rhythmus ja gewohnt.

Ihre veränderte Prioritätensetzung war jedenfalls aufgegangen. 1975 und 1976 verteidigte der FCB den Henkelpott sogar zweimal, während das Meisterrennen, was auch an einigen Toppmöller-Toren in den Spielen gegen Kaiserslautern lag, längst ohne Bayern stattfand.

5

DEUTSCHLAND GEGEN DEUTSCHLAND

DDR gegen BRD,
WM-Gruppenphase 1974

Zwischen 1949 und 1990 gab es nicht nur ein Deutschland, sondern zwei. Doch nur einmal trafen ihre A-Nationalmannschaften in einem Pflichtspiel aufeinander, das am Ende irgendwie alle gewannen – fast.

1:0

DDR – BRD

Croy

Bransch

Kische   Weise   Wätzlich

Lauck   Irmscher   Kreische   Kurbjuweit

Sparwasser

Hoffmann

Flohe   Müller   Grabowski

Overath   Cullmann   Hoeneß

Breitner   Schwarzenbeck   Vogts

Beckenbauer

Maier

22. Juni 1974 im Volksparkstadion, Hamburg

Tor: 1:0 Sparwasser (77.)

Klack. Klack. Klack. Klack. Beinahe gespenstisch hallte es am 22. Juni 1974 durch die Katakomben des Hamburger Volksparkstadions. »Beim Einlaufen«, erinnert sich BRD-Torhüter Sepp Maier, »hast du nur den Klang der Stollen auf dem Boden gehört.« Ansonsten: Stille. »Als ob wir Feinde gewesen wären.« 22 Männer, die die gleiche Sprache sprachen und sich doch nichts zu sagen hatten. Das hier war mehr als nur ein Fußballspiel.

Fünfeinhalb Monate zuvor war erst ein Raunen, dann ein amüsiertes Applaudieren die Geräuschkulisse gewesen, als der 11-jährige Chorknabe Detlef Lange mit unschuldiger Miene BRD und DDR in die gleiche WM-Gruppe gelost hatte. Deutschland gegen Deutschland. In der Bundesrepublik.

Die Delegation des amtierenden Europameisters nahm das sich anbahnende Sportpolitikum unterschiedlich auf: Bundestrainer Helmut Schön, sein Vorgänger Sepp Herberger und Ehrenspielführer Uwe Seeler konnten sich das Grinsen kaum aus dem Gesicht wischen. Vielleicht wollten sie damit auch etwas überspielen. Ehrenspielführer Fritz Walter und Kapitän Franz Beckenbauer ließen sich keine Regung entlocken. Ein Zeichen des Respekts?

Beckenbauer war im zurückliegenden Herbst im ersten deutsch-deutschen Duell der Europapokalgeschichte mit dem FC Bayern auf Dynamo Dresden getroffen und hatte eine Kostprobe des ein wenig verpönten DDR-Fußballs bekommen, der in der großen Sportnation einen eher stiefmütterlichen Stellenwert besaß. Herausragend war im leistungsgedrillten Ostdeutschland vor allem die Leichtathletik. Der Fußball hingegen hatte noch kaum etwas gerissen, gefühlt mehr Schande als Ruhm über die Deutsche Demokratische Republik gebracht.

Dann aber setzte Dresden gegen die dominierende europäische Klubmannschaft dieser Jahre ein Ausrufezeichen, verlor ebenbürtig nur knapp mit 3:4 und 3:3 und rang dem überraschten Beckenbauer das Kompliment ab, dass der DDR-Fußball am Beispiel der SG Dynamo »durchaus zur europäischen Spitze zählt«.

Die AC Mailand brachte das im Mai 1974 ebenfalls in Erfahrung, als Finalgegner 1. FC Magdeburg im Pokalsieger-Wettbewerb als erste und einzige DDR-Vereinsmannschaft einen Europapokal gewann. Die WM schien für die DDR also zur rechten Zeit zu kommen.

Bei den Olympischen Spielen 1972 in München hatte sich die ostdeutsche Auswahl bereits mit 3:2 gegen die westdeutsche durchgesetzt, wobei die DDR wegen des Amateurstatus ihrer Elitespieler quasi in Bestbesetzung antreten konnte – während sich die frischgebackenen Europameister aus der BRD auf die Bundesliga konzentrierten. Lediglich Jungspund Uli Hoeneß mischte aus dem Stamm der Bestbesetzung mit, konnte aber auch mit seinem Treffer eine Niederlage nicht verhindern, die international nicht sonderlich hoch gehängt wurde.

Auch deshalb freute man sich in der DDR wohl mehr über das brisante Los, das die A-Nationalmannschaften einer von 1949 bis 1990 geteilten Nation zum einzigen Mal in einem Pflichtspiel zueinanderführte. »Für uns war das eine Chance«, erklärt Torhüter Jürgen Croy, der 1989 zum besten DDR-Fußballer überhaupt gewählt werden sollte: »In diesem Spiel konnten wir einem Millionenpublikum zeigen, was wir draufhaben.« Und gegen manch westdeutsches Boulevard-Medium anstinken, das nur über die Höhe des BRD-Sieges fabulierte.

Die rein sportliche Brisanz des hochstilisierten »Klassenkampfes« rückte kurzfristig jedoch in den Hintergrund. Nicht nur, weil die politische sie noch überstrahlte. Durch Siege über Chile und Australien hatte sich die Bundesrepublik bereits für die Zwischenrunde qualifiziert – eineinhalb Stunden vor dem Anpfiff folgte ihr die DDR, weil es im Duell der anderen beiden Gruppengegner keinen Sieger gegeben hatte. Auch die zweite deutsche Nation war weiter.

»Bei der Mannschaftsbesprechung hatte das noch nicht festgestanden, aber das Spiel haben wir in unserem Quartier noch verfolgen können«, verrät Croy, der den zeitlichen Ablauf noch

114

im Kopf hat. »Auf der Busfahrt zum Stadion wussten wir es dann.« Vorbereitet auf alles oder nichts, spontan beflügelt durch die Sicherheit des Weiterkommens: Vorteil DDR? Es ging ja mindestens noch um den Gruppensieg. »Das hat die Beine«, gesteht ihr Schlussmann, »natürlich zusätzlich ein bisschen locker gemacht.«

Ein kleiner Schub konnte den Ostdeutschen nicht schaden, die mit zwei unterschiedlichen Aufstellungen für Croys Befinden »nicht so super« ins Turnier gestartet waren und damit trotzdem noch mehr Euphorie entfacht hatten als die Westdeutschen – die zweimal ohne Gegentor gewinnen konnten. Doch ihr Fußball war pomadig, wenig mitreißend und mitunter sogar etwas überheblich gewesen, sodass sich selbst Beckenbauer, der darauf mit einem obszönen Ausspucken reagierte, greller Pfiffe erwehren musste.

Wolfgang Overath konnte ein Lied davon singen. Fast wäre der Spielmacher der Bundesrepublik bei der Heim-WM gar nicht angetreten. Der große Dirigent von 1970 hatte den EM-Titel 1972 verletzungsbedingt verpasst und den Meinungskampf in der Öffentlichkeit gegen Günter Netzer verloren, der bei der Europameisterschaft überragt hatte. 1974 war Netzer nach seinem ersten Jahr bei Real Madrid zwar nicht in Topform und zu Turnierbeginn noch kein Kandidat für die Startelf, Rivale Overath stand allerdings auch neben sich – und öffentlich in der Kritik.

»Vor der WM war ich ohne Selbstvertrauen«, erzählt der damalige Kölner und geht mit sich dabei schonungslos ins Gericht: »Monatelang spielte ich grausam schlecht.« Bundestrainer Schön musste große Überzeugungsarbeit leisten, bekam seinen demoralisierten Spielmacher durch einen unerschütterlichen Vertrauensausspruch aber überredet. Overath reiste an, war im Mittelfeld gesetzt, zehrte von diesem Vertrauen und spielte nach den Pfiffen gegen Chile im Australien-Spiel so stark, dass er diesmal Sprechchöre erntete. Bis zum erneuten Leistungseinbruch der gesamten Mannschaft. Es lag etwas im Argen bei der BRD-Auswahl.

Während die DDR-Delegation in Quickborn bei Hamburg

115

»sehr gut beheimatet gewesen und ausgezeichnet betreut worden war« – Croy erinnert sich an angenehme Sympathien der BRD-Bürger und einen »positiv entspannten und lockeren Alltag« –, durchlebten Maier und Co. in der Sportschule Malente »eine furchtbare Zeit«. Weil die Terrororganisation RAF in diesen Monaten Angst und Schrecken verbreitete – und für das Deutschland-Duell sogar einen Raketenanschlag auf das Hamburger Stadion ankündigte –, lebte Schöns Mannschaft wie von der Außenwelt abgeschottet. Das trostlose Gelände wurde strengstens überwacht.

Overath – »Ich habe Malente als positiv, nicht als trostlos empfunden« – kam der reine Fokus auf Fitness und Form entgegen. Viele andere fanden das weniger erheiternd. »Selbst zum Kaffeetrinken sind wir mit der Polizei und Blaulicht gefahren«, stänkert Maier, »drei Wochen lang konnten wir überhaupt nichts machen. Es war wirklich furchtbar – und so haben wir auch gespielt.«

Sämtliche Ungereimtheiten sind der Bundesrepublik schon in der ersten Minute anzumerken, als der sonst so abgebrühte Vorstopper Georg Schwarzenbeck von DDR-Angreifer Jürgen Sparwasser angelaufen wird – und einen beinahe zu kurzen Rückpass zu Maier spielt, der gerade noch vor dem durchgelaufenen Magdeburger an den Ball kommt. Das nächste Raunen auf den Rängen, wie bei der Auslosung Anfang Januar.

Der Favorit, dem zum Gruppensieg ein Remis reicht, darf nach diesem frühen Schreckmoment dennoch das Spiel machen – die DDR richtet sich auf blitzschnelle Umschaltangriffe aus. Auf den sofortigen Weg in die Spitze, wo der erst 19 Jahre alte Martin Hoffmann den Vorzug vor Eberhard Vogel und Joachim Streich bekommt. Seine Geschwindigkeit beweist, dass sich Trainer Georg Buschner etwas überlegt hatte.

Westdeutschland spielt, wie die Ostdeutschen, die sich in der Manndeckung als unheimlich diszipliniert erweisen, es zulassen. Reinhard Lauck stört das Wirken von Overath, Konrad Weise ist »Bomber« Gerd Müller zugeteilt. Er folgt ihm bis auf die Toilette.

116

In einer »Abwehrreihe, auf die ich mich blind verlassen konnte«, lobt Croy auch die Außenverteidiger Siegmar Wätzlich und Gerd Kische sowie Libero und Kapitän Bernd Bransch. Die Kreise der Bundesdeutschen werden sichtlich eingeschränkt. Erst einmal zerstören.

Buschners Pendant Schön hatte im dritten und letzten Gruppenspiel, das seine sportliche Relevanz größtenteils eingebüßt hatte, eine veränderte Elf auf den Rasen geschickt, die sich dort erst finden muss. Als Erste finden sich die Kölner Overath und Heinz Flohe, die ihre Abläufe kennen und gemeinsam die erste Chance herausspielen. Der Fernschuss mit rechts des Linksfußes Flohe ist in der vierten Minute eine ordentliche Annäherung.

Die Anfangsphase gehört der Bundesrepublik. Doch dass gerade die Bayern-Spieler nach etlichen Freundschaftsspielen und der langen Europapokalsaison überspielt sind, macht sich bemerkbar. Besonders bei Hoeneß, der viel Dynamik an den Tag legt, aber enorm unsauber spielt. Beckenbauer schaltet sich ebenfalls ein, sucht jedoch fast ausschließlich den Doppelpass mit Vereinskamerad Müller, was nicht wirklich funktioniert.

Die großen Abstände im westdeutschen 4-3-3 lassen die improvisierte Schön-Elf weitaus unzusammenhängender wirken als Buschners Mannschaft im kompakten 4-4-1-1. Sparwasser spielt hängend hinter Hoffmann, um aus der Tiefe kommen zu können, um aber auch den Wirkungskreis Beckenbauers einzuschränken. Dessen Einfluss hält sich erst mal in Grenzen.

Weiter vorne reibt sich Müller auf, dem es obliegt, über die großspurig diskutierte Höhe des BRD-Sieges zu entscheiden. Bewacher Weise macht ihm die Entscheidung schwer. Der 22 Jahre alte Jenaer, für Croys Dafürhalten damals »einer der meist unterschätzten Manndecker Europas«, blockt in der sechsten Minute ein erstes Mal. Nicht ein letztes Mal. Trotzdem ein gutes Zeichen für die BRD.

DDR-Kommentator Heinz Florian Oertel gesteht ihr einen »Feuerwerk-Start« zu, die ostdeutsche Passivität scheint alle west-

117

deutschen Zweifel allmählich auszuräumen, den Gegner stark zu machen. Beckenbauer findet Müller, der sich mit einer feinen Finte von Weise lösen und scharf in die Mitte geben kann, wo der eingelaufene Jürgen Grabowski im Fallen am halbleeren Tor vorbeischießt. Zehn Minuten sind da erst gespielt. Droht der DDR etwa doch ein Debakel?

Grabowskis Fehlschuss wird eine Chance sein, der Schön und seine Schützlinge noch eine Weile nachtrauern. Denn verunsichern lässt sich die DDR nicht. Von ihrem Plan abbringen erst recht nicht. Und der ist so simpel wie effektiv.

Während für die Gäste, nominell eigentlich die Heimmannschaft, selbst Stürmer Hoffmann bereitwillig den Rückwärtsgang einlegt, präsentieren sich die Angreifer der BRD nach Ballverlusten zu behäbig. Das nutzt Buschner aus. Sobald umgeschaltet wird, stürmen auch die ungedeckten ostdeutschen Außenverteidiger im Vollsprint mit nach vorne. Dann brennt es in Richtung westdeutscher Strafraum mitunter lichterloh.

Die Geschwindigkeit der Bundesrepublik ist derweil in guten Händen. Hoeneß, dessen Tempo Dynamo Dresden gegen den FC Bayern zum Verhängnis geworden war, fehlen augenscheinlich 10 bis 20 Prozent Frische. Anders als Dresdens Eduard Geyer läuft DDR-Kapitän Bransch den jungen Münchener routiniert ab. Dieser Waffe ist die BRD also beraubt.

Während der Favorit nach starkem Auftakt daher zunehmend in Frustration gerät, findet der Underdog, als der sich Croy allerdings nie fühlte, immer besser ins Spiel. »Wir hatten 15 Länderspiele lang nicht mehr verloren«, merkt der Torwart an – 13 davon waren sogar Siege –, »das verschafft natürlich Selbstvertrauen.« Dass sich dieses Selbstvertrauen allmählich Bahn bricht, entgeht auch den etwa 1500 ostdeutschen Schlachtenbummlern nicht, die sich auf den Weg nach Hamburg hatten machen dürfen. Kein Weg ohne Hindernisse.

Das Ministerium für Staatssicherheit, die sogenannte Stasi, hatte den Klassenkampf auf dem Rasen strategisch bis ins letzte

118

Detail durchgeplant. Westflucht und anderes schlechtes Gebaren im Ausland drohte, da wurde nichts dem Zufall überlassen. Die Vorkehrungen rund um das deutsch-deutsche WM-Spiel bekamen den Auftragsnamen »Aktion Leder« verpasst, die Mannschaft als Fans begleiten durften nur ausgewählte, linientreue Musterbürger, auf Herz und Nieren geprüft. Um den entsprechenden Aktenvermerk zu zitieren: »Auszuwählen sind solche Bürger, die als bewusste sozialistische Staatsbürger eine aktive Teilnahme am politischen und gesellschaftlichen Leben zeigen sowie ihre politische Zuverlässigkeit unter Beweis gestellt haben.«

Dieter Tetzlaff ist einer dieser Auserwählten, die schließlich auch wieder den Weg in Richtung Heimat antreten. »Ich gehörte zu den Ausgesuchten, weil ich Familie hatte, ein Haus, ein größeres Auto«, erzählte er später dem NDR. »Mir ging es nicht schlecht, und deswegen ist man sicherlich drauf gestoßen: Na, den können wir fahren lassen, der ist linientreu und kommt wieder.«

Dennoch waren die Fußballtouristen, so die Akte, »bis zur Abreise zu den Spielen im Arbeits-, Wohn- und Freizeitbereich unter Kontrolle zu halten. Hierzu sind geeignete und überprüfte IM« – inoffizielle Mitarbeiter, also Stasi-Spitzel – »einzusetzen. Postkontrolle ist einzuleiten.« Das volle Programm.

Für diesen Samstagabend in Hamburg sollte sich das In-Kauf-Nehmen all der Überwachung für die DDR-Anhänger lohnen, denn das fußballerische Konzept ihrer Mannschaft geht mit fortlaufender Spieldauer weitaus besser auf als das nicht wirklich erkennbare der BRD. Müller wird von Weise an der kurzen Leine gehalten, Overath ist bei Lauck bestens aufgehoben, der Rest schlägt ziemlich uninspirierte Flanken ins Niemandsland. Steht ja kaum einer vorne drin. Bis anschließend wieder hinterherhecheln angesagt ist, sobald die DDR ins Umschaltspiel kommt.

Sicherlich nicht aus Mitleid lädt Croy den Gegner in der 24. Minute ein, indem er für den Geschmack des uruguayischen Schiedsrichters Ramon Barreto den Ball zu lang hält. Indirekter Freistoß aus 13 Metern. Beckenbauer tritt an. In die Mauer. Der Abpraller

119

wird mindestens ebenso gefährlich, doch Lauck wirft sich mit vollem Einsatz in den Weg. Es sind diese Szenen, die die DDR der BRD auf Augenhöhe begegnen lassen. Ihr Einsatz ist bemerkenswert. Daran anknüpfend allerdings wird keiner der bedrohlichen Konter wirklich klar zu Ende gespielt. Da ist noch Luft nach oben.

Das Spiel befindet sich nun in einer Phase, in der es kippen kann. Sowohl in die eine als auch in die andere Richtung. In der 26. Minute landet der Ball über Hoeneß und Overath bei Breitner, der ihn links am ostdeutschen Strafraum erst nicht kontrollieren kann. Harald Irmscher rechnet damit nicht und kommt erst in den Zweikampf, als Breitner die Kugel schließlich kontrolliert und mit einem Haken an seinem Gegenspieler vorbeigelegt hat. Irmscher ist zu spät dran, trifft nicht den Ball und nur den Fuß. Eigentlich Elfmeter. Aber kein Pfiff. Glück für die DDR.

Sechs Zeigerumdrehungen später, Tatort gegenüberliegender Strafraum. Nach einem Einwurf tief in der westdeutschen Hälfte gibt Lauck von der Grundlinie scharf an den Fünfmeterraum, wo Bernd Cullmann komplett schläft, sodass in seinem Rücken DDR-Gestalter Hans-Jürgen Kreische aus fünf Metern völlig frei zum Abschluss kommt. Maier ist durch sein Stellungsspiel in diesem Moment schon geschlagen, das westdeutsche Tor eigentlich verwaist. Und doch jagt Kreische das Leder volley in die Wolken.

»Mit seiner Technik hätte man den Kreische auch nachts um drei wecken können, in neun von zehn Fällen macht er den rein«, bedauert Croy, der mit den genannten Zahlen nichts überspitzen will. Doch es ist der zehnte Fall. Glück für die BRD.

Die Schön-Elf macht weiterhin das Spiel, ohne wirklich das Spiel zu machen. Brotlose Kunst. »Sein Gegenspieler Lauck machte mit Overath, was er wollte, und auch bei den anderen lief nicht viel zusammen«, beschreibt Netzer in seiner Biografie »Aus der Tiefe des Raumes« den bangen Blick von außen. Auch Netzer sieht, wie sich alle Feldspieler plötzlich in der Hälfte der Bundesrepublik versammeln, die ausgerechnet in dieser Phase ihre beste Chance hat.

Breitner spielt aus dem Halbfeld Müller an, der sich in der 40. Minute in unnachahmlicher Manier um Weise dreht und aus zwölf Metern Torentfernung mit dem etwas schwächeren linken Fuß sofort abzieht. Croy macht sich lang. Nicht lang genug. Er dreht sich in seiner Parade, ihm bleibt nichts anderes übrig, als dem Ball hinterherzuschauen. Mit ganz verzogenem Gesicht. »Ich würde jetzt schwindeln, wenn ich sagen würde, ich wusste, der geht an den Außenpfosten«, lächelt Croy knapp 50 Jahre später. »Klar hätte der Schuss auch drin sein können.«

Er war es nicht. Somit bleibt der geradlinigste Versuch einer bemühten, aber oft harmlosen BRD-Elf ungekrönt. Die letzte Annäherung der DDR vor der Pause ebenfalls. Kreische reißt clever den Raum für Lauck auf, dessen Schlussflanke das lange Eck aus spitzem Winkel knapp verpasst. Der Overath-Bewacher, das wär's noch gewesen. Diese Begegnung ist inzwischen mit Bayern gegen Dresden vergleichbar – Augenhöhe. Über die Höhe des BRD-Sieges denkt keiner mehr nach.

Für die größtenteils unerwartete Ausgeglichenheit hatte in erster Linie DDR-Trainer Buschner gesorgt, dessen gute Vorbereitung Croy in den höchsten Tönen lobt: »Man hatte Ansatzpunkte gesehen, wo man eventuell eine Chance hat«, umgeht er in Bezug auf die BRD die Bezeichnung »Schwäche«. Und diese Ansatzpunkte passen genau in den Ansatz der DDR: »Kompakt stehen, das Verdichten der Räume – und dann der Mut, im Konter mit einigen Leuten nach vorne zu gehen.« Mit den unbewachten Außenverteidigern.

»Die DDR hat taktisch außerordentlich gut gespielt«, würde BRD-Ergänzungsspieler Herbert »Hacki« Wimmer hinterher einräumen. Jean Rethacker von der französischen L'Equipe verglich sie gar mit Helenio Herreras Inter Mailand, das den berühmtberüchtigten Catenaccio spielte, der sich auch über sein Umschaltspiel definierte.

Der Schlüssel dafür: »Wir waren konditionell top vorbereitet und eingespielt«, erklärt Croy. Deutsche Tugenden gab's auch im

121

Osten, mehr noch als im Westen. Wobei die versetzten Konterstürmer Sparwasser und Hoffmann fast wie eine Rache für Dynamo Dresden daherkamen, das gegen Bayern in die Falle mit dem aus der Tiefe kommenden Hoeneß getappt war.

Sieben Monate später ist Hoeneß Teil einer weitaus undurchdachteren Aufstellung. In der Zentrale hat Schön mit Cullmann einen zu defensiv eingestellten Mann aufgeboten, Flohe ist kein Außenstürmer – was eigentlich auch auf Grabowski zutrifft, der wie Hoeneß mit der Form zu kämpfen hat. Die Abstände sind zu groß, die Flügel ziemlich abgemeldet, Overath ist angekettet und Müller hängt ohne funktionierende Struktur um ihn herum größtenteils in der Luft. Viele Gründe sorgen für Unruhe auf den Rängen des Hamburger Volksparks.

Die DDR merkt, wie das Pendel in ihre Richtung schwingt, und beginnt den zweiten Durchgang mit mehr Kontrollanspruch. »Je länger sie das 0:0 gehalten haben, umso stärker wurden sie«, sagt Overath heute über eine Mannschaft, »die wir normalerweise hätten schlagen müssen.« Über eine Mannschaft, der dieser Kontrollanspruch aber gar nicht so richtig liegt. Mehr als harmlose Fernschüsse von Lothar Kurbjuweit kommen nicht dabei herum. Stattdessen geht die Stabilität verloren.

Die BRD genießt den Platz, der sich ihr nun auftut. Müller lässt sich fallen und setzt Grabowski ein, vor dem sich eine Menge Raum öffnet. Eine gute Fernschusschance, doch im entscheidenden Moment verspringt dem Frankfurter der Ball, sodass er weit an Croys Kasten vorbeifliegt.

Das sind ungewöhnliche Lücken im ostdeutschen Abwehrverbund, der vom angeschlagenen und daher bandagierten Bransch eigentlich hervorragend zusammengehalten wird. In der Folge der Grabowski-Chance dann wieder mehr: Die DDR besinnt sich und konzentriert sich wieder stärker auf ihre taktische Vorgabe. Getreu dem Motto: Ihr seid wieder dran, BRD.

Mit ein bisschen mehr Überzeugung im Gepäck läuft der Ball beim Gastgeber mittlerweile schneller. Doch die Kreativitätspro-

122

bleme bleiben. »Wir hatten einen Tag erwischt, an dem es nicht zusammenläuft. Und dann geht nichts«, begründet Overath trocken. Er räumt aber auch andere Symptome ein: »Wir haben möglicherweise nicht die richtige Einstellung gezeigt, haben nicht alles dagegengehalten.«

Für Maier ist eine gewisse Nachlässigkeit irgendwo logisch: »Du spielst mit einer ganz anderen Einstellung, wenn du schon qualifiziert bist.« Aber das ist die DDR ja auch, der man mangelnden Einsatz nun wirklich nicht vorwerfen kann.

»In der DDR war es so«, erläutert Croy eine Art gegenseitige Verpflichtung, »dass es die Rolle des Individualisten nicht so gab. Die Spieler haben ihr Leistungsvermögen in den Dienst der Mannschaft gestellt, es gab sehr viel Teamwork, Mannschaftsgeist.« Jeder läuft für den Nebenmann – die Ostdeutschen präsentieren das am 22. Juni 1974 weitaus mehr als ihr Gegenüber. Die Westdeutschen, die sich für die Arbeit gegen den Ball weniger begeistern können, ernten die nächsten Pfiffe.

Eine Stunde ist gespielt, noch kein Tor ist gefallen. Das hätte der BRD für den Gruppensieg gereicht. Sie enttäuscht offensiv weiterhin, kommt aber durch Breitner zu einer guten Zufallschance. Eingesprungen nimmt der angriffslustige Außenverteidiger den Ball links im Strafraum mit dem Außenspann direkt, es ist ein guter Abschluss. Doch er kommt zu mittig auf Croy, der ansonsten womöglich keine Chance gehabt hätte.

Die DDR wird scheinbar minütlich passiver. Was die Probleme des Gegners nur weiter unterstreicht und dessen Trainer, weil Overath angeschlagen ist, zum Äußersten treibt: Schön schickt den bis dato nicht eingesetzten Netzer zum Warmlaufen.

Jubel brandet auf, als der populärere der beiden Spielmacher widerwillig antrabt – denn in ihm sieht es vollkommen anders aus. Netzer erkennt, dass die BRD in diesem Spiel wohl keinen Blumentopf mehr gewinnen würde – auch mit ihm nicht –, und hätte seinen Einsatz am liebsten verweigert.

»Ich machte mich damals auf der Gegenseite warm, Assistent

Jupp Derwall konnte mich nicht finden«, erzählte er 2022 dem *kicker*. Der Madrilene zögert seine Vorbereitung so sehr in die Länge, dass »der Platzwart in Hamburg kam und sagte: Hör auf zu laufen! Du machst die ganze Aschenbahn kaputt.« Es hilft alles nichts. Netzers Einwechslung ist unumgänglich.

Währenddessen konzentriert sich alles plötzlich noch mal auf Overath, der von Müller eingesetzt rechts im Strafraum die Führung auf dem Fuß hat. Doch Kettenhund Lauck grätscht beherzt dazwischen und verhindert den Abschluss. Einen gefährlichen Abschluss. Die Bundesrepublik wird langsam ungeduldig. Das gilt auch für ihre Fans, die immer wieder einen Namen mit sechs Buchstaben skandieren. Jetzt muss Netzer rein. Das Volksparkstadion freut's. Netzer nicht.

»Die dachten, es geht wie im Pokalfinale«, bezieht sich der ehemalige Gladbacher auf das Endspiel von 1973, als er sich im letzten Spiel vor seinem Wechsel zu Real in der Verlängerung gegen Köln selbst einwechselte und schon nach wenigen Minuten das umjubelte Siegtor schoss. Das Pokalfinale war allerdings ein wunderbares Fußballspektakel, während sein Kurzeinsatz gegen die DDR zum Scheitern verurteilt war. »Ich empfand meine Einwechslung als ungeheure Sauerei«, schreibt Netzer in seiner Biografie über diese 69. Minute. »Ich hatte das Gefühl, dass ich geopfert werden sollte.«

Womöglich hatte er auch das Gefühl, dass seinen Mitspielern seine Einwechslung entgangen war. Deutschland spielt nach dem Spielmacher-Tausch quasi um Netzer herum, der sich zwar anbietet, aber wie ein Fremdkörper wirkt. Besonders Beckenbauer würdigt den Mann, mit dem er bei der EM 1972 noch so prächtig harmoniert hatte, keines Passes. Also wirklich. Ein Statement der Spieler, die die Spielmacher-Frage augenscheinlich mit »Overath« beantwortet hatten. Netzer würde bei keinem weiteren WM-Spiel zum Einsatz kommen.

Die allgemeine Ungeduld der BRD hat inzwischen Auswirkungen auf ihr Spiel. Immer mehr Spieler stürmen, sie versuchen es

124

zumindest, die Absicherung wird deutlich vernachlässigt. Lücken für die DDR, die das merkt und mit dem Verteidigen wieder höher und aggressiver anfängt. So langsam klappen die Visiere hoch. Schön bringt Horst-Dieter Höttges für Schwarzenbeck, bei dem Verbindungsspieler Sparwasser bis dato bestens aufgehoben war.

Vorsicht und Verwaltung verflüchtigen sich ein wenig, es findet mehr Action in den Strafräumen statt. Die BRD hätte für ein Foul von Kische, der einer Finte Flohes zum Opfer gefallen war, erneut einen Elfmeter bekommen können, Referee Barreto will das Vergehen jedoch außerhalb des Sechzehners gesehen haben. Auf der Gegenseite fordert die DDR für ein Einsteigen Beckenbauers gegen den pfeilschnellen Kische einen Strafstoß. Weiterspielen.

Die Bundesrepublik wirkt einem Sieg näher. Man lässt es jedenfalls nicht mehr einfach nur geschehen, auch wenn das noch lange kein Chancenfeuerwerk bedeutet. »Natürlich wollten wir gewinnen«, beteuert Overath, der die Unterstellung des Gegenteils fast schon als Affront auffasst: »Keiner wollte verlieren und Zweiter werden.« Vor allem einer nicht.

Bundestrainer Schön stammte aus dem Osten, war beim Dresdner SC eine Fußballlegende und schwor seine Schützlinge regelrecht darauf ein, gegen seine alte Heimat bloß nicht zu verlieren. »Wir mussten gewinnen«, lacht Maier, »das konnten wir ihm nicht antun.« Doch der Lethargie folgt der Leichtsinn. Und ein Mann, der zwischen den Linien umherschwirrt, nutzt das aus.

Über den eingewechselten Erich Hamann fährt die DDR in der 77. Minute einen Gegenangriff, als aus dem Mittelfeld plötzlich Sparwasser nach vorne spurtet. »Eigentlich bin ich bescheuert gewesen, überhaupt loszulaufen«, berichtete der Magdeburger später im *Tagesspiegel*. »Da warteten vier Leute auf mich: Berti Vogts, Horst-Dieter Höttges, Bernd Cullmann und dazu noch Sepp Maier im Tor. Es ist wahrscheinlich eine Frage des Instinkts, es trotzdem zu tun. Und Glück gehört natürlich auch dazu.«

Hamanns mustergültige Halbfeldflanke landet inmitten dreier

unschlüssiger BRD-Verteidiger bei Sparwasser, der den Ball »an und für sich mit der Brust mitnehmen wollte«. Doch das gelingt nicht. »Ich habe ihn genau auf die Nase gekriegt. Dass der Ball dadurch eine andere Bewegung nach vorne macht, verschafft mir den entscheidenden Vorteil vor Höttges. Was danach kommt, ist aber weder Glück noch Zufall gewesen.«

Auf einmal steht Sparwasser vor Maier, der nun der Letzte ist, der die ostdeutsche Führung noch verhindern kann. Das wird er nicht einmal ansatzweise tun. »Sparwasser hat erst ausgezogen und nicht gleich geschossen«, erinnert sich der westdeutsche Schlussmann mit gequälter Stimme, weil er sich über das eigene Verhalten furchtbar aufregt. »Wenn ich ein Foto von der Szene sehe, das war eine unmögliche Stellung von mir, wie ich blöd daliege am Boden. Und dann hat er den Ball über mich drüber gehauen.«

1:0 für die DDR. Und Kontrollverlust beim damals 26 Jahre alten Sparwasser, der sich beim Jubel von seiner Intuition leiten lässt: »Ich habe einen Purzelbaum geschlagen, das kann ich mir bis heute nicht erklären. So etwas habe ich nie zuvor und nie danach in meiner Laufbahn getan. Warum ausgerechnet in diesem Moment – ich weiß es nicht.«

Ein Purzelbaum wie ein Donnerschlag, der Volkspark ist erschüttert. Und die BRD-Elf erst. Verunsicherung statt Wut. Oder ist das Gleichgültigkeit? Netzer hält sich mittlerweile doch sehr zurück, bekommt seine großen Füße, zu solch tollen Pässen fähig, überhaupt nicht auf den Boden. Müller versucht hier und da etwas auf eigene Faust, relativ erfolglos. Minute um Minute verstreicht, der Schlusspfiff kommt immer näher, und die BRD flankt bloß halbherzig, sie steigert sich nicht.

Obwohl sich nun alle Feldspieler in der DDR-Hälfte versammelt haben und Beckenbauer scharfe – vielleicht zu scharfe – Steilpässe an und in den Strafraum pfeffert, liegt hier alles in der Luft – nur nicht der Ausgleich. Die Ostdeutschen verdichten pflichtbewusst und betrachten in aller Seelenruhe, wie die Mann-

126

schaft aus dem Nachbarstaat beinahe Alibifußball spielt. Geht nicht mehr? Oder gibt es womöglich einen anderen Grund?

»Als Erster wären wir in eine super Zwischenrundengruppe gekommen«, weist Maier auf die damals durchaus pikante Ausgangslage hin: Der Sieger von Gruppe 1 würde es eine Runde später mit Titelverteidiger Brasilien, Argentinien und den überragenden Niederländern um Johan Cruyff zu tun bekommen, der den BRD-Auftritt gegen die DDR öffentlich als »umständlich und einfallslos« kritisierte. Auf den Gruppenzweiten warteten Jugoslawien, Schweden und die starken Polen. Auch knifflig, aber wahrscheinlich machbarer als die Alternative.

»Das hat auf alle Fälle eine Rolle gespielt«, versichert Maier und beruft sich auf die Tage vor dem brisanten Deutschland-Duell: »Wir hatten mit unseren Trainern viel über diese Hammergruppe geredet.« Laut ihm habe es den Hintergedanken gegeben, »dass du gegen die DDR nicht unbedingt gewinnen musst«. Selbst wenn das den Bundestrainer an den Rand des Wahnsinns treiben würde.

Lange schienen es die BRD-Kicker glaubhaft wenigstens versucht zu haben, aber ab dem Moment des Gegentreffers wirkte das irgendwie anders. Bis zum bitteren Ende. Eine Fehlinterpretation? »Bei dieser Theorie muss ich lächeln«, sagt Croy, der das Verwalten der Führung als »unkompliziert« verbucht hat und nach einem Freistoß die letzte westdeutsche Chance durch Hoeneß vereitelt: »Dieses Spiel wollten beide gewinnen.«

Gewissermaßen haben es dann auch beide gewonnen, was sich aber erst mit der Zeit herauskristallisieren würde. Zunächst jubelte nur der Außenseiter, der nun das 14. seiner vergangenen 16 Spiele gewonnen hatte und auf dem Rasen eine kleine Ehrenrunde drehte. Vor allem Croy grinste sich einen.

BRD-Trainer Schön eilte mit eingefrorenem Gesichtsausdruck in die Katakomben, während Buschner bereits bei TV-Mann Oertel saß und seinen taktischen Triumph erklärte. »Schön war stinksauer und hat zwei Tage nicht mit uns geredet«, entsinnt sich der amüsierte Maier, der die westdeutsche Niederlage als »verdient« bezeichnet.

Anders ging es zumindest nach dem Schlusspfiff zwischen den Spielern zu, wie Sparwasser verriet: »Paul Breitner hat nach dem Abpfiff extra im Gang auf mich gewartet, um mit mir das Trikot zu tauschen.« Also doch keine komplette Entfremdung.

Die DDR hatte das deutsch-deutsche Duell für sich entschieden, von dem man noch nicht ahnen konnte, dass es in Pflichtspielen der A-Nationalmannschaften das einzige bleiben würde, und war verdientermaßen Gruppensieger geworden. Wofür es laut Croy hinterher ein paar Westmark gab. Der Erfolg schindete auch ordentlich Eindruck, brachte der Buschner-Elf aber die Hammergruppe mit Brasilianern, Argentiniern und Niederländern ein.

Da waren's nur noch acht. Die beiden Mannschaften, die ihre Zwischenrundengruppen gewinnen sollten, würden am 7. Juli in München das WM-Finale ausspielen. Ein deutsch-deutsches Wiedersehen im Endspiel war also möglich – und wurde sich im Volksparkstadion auch hier und da zugeraunt.

Die optimistischen Verabredungen kamen mehr von westdeutscher Seite, auf der man der DDR-Mannschaft womöglich mehr zutraute als sie sich schlussendlich selbst. Im ersten Zwischenrundenspiel gegen Brasilien, das mit der Übermannschaft von 1970 personell und spielerisch kaum noch etwas zu tun hatte, war Ostdeutschland zwar schon wieder nah dran. Doch man wagte sich nicht so recht aus seiner Spielweise.

»In der Zwischenrunde sind wir unter unseren Möglichkeiten geblieben«, glaubt Croy heute. »Wir sind nicht so angriffslustig gewesen, wie wir es hätten sein müssen.« Auch ein Remis gegen die Seleção wäre als annehmbarer Achtungserfolg durchgegangen, doch das verhinderte ein Freistoßtrick, der in die WM-Geschichte einging: Brasiliens Zauberfuß Roberto Rivelino hämmerte die Kugel genau an die Stelle in der DDR-Mauer, wo sich Jairzinho eingeschlichen und rechtzeitig fallen gelassen hatte. Durch die sich auftuende Lücke flog der Ball ins Tor – Croy hatte sich kaum bewegt. »Das ärgert mich heute noch«, hadert der Geschlagene ungefiltert. »Wenn man dem 20 Bälle hinlegt, der trifft nur einmal da durch. Ausgerechnet in diesem Spiel.«

Dann warteten die Niederländer, die Argentinien mit 4:0 zerlegt hatten, und beendeten den ostdeutschen Finaltraum. »Gegen sie waren wir ohne Chance«, räumt Croy ein und schwärmt geradezu von einem Gegner, der »so einen tollen, eleganten Fußball spielte. Es war eine Augenweide, ihnen zuzusehen.«

Oranje würde auch die Brasilianer schlagen und ins Finale von München einziehen, während die DDR zum Ausstand immerhin ein 1:1 gegen die Argentinier erreichte. »Gegen Brasilien und Argentinien wäre mehr drin gewesen«, denkt Croy noch immer, der das starke WM-Abschneiden mit dem Gewinn der olympischen Goldmedaille zwei Jahre später in Montreal gleichsetzt. Und gegen die Niederlande hätte doch auch die BRD alt ausgesehen. Oder?

Für Helmut Schön, der seine Pressekonferenz nach der DDR-Pleite mit den Worten »Wir haben nicht absichtlich verloren« begonnen hatte, war nach der ernüchternden Vorrunde mit dem Tiefpunkt gegen den Nachbarn erst einmal Wunden lecken angesagt. Seine Schützlinge taten das ohne ihren Trainer. »Den Schön haben wir rausgeschickt«, lacht Maier in der Rückschau. Und dann begann, nur wenige Stunden nach Spielende, die berühmt gewordene Nacht von Malente.

In der Küche der Sportschule hielten alle Spieler eine erst ernste und später feucht-fröhliche Krisensitzung ab, die den ganzen Haufen einmal komplett neu aufwickelte. Harsche Gespräche wurden geführt. Reinigende Gespräche. »Es war eine sehr lange Nacht«, erinnerte sich Beckenbauer in einer Jubiläumssendung zur WM 1998 im ZDF: »Wir haben unseren Ärger heruntergespült und uns richtig zusammengerauft.« Ein Brustlöser.

»Am Ende sind wir uns in den Armen gelegen«, verrät Maier, der gerne daran zurückdenkt, »und am nächsten Tag haben wir um 10 Uhr trainiert, dabei gelacht und gescherzt – das gab es vorher nicht.« Was der Torhüter gewitzt als »Alkoholverdunstungsstunde« bezeichnet, »hat uns so weit gebracht, dass wir wirklich eine Mannschaft geworden sind. Es war sehr wichtig für uns, dass wir aus dieser Niederlage gelernt haben« – die also auch für die BRD ein verkappter Segen gewesen war.

Fortan bestimmen auch die Führungsspieler, wer spielen darf. Und wer nicht. Beckenbauer verordnet etwa dem übermütigen Hoeneß im ersten Zwischenrundenspiel gegen Jugoslawien (2:0) eine Zwangspause. Es tut dem Jungstar gut, gegen Schweden besorgt er per Elfmeter den 4:2-Endstand. Die gewonnene Teamchemie sorgt in der zweiten Runde für einen ordentlichen Leistungsschub, auch wenn der Fußball immer noch nicht so schön aussieht wie bei der EM. Die Ergebnisse stimmen.

Schöner spielten da die Polen, die in der WM-Qualifikation überraschend England ausgeschaltet und daraufhin ihr offensives Potenzial entdeckt hatten. Um Torschützenkönig Grzegorz Lato waren sie die Überraschung des Turniers – Breitner bezeichnete sie sogar als noch stärker als die Niederländer.

Auch Polen hatte seine anderen beiden Spiele gewonnen, weshalb die letzte Zwischenrundenpartie gegen die BRD quasi wie ein Halbfinale zu verstehen war – auch wenn den Deutschen wegen der besseren Tordifferenz schon ein Unentschieden reichte. Ein Härtetest. Erst recht, als über Frankfurt der Himmel aufging.

Es regnete in Strömen, was den Platz im Waldstadion eigentlich unbespielbar machte. Nach einer halben Stunde Verzögerung und langen Mühen der vergeblichen Rasenpräparation fand das Spiel schließlich trotzdem statt, in dem sich die Bundesrepublik – nachdem Hoeneß einen Elfmeter verschossen hatte – durch ein Tor von Müller mit 1:0 durchsetzen konnte. Glücklich durchsetzen konnte.

Die Spielstärke der Polen war in der »Wasserschlacht von Frankfurt« untergegangen – ein Fußball-Trauma, das Deutschlands Nachbarnation noch lange beschäftigen würde. Beckenbauer konnte den Unmut nachvollziehen. »Unter normalen Bedingungen hätten wir wahrscheinlich keine Chance gehabt«, ließ sich der Kaiser zitieren. Glück gehabt. Und Maier gehabt, der mehrere Glanzparaden zeigte und seine Mannschaft ins Finale hievte. Dort warteten die Niederlande.

Gegen die beste Mannschaft des bisherigen Turniers erlebte die westdeutsche Leistungssteigerung ihren Höhepunkt. Zwar gingen die Niederländer durch einen Elfmeter von Johan Neeskens in Führung – Hoeneß hatte Cruyff zu Fall gebracht –, noch ehe ein deutscher Spieler überhaupt den Ball berühren konnte. Doch anschließend entnervte Berti Vogts Unterschiedsspieler Cruyff, erwies sich Beckenbauer als Gegenmittel für das niederländische Pressing, bekam auch Deutschland einen umstrittenen Elfmeter – Breitner verwandelte –, traf Müller unnachahmlich aus der Drehung, hielt Maier erneut den Sieg fest. Deutschland war ein zweites Mal Weltmeister.

Deutschland – und nicht nur die BRD –, weil auch in der DDR viele den Nachbarn die Daumen gedrückt hatten. Auch einige der Spieler. Durch ihren Sieg, einen Dämpfer zum richtigen Zeitpunkt, hatten die ostdeutschen Kicker gewissermaßen einen Anteil am Titel, woraus Beckenbauer keinen Hehl machte. »Gebt Sparwasser die 23. Medaille«, forderte er im Spaß – mit ernstem Unterton.

Der einzige Torschütze des einzigen deutsch-deutschen Pflichtspielduells – die Medaille bekam er natürlich nicht – hatte fortan eine zweifelhafte Berühmtheit gepachtet. Schon am Abend des 22. Juni wird sie ihm zum Verhängnis. »Wir wollten zu dritt auf die Reeperbahn, um den Sieg zu feiern«, erzählte Sparwasser dem *Tagesspiegel*. »Unser Quartier in Quickborn wurde damals vom Bundesgrenzschutz bewacht, also haben wir einen der Beamten gefragt, ob er uns nicht nach St. Pauli fahren könne. ›Klar‹, hat er gesagt, ›aber du bleibst hier.‹ Wieso denn, wollte ich wissen. ›Stell dir vor, dich sieht jemand auf der Reeperbahn. Dann bin ich sofort meinen Job los.‹ Die beiden anderen sind dann gefahren, ich

131

musste zu Hause bleiben.« Sein Gesicht hätte an diesem Abend wohl jeder erkannt.

Sparwasser brach über die Jahre teilweise mit seiner Rolle, suggerierte mitunter, das Tor lieber nicht geschossen zu haben. Was nicht von ungefähr kam: »Im Nachhinein hat sich die Freude arg relativiert. Vor der WM hatte ich nie Probleme, wenn ich mit Magdeburg in Leipzig, Dresden oder Aue gespielt habe. Danach ist mir dort viel Missgunst entgegengeschlagen, vor allem von den Leuten, die im stillen Kämmerlein das Deutschlandlied gesungen und uns den Sieg gegen die BRD verübelt haben. Es wurden sogar Gerüchte gestreut, ich hätte als Prämie für das Tor ein Haus und ein Auto bekommen – was einfach nicht stimmte.«

Der Held des Ostens gegen den Westen, im Westen war er beinahe beliebter als im Osten. »Stellen Sie sich vor, das Finale war keine zehn Minuten vorbei, als es bei mir zu Hause in Magdeburg klingelte«, verriet Sparwasser in einem *Welt*-Interview. »Meine Frau rannte die sechs Etagen nach unten, wo der Briefträger vor der Tür stand und ihr ein Telegramm in die Hand drückte, auf dem nur stand: Sparwasser Magdeburg.«

Verschickt hatten es zwei Männer aus Bielefeld, die im Moment des großen Triumphes nicht vergessen hatten, wer die Mannschaft der Bundesrepublik ungewollt auf Kurs gebracht hatte. Im Telegramm geschrieben stand: »Jürgen, wir danken dir. Ganz Deutschland dankt dir.«

Ganz Deutschland? Bekanntlich nicht. Noch 1988, ein Jahr vor dem Mauerfall, kehrte Sparwasser der DDR den Rücken und setzte sich im Rahmen eines Altherrenspiels mit dem 1. FC Magdeburg in die BRD ab.

Es war im Verein gewesen, so findet er selbst, wo er das wichtigste Tor seiner Karriere geschossen hat. »Das habe ich kurz vor der WM erzielt, im Halbfinale des Europacups zum 2:1 gegen Sporting Lissabon. Ohne diesen Treffer wären wir nicht ins Endspiel gekommen, hätten also auch nicht den Europapokal gewonnen – als einzige Mannschaft überhaupt aus der DDR.«

Sparwasser weiß, dass er mit dieser Meinung wahrscheinlich allein dasteht. Sein Name hat sich unumgänglich in die deutsche Fußballgeschichte eingebrannt als Heldenfigur, die er nie sein wollte. Und die er doch immer bleiben wird. »Ich habe einmal gesagt, wenn auf meinem Grabstein später nur ›Hamburg 1974‹ stehen würde, wüsste jeder, wer darunterliegt.« Wahrscheinlich hat er recht.

6

DIE UNBELIEBTESTE MANNSCHAFT DER WELT

Deutschland gegen Frankreich,
WM-Halbfinale 1982

Das vielleicht berüchtigtste Vergehen der Fußballgeschichte. Das erste Elfmeterschießen bei einer Weltmeisterschaft. Deutsche Nationalspieler wie am Ballermann; deutsche Journalisten, die sie scheitern sehen wollen. Alles in einem WM-Halbfinale. In der »Nacht von Sevilla«.

8:7 n.E.

Deutschland – Frankreich

Schumacher

Stielike

K. Förster   B. Förster

Kaltz   Dremmler   Breitner   Briegel

Littbarski   Magath

Fischer

Six   Rocheteau

Platini

Tigana   Genghini   Giresse

Amoros   Trésor   Janvion   Bossis

Ettori

8. Juli 1982 im Estadio Ramon Sanchez Pizjuan, Sevilla

Tore: 1:0 Littbarski (18.), 1:1 Platini (28., FE), 1:2 Trésor (93.),
1:3 Giresse (99.), 2:3 Rummenigge (103.), 3:3 Fischer (108.)

»Inmitten des einzigartigen Naturparks Südschwarzwald liegt das Hotel Vier Jahreszeiten am Schluchsee auf einer Höhe von 1000 Metern. Hier finden Sie alles, um zur Ruhe zu kommen, abzuschalten und Ihr Wohlbefinden zu stärken. Kurz gesagt: Bei einem Aufenthalt in unserem Hotel am Schluchsee erleben Sie Erholung pur.« Das schreibt zumindest das Hotel Vier Jahreszeiten am Schluchsee im Südschwarzwald einleitend auf seiner Website, die es im Frühsommer 1982 natürlich noch nicht gab.

Damals wurden diese Vorzüge wahrscheinlich in Prospekten beworben, die doch genauso wenig darüber hinwegtäuschen konnten, dass es eines ganz bestimmt nicht gab, als die deutsche Nationalmannschaft vor der WM in Spanien zum Trainingslager anreiste: Erholung.

Den außergewöhnlichen Alltag während der wohl skandalösesten deutschen WM-Vorbereitung hat Torwart Harald »Toni« Schumacher in seinem Buch »Anpfiff«, das ihn 1987 die Karriere beim 1. FC Köln und in der Nationalmannschaft kosten würde, in besonders drastischen Worten zusammengefasst. »Die Vorbereitungszeit auf die WM 1982 war für mich ein einziger Alptraum«, eröffnet Schumacher, ein vom sportlichen Ehrgeiz Getriebener, der mit seiner Einstellung am Schluchsee allerdings nur wenigen Gleichgesinnten gegenüberstand. Einen wie ihn musste der Schlag getroffen haben angesichts der Zustände, die der DFB erst selbst verschuldete und anschließend tolerierte.

Auf Sparkurs getrimmt, buchte der Verband des amtierenden Europameisters seine besten Fußballer zwar im allein schon namentlich ansprechenden Hotel Vier Jahreszeiten ein, allerdings mit nicht mehr Kapazität als nötig. So waren noch genügend Zimmer für Journalisten oder anderweitig Schaulustige frei, deren Anwesenheit eine angenehme Abgeschiedenheit oder die nötige Konzentration für die Spieler quasi unmöglich machten. Was jenseits von Schumacher den meisten ganz recht war. Ihnen boten sich Dinge, die sie vermutlich nicht für möglich gehalten hätten.

Als »Mischung aus Volksfest und Wallfahrt« beschrieb der *kicker* das, was sich am Schluchsee, der in der Presse bald in »Schlucksee« umgetauft wurde, in teils unwürdiger Manier abspielte. »Hier ist alles da, was die Spieler aufmuntern und in Laune bringen kann«, freute sich Stürmerstar Karl-Heinz Rummenigge nach einer langen Saison – wie recht er damit hatte. Die Nationalmannschaft hatte disziplinfreien Raum betreten.

»Der Leithammel war Paul Breitner«, schreibt Schumacher über den Bayern-Strategen, der nach jahrelangen Auseinandersetzungen mit dem DFB etwas umstritten in die Auswahl zurückgekehrt war und der auch wegen der »fehlenden Autorität« von Bundestrainer Jupp Derwall den Takt vorgab. Das galt auch für abseits des Platzes, wo Breitner »gerne mal einen über den Durst trank«. Was er selbst am nächsten Tag zwar wegstecken konnte, viele andere jedoch nicht. Zu ausgiebig hatten die Nationalspieler gepokert, getanzt oder »gebumst bis zum Morgengrauen«, sodass sie »wie nasse Lappen zum Training gekrochen« kamen.

Manchmal stand Schumacher, der offen mit einer Abreise liebäugelte, gedankenversunken auf seinem Balkon und fragte sich, was er hier überhaupt machte. »Wieder andere gossen reichlich Whisky in sich rein, schlimmer als Quartalssäufer. Manche benahmen sich schlimmer als der berühmte Kegelbruder auf dem Mallorca-Ausflug.« Die anderen Hotelgäste hatten ihre helle Freude daran. Oder waren schockiert, dass es bei der deutschen Nationalmannschaft so zugehen konnte, deren Verantwortungsbewusstsein und Leistungsniveau ein solcher Lebenswandel natürlich nur bedingt half.

Jahrzehnte nach Schumacher räumte das in einer Rückschau auch Ersatztorwart Eike Immel ein: »Disziplin war praktisch nicht vorhanden. Die meisten waren nachtaktiv, es wurde gefeiert. Wir spielten Karten, logisch. Es gab auch eine Modenschau von einem Designer aus Düsseldorf. Die Models sind bis zum Endspiel in Madrid immer wieder mal bei uns aufgetaucht. Hinzu kamen Besuche von Prostituierten, nächtliche Ausgänge und vieles mehr.«

Derwall nahm es hin. Und diese Gruppe von Lustmolchen wenige Tage später mit zur WM.

In Spanien verlor die Mannschaft um Leithammel Breitner schnell noch mehr Sympathien, indem sie offen über die Höhe des Auftakt-Sieges gegen Fußballzwerg Algerien spekulierte – um peinlich mit 1:2 zu verlieren. Indem sie durch den »Nichtangriffspakt« beziehungsweise die »Schande von Gijon« gemeinsam mit den Österreichern dafür sorgte – weil die letzten Gruppenspiele damals noch zeitversetzt ausgetragen wurden –, dass ebenjene Algerier durch eine regelrechte Arbeitsverweigerung aus dem Turnier betrogen wurden.

Nach Deutschlands frühem 1:0 durch Horst Hrubesch wussten beide Mannschaften, dass ihnen dieses Ergebnis für das Weiterkommen reichen würde – und griffen einfach nicht mehr an. »Es gab keine Absprache«, betont Schumacher zwar heute noch, was ihm wirklich wichtig ist. Aber nach außen entstand unweigerlich der Eindruck, dass man sich eben wortlos geeinigt hatte. Von da an fanden letzte Gruppenspiele bei Weltmeisterschaften nur noch parallel statt.

Gellende Pfiffe begleiteten die Spieler vom Feld, spätestens jetzt schämten sich viele Deutsche sogar für ihre Nationalmannschaft. Daraus machten auch die Journalisten keinen Hehl, die das Team begleiteten. »Das war eine Vollstress-WM, vom ersten bis zum letzten Tag«, erinnert sich Schumacher genervt, der nicht als Einziger in der Mannschaft »merkte, wie alle gegen uns waren«.

Eine Versöhnung durch fußballerische Begeisterung konnte sie sich abschminken, obwohl das Europameister-Gerüst in großen Teilen zusammengeblieben war. Obwohl man mit Karl-Heinz Rummenigge den Ballon-d'Or-Gewinner der Jahre 1980 und 1981 in den eigenen Reihen hatte. Obwohl auch Felix Magath, Pierre Littbarski oder Breitner schön Fußball spielen konnten – doch das zeigte diese Mannschaft kaum, die überwiegend physisch daherkam. Und darüber hinaus ziemlich heterogen.

Nicht erst seit dem »Schlucksee« rumorte es so sehr in ihr, dass

139

Bernd Schuster, Spielmacher des FC Barcelona und 1980 inoffiziell als bester Spieler der Europameisterschaft ausgezeichnet, 1982 wohl auch dann nicht mitgespielt hätte, wenn er nicht verletzt gewesen wäre. Endlose Nebenkriegsschauplätze. Nicht einmal die Deutschen konnten dieses Deutschland leiden.

Mehr schlecht als recht quälte sich das DFB-Team nach der bescheidenden Gruppenphase mit einem 0:0 gegen England und einem 2:1 gegen Spanien auch durch die Zwischenrunde. Dass man den Gastgeber ausgeschaltet hatte, brachte die Deutschen wohl um die letzten Sympathien. Und dann trafen die teutonischen Läufer und Kämpfer im Halbfinale auch noch auf die wunderschön aufspielenden Franzosen. Da prallten Welten aufeinander. In vielerlei Hinsicht.

Als Deutschland am späten Abend des 8. Juli 1982 noch bei rund 35 Grad Außentemperatur im Estadio Ramon Sanchez Pizjuan in Sevilla den Rasen betrat, hatte die Mannschaft von Jupp Derwall ein Auswärtsspiel. Von den Rängen schallten den bösen Buben des Weltfußballs die nächsten Pfiffe entgegen – anfeuernder Jubel schwappte hingegen auf ihren Gegner zu, der besagten Weltfußball in den vergangenen Wochen verzückt hatte.

Frankreich, angeführt von Spielmacher Michel Platini, hatte auf der großen Bühne seit dem starken dritten Platz bei der WM 1958 kaum mehr eine nennenswerte Rolle gespielt. Unter Trainer Michel Hidalgo waren »Les Bleus« mit technisch feinem Offensivfußball aber zu den »Brasilianern Europas« und nach dem bitteren Ausscheiden der leibhaftigen Brasilianer in der Zwischenrunde gegen Italien sogar zum Anwärter auf den Titel aufgestiegen.

Amtierender Europameister hin oder her, so hatte es damals auch Schumacher wahrgenommen: »Sie waren die Favoriten, durch den Turnierverlauf. Wir hatten lange nicht so großartige Spieler wie die Franzosen.«

Außer natürlich Rummenigge, der allerdings weder zu Beginn des Turniers noch währenddessen richtig fit geworden war und der in der Vorschlussrunde gegen Frankreich erst einmal auf der

140

Bank sitzt. »Ich hätte der Mannschaft mehr geschadet als genutzt«, begründete der damals 26-Jährige, nachdem er sich im letzten Zwischenrundenspiel gegen Spanien hatte auswechseln lassen.

In der Mannschaft sorgt das ständige Hin und Her – zudem beansprucht der Unterschiedsspieler einen eigenen Physio – für zusätzliche Unruhe. In Schumachers Erzählungen ist manchmal das am spannendsten, was er nicht ausspricht. Doch die Deutschen nutzen ihre missliche Situation als Waffe, paaren sie mit ihren anderen und geben den Vollstress auf dem Platz an die französischen Schönspieler weiter. Mit jeder Menge Dynamik, mit kollektiver Wucht, setzt Deutschland seinen Gegner von Beginn an unter Druck.

Frankreich lässt sich gleich anstecken. Beide Mannschaften sind auch gegen den Ball agil, aber die ersten Minuten gehören der wilden Elf von Trainer Derwall, die weit in die gegnerische Hälfte aufrückt.

Mehr entschlossen als koordiniert geben Kapitän Manfred Kaltz und Wolfgang Dremmler erste Schüsse ab, die den spielerisch überlegenen Kontrahenten einschüchtern sollen. Gewissermaßen funktioniert das. Die Franzosen setzen dem deutschen Sturmlauf Mittel entgegen, die man eher von der Gegenseite erwartet hätte: Bundesliga-Legionär Didier Six, beim VfB Stuttgart unter Vertrag, steigt mit zwei saftigen Grätschen gegen den quirligen Littbarski ein, um gleich mal ein sogenanntes Zeichen zu setzen.

Gegen Platini, der vor der WM noch für AS Saint-Etienne gespielt hatte, danach aber zu Juventus Turin wechseln und endgültig zum Weltstar aufsteigen würde, klappt die deutsche Überfalltaktik nicht. Er ist der Weg der Franzosen, sich aus dem Druck zu befreien. Mit geschickten Finten und entzerrenden Pässen leitet Platini gefährliche Umschaltmomente ein, nach denen Alain Giresse in der sechsten Minute gleich zwei gefährliche Fernschüsse abgibt. Das muss Deutschland besser ausbalancieren.

Der Rasen im Pizjuan ist eines besonderen WM-Halbfinals nur

in Teilen würdig. Deutschlands linkem Offensivspieler Magath gelingt in der Drehung ein genialer Beinschuss – weil ihm der Ball glücklich verspringt.

Die Anfangsphase in Sevilla ist vor allem davon geprägt, dass sich Deutschland an den französischen Strafraum vorarbeitet, wo das Spiel auch mal kurz verharrt. Bis die Franzosen ein Bein dazwischenkriegen und geradlinig kontern. Das können die Deutschen nur schwer verhindern, erst in letzter Instanz unterbindet Libero Uli Stielike Giresses gefährlichen Steckpass auf Platini.

Den französischen Esprit im DFB-Team versprüht der 22-jährige Kölner Littbarski, ein Fummler vor dem Herrn und sich für abtastende Abschlüsse nicht zu schade. »Über außen und über Litti«, fasst Schumacher Derwalls taktische Vorgaben zusammen. Mit einem Grinsen, das ausstrahlt: ›Den Rest haben wir selber entschieden.‹ Littbarski greift vor allem über die rechte Seite an, selbst zu greifen ist er kaum. Jugendliche Unbekümmertheit.

Breitner, der Antreiber in der Schaltzentrale, schaltet sich vorerst kaum ein, während im französischen Mittelfeld von Anfang an alles über Platini läuft. Mit dem Ball. Gegen den Ball hauen sich nur die anderen rein, und das nicht zu wenig. »Die Franzosen sind auch aggressiv zu Werke gegangen«, betont Schumacher energisch. In der ersten Viertelstunde tatsächlich aggressiver als die Deutschen.

Auf den Flügeln machen die hohen Außenverteidiger Betrieb. Kaltz und Modellathlet Hans-Peter Briegel im deutschen 3-4-2-1 mit Libero beiderseits. Bei Frankreich im in diesem Punkt asymmetrischen 4-4-2 mit Raute vorwiegend der junge Linksverteidiger Amoros. Ein Rechtsfuß. Ihm gelingen in Kaltz' Rücken immer wieder Durchbrüche.

Die Franzosen spielen ihre Angriffe sauberer zu Ende als die Deutschen, wodurch sie minütlich besser im zweiten Halbfinale ankommen – im ersten hatte sich Italien schon gegen Polen durchgesetzt. In höchster Not muss Bernd Förster eine Flanke vor dem französischen Stürmer Dominique Rocheteau wegköpfen.

142

Doch plötzlich gibt es einen Knall, weil Zauberfuß Littbarski einen direkten Freistoß – ausgerechnet nach einem plumpen Foul von Platini – aus 22 Metern an die Latte schießt. Da hat Frankreichs Torwart Jean-Luc Ettori, dessen WM-Stammplatz eine Überraschung ist – nicht nur, weil er bloß 1,74 Meter misst –, lediglich hinterherschauen können. 15 Minuten gespielt.

»Gegen Frankreich habe ich mich als Nicht-Favorit gefühlt«, gesteht Schumacher, der damals glaubt, in diesem Halbfinale nur eine Chance zu haben, »wenn alles hinhaut«. Dafür hätte dieser Freistoß wohl ins Tor fliegen müssen.

Der Ball fliegt in diesen Minuten zuhauf. Hüben fasst sich Breitner mal ein Herz, drüben Bernard Genghini, der mit Platini, Giresse und Abfangjäger Jean Tigana die erste, noch ziemlich offensive Version des »Carre magique« bildet, des berühmten magischen Vierecks im französischen Mittelfeld. Die fehlende Resilienz des Vierecks gegen den Ball ist die Achillesferse dieses herrlich anzuschauenden Gebildes, das einen energischen Antritt von Breitner in der 18. Minute nicht aufhalten kann. Mit seinem Außenrist setzt der Leithammel Mittelstürmer Klaus Fischer ein.

Der langjährige Schalker, inzwischen Kölner, verstolpert jedoch und schießt dann den herauseilenden Ettori an, von dem der Ball zurück an die Sechzehnerkante zu Littbarski springt. Der fackelt nicht lang und jagt die Kugel mit dem ersten Kontakt durch Ettoris Beine. 1:0 für Deutschland. Vielleicht nicht mehr verdient, aber mindestens noch nicht unverdient.

Die Franzosen sind zu diesem Zeitpunkt schon zu gut im Spiel, um sich vom Rückstand aus der Bahn werfen zu lassen. Vielmehr legen sie jetzt noch eine Schippe drauf. Allen voran Platini, der sich sogar mal in einem robusten Luftduell behauptet und ein Stück an Schumachers Tor vorbeiköpft.

Deutschland verlässt sich im Angriffsspiel weiterhin auf Littbarski, versucht nun aber erst einmal zu entschleunigen, was nur im Ansatz gelingt. Der anfängliche Einklang geht dem deutschen Spiel mittlerweile ab, während Frankreich, das immer auch einen

Blick für die Ästhetik hat, unverändert durch effektives Direktspiel besticht. Les Bleus sind erstaunlich vielseitig.

Nach einer knappen halben Stunde tritt der nur 1,63 Meter große Giresse einen Außenrist-Freistoß in den deutschen Strafraum, wo Bernd Förster seinen Gegenspieler Rocheteau zunächst ein wenig zieht und hält, anschließend auch stark den Ball klärt. Aber zu spät. Rocheteau hatte sich nicht gegen die Schwerkraft gewehrt.

Der niederländische Schiedsrichter Charles Corver zeigt auf den Punkt. »Kann man geben, muss man nicht«, schätzt Schumacher mit dem Abstand von über 40 Jahren realistisch ein. Damals freut er sich auch ein wenig: »Einen Elfmeter von Platini hätte ich schon gerne gehalten.« Da ist dieses Funkeln in den Augen. Doch Frankreichs Nummer 10 verlädt Deutschlands Nummer 1 und gleicht in der 28. Minute aus. Verdient.

Die Derwall-Elf wehrt sich mit ihren Mitteln. Längst ist klar geworden, dass in Sevilla zwei ganz unterschiedliche Mannschaften aufeinandertreffen. Schumacher, damals 28, hat beste Sicht darauf. »Die Franzosen waren die Ballzauberer«, zeichnet er ein Bild der Gegensätze. »Die haben mit der Violine gespielt und wir die dicke Trommel.« Aber, so merkt der Kölner an: »Man muss auch gegen Mannschaften mit der dicken Trommel gewinnen können.«

Vorerst bekommt Deutschland wieder Augenhöhe hergestellt, weil sich Breitner mehr einmischt, der in der Lage ist, beide Instrumente zu spielen. Auch wenn seine Fernschüsse den unsicheren Ettori nicht das Fürchten lehren.

In einer Phase, in der sich beide Mannschaften mit ihren unterschiedlichen Ansätzen neutralisieren, bauschen sich Nebenschauplätze auf, in deren Mittelpunkt bald Schumacher steht. Zwischen der 35. und der 38. Spielminute präsentiert sich der ehrgeizige Rückhalt in gleich drei Szenen gegen Platini, Amoros und Six ungewöhnlich aggressiv.

In Platini, der sich daraufhin mit schmerzverzerrtem Gesicht den Oberschenkel hält, läuft Schumacher nach dem Abfangen eines Balles unnötig hinein, Amoros rempelt er ähnlich an. Auf den am Boden liegenden Six schimpft er schroffe Tiraden ein und packt ihn sogar am Kragen. Pfiffe werden laut – doch »die hab' ich gar nicht wahrgenommen«. Einfach ausgeblendet. Tief im Tunnel. Selbst Jahrzehnte später lässt er sie nicht an sich ran. Irgendetwas rumort da.

Rückblickend gesteht Schumacher eine gewisse Grundaggressivität, die damals in ihm schlummert, mit der er schon in dieses Halbfinale gegangen war. Den Schluchsee hatte er immer noch nicht aus dem Kopf bekommen. »Die scheiß Vorbereitung im Schwarzwald«, führt er als Ursprung seiner Unzufriedenheit an, »das hat mit dazu geführt, dass ich in einer sehr stressigen Phase war.« Gemeinsam mit einer Art der übertriebenen Selbstmotivation, die sich an der Ablehnung durch den Gegner und dessen Fans aufrichtete, an der eigenen Rolle des Feindbilds. Und mit dem Gedankengang, »dass ich noch mehr machen muss«, wenn es schon die Mitspieler so lasch angingen; mit der Überzeugung, »dass ich dann eben alles alleine machen muss«.

Dass Schumacher gegen Frankreich nicht sein übliches hellblaues Torwarttrikot tragen kann, weil es im Bus vergessen wurde, sondern in Rot quasi identisch wie sein Gegenüber Ettori aufläuft, kommt noch erschwerend mit dazu. Frust, Ehrgeiz und Adrenalin vermischen sich. Sollen sich die Franzosen doch an ihm abarbeiten. Das tun sie. Inzwischen schaltet sich sogar der dynamische Verteidiger Marius Trésor immer wieder mit nach vorne ein.

Dynamik können auch die Deutschen: Maxime Bossis rettet nach einem Vorstoß von Briegel erst im eigenen Fünfer vor Fischer. Dessen Vereinskameraden Littbarski kriegen die Franzosen zwischenzeitlich angeleint. Sie sind es, die die komplettere Vorstellung darbieten.

Englands Fußballlegende Bobby Charlton, Co-Kommentator bei der »BBC«, lobt besonders die abgestimmten Läufe der französischen Spieler, die den Ball gerade nicht hatten – bei Les Bleus wirkt alles eingespielter. In erster Linie gilt das für das Umschalt-spiel, das bei den Deutschen ins Stocken geraten ist. Auf der Ge-genseite sorgt es regelmäßig für Gefahr. Nach einem dieser Kon-ter schießt Platini kurz vor der Pause aus der zweiten Reihe denkbar knapp vorbei. Er sinkt zu Boden und vermag so herrlich zu hadern. Deutschland spielt mit dem Feuer.

Doch der Warnschuss wird begriffen, den letzten Minuten des ersten Abschnitts drückt der »Nicht-Favorit« seinen Stempel auf. Für spielerischen Hoffnungsschimmer sorgt ausgerechnet Athlet Briegel, den man ob seiner Schnelligkeit eigentlich immer schi-cken kann und der Ettori aus schier unmöglichem Winkel beinahe ansatzlos mit dem Außenrist überwindet. Auf diesen Abschluss musste man erst mal kommen.

In der Nachspielzeit wird Ettori noch aus sieben Metern harm-los von Littbarski angeköpft, was Schiedsrichter Corver ohnehin zurückpfeift. Für den Unparteiischen hatten sich im Vorfeld der Partie die Franzosen starkgemacht. Wegen seiner durchaus stren-gen Linie, was einer überbordenden Härte seitens der Deutschen vorbeugen sollte. Und wegen seiner französischen Wurzeln. Bis dato hat er das Halbfinale im Griff. Mit 1:1 schickt Corver die Mannschaften in die Katakomben. So kann es weitergehen.

Die zweite Hälfte beginnt bereits in der Dunkelheit – und mit einem eingesprungenen Bernd-Förster-Tackling gegen Roche-teau, was an der Lieblingsmannschaft des Publikums natürlich wenig ändert. Über die Physis, in diesem Punkt sind sie zweifellos überlegen, finden die Deutschen wieder in dieses Halbfinale zu-rück. Wucht als Waffe. Zur Physis zählt auch Laufstärke, die wei-ßen Hemden wetzen auf und ab. Dremmler lässt einen wilden Schuss los. Marco van Basten würde aus diesem Winkel einmal treffen. Dremmler schießt drüber.

An der Seitenlinie macht sich derweil ein französischer Ver-teidiger warm, Patrick Battiston. Er soll für den angeschlagenen Genghini ins Spiel kommen, was Frankreichs Balance auf dem Platz erst einmal besser austariert. Was aber auch die fehlende

146

Balance im französischen Kader verdeutlicht: Es sitzt kein Mittelfeldspieler auf der Bank.

Einen Mann für diese Position hätte es eigentlich noch gegeben, Jean-Francois Larios. Ein Vereinskollege Platinis aus Saint-Etienne, der neben der – natürlich – feinen Klinge auch die nötige Physis mitbringt, um Deutschland in diesem Punkt etwas entgegenzusetzen. Doch Larios hatte im Vorfeld der WM sogar zu viel Körpereinsatz gegeben, indem er sich eine Affäre mit Platinis Ehefrau Christele erlaubte, die nicht im Verborgenen geblieben war. Getreu dem Motto »Er oder ich«, was sich in diesem Fall schnell beantworten ließ, stellte Platini Trainer Hidalgo vor die Wahl. Und Larios aufs Abstellgleis. Beruflich zumindest.

In der 50. Minute wird also nicht Larios, sondern Battiston eingewechselt, der sich gleich mal mit dem Stoppen eines Briegel-Laufs einbringt. Das kann nicht jeder. Seine Hereinnahme stellt vorerst wieder einen Ausgleich der Spielhärte her – offensiv stürmt der 25-Jährige zudem immer wieder aus der Tiefe nach vorne und gibt schon nach einer Minute einen Fernschuss ab. Battiston belebt das französische Spiel.

Und da steckt eine Menge Leben drin, wie eine Szene in der 52. Minute zeigt: Tigana fängt einen Ball ab und schickt Platini, der aber ganz offensichtlich im Abseits steht und sich furchtbar darüber aufregt, dass Tigana das nicht begriffen hat. Die beiden keifen sich an. Druck ist auf dem Kessel. Es geht schließlich um ein WM-Finale. Um Frankreichs erstes.

Der ziemlich alternativlosen deutschen Wucht stellen die Franzosen weiterhin vor allem Finesse entgegen – und belohnen sich in der 54. Minute beinahe dafür, als Rocheteau den Ball am herausstürmenden Schumacher vorbeilegt und ins Tor trifft. Doch diesmal soll er zuvor Bernd Förster gefoult haben, in den Augen von Schiedsrichter Corver jedenfalls. Schumacher bewertet die Szene ähnlich wie den französischen Elfmeter – ausgleichende Gerechtigkeit, könnte man sagen.

Deutschlands Angriffsspiel stottert indes immer mehr, ist geprägt von Missverständnissen, während Frankreich seine bis dato größte Druckphase erzeugt. Die Zuschauer merken beides und johlen hier und jubeln dort. Eine brenzlige Phase, in der französische Zuschauer sogar so viel Einfluss nehmen, dass sie zu Schumacher durchdringen.

Nach einem Fernschuss von Platini, der das deutsche Tor deutlich verfehlt, geben sie dessen Wächter den Ball nicht mehr zurück. Irgendwann dann erst sehr zögerlich. Obwohl Schumacher darum gebeten hatte. Reine Provokation. Der Keeper provoziert daraufhin retour, täuscht an, die Kugel in die Zuschauermenge zurückzuschleudern, worüber sich Platini furchtbar echauffiert. Pfiffe.

Auf die Frage, ob nach dieser Szene etwas rausmusste aus dem brodelnden Torhüter-Vulkan, antwortet Schumacher zögerlich, aber dann klar: »Ja … ja.« Die Auseinandersetzung mit dem Publikum hatte er eigentlich stets gesucht, um auf diese Weise konzentriert zu bleiben. Doch an diesem Abend kommt zu viel zusammen. Eine Minute später begeht Schumacher das wahrscheinlich berüchtigtste Foul der WM-Geschichte.

Auf Höhe der Mittellinie luchst Bossis Dremmler den Ball ab und spielt sofort zu Platini. Dessen Rundumblick erlaubt ihm, schneller als die meisten anderen Battistons Tiefenlauf wahrzunehmen, den Platini mit einem herrlichen Steilpass in Szene setzt.

Nur Kaltz hat noch eine Chance einzugreifen, doch kann auch der nicht mehr verhindern, dass Battiston durch die entblößte deutsche Hintermannschaft hindurch ziemlich allein auf Schumacher zustürmt. Schumacher stürmt auch auf Battiston zu, um die sich anbahnende Großchance zu verhindern, um dem Franzosen die Zeit zu nehmen, um ihn unter Druck zu setzen. Im Eiltempo kommen sie sich immer näher.

»Ich sehe, dass er den Ball über mich drüberheben will, und antizipiere das«, erklärt Schumacher mit seinen Händen, warum er damals in vollem Lauf mit voller Kraft abspringt. »Ich bin so hoch gesprungen, dass ich den Ball auf jeden Fall kriege.«

Doch das wäre gar nicht nötig gewesen, weil der unter Druck gesetzte Battiston, der seine periphere Wahrnehmung einmal so beschrieb, dass plötzlich dieses große dunkle Objekt auf ihn zuflog, die Kugel gar nicht richtig trifft, die daher am verwaisten deutschen Kasten vorbeihoppelt. So weit erst mal eine ausgelassene Großchance. Doch davon redet bei dieser Szene niemand.

Schumacher, der natürlich nicht mehr bremsen und auch nicht mehr ausweichen kann, räumt den perplexen Battiston Sekundenbruchteile nach dessen Abschluss noch in der Luft mit der eingedrehten Hüfte auf Kopfhöhe derart krachend ab, dass der Zusammenprall selbst in der Zeitlupe nicht wie eine Zeitlupe aussieht und Passgeber Platini seinen Mitspieler, der ohnmächtig liegen bleibt, kurzzeitig sogar für verstorben hält. Oder wie in seiner Folgeausgabe des *kicker* nüchtern zusammenfasste: »Riesenglück hatte unsere Mannschaft, als Battiston nach einem Steilpass das leere Tor verfehlte und dabei mit dem ihm entgegenstürzenden Schumacher zusammenprallte. Dabei wurde Battiston so schwer verletzt, dass er mit der Trage vom Platz gebracht werden musste.«

Battiston, der minutenlang einfach nur daliegt, hatte ein Schädeltrauma sowie einen Haarriss des Halswirbels erlitten und sich zusätzlich vier Zähne ausgeschlagen. Was folgt, ist beinahe ebenso wahnwitzig.

Zum einen von Schumacher, der nach außen die pure Gleichgültigkeit ausstrahlt, der Kaugummi kaut, mit dem Ball jongliert, mit den Händen in der Hüfte in die Landschaft blickt. Unzählige Male würde er später erklären, dass er in diesem Moment große Angst hatte, dass mit Battiston etwas richtig Schlimmes passiert war. Oder dass ihm selbst eine Eskalation drohen würde, wenn er zu seinem von Franzosen umringten »Opfer« hinlaufen würde. Er würde offen zugeben, dass er in diesem Moment feige war, weil er es nicht trotzdem versuchte.

Weil diese Gedanken 1982 aber keiner lesen kann, wirkt Schumachers Angst wie gelangweilte Arroganz und befördert die Sympathien für die deutsche Mannschaft bis weit in den negativen

149

Bereich. Das Stadion wird zu einem Tollhaus, das aus voller Kehle gegen den Europameister wütet.

Wahnwitzig zum anderen von Referee Corver, der das Spiel nach mehrminütiger Behandlungspause und der Auswechslung des abtransportierten Battiston nicht mit einem Elfmeter für Frankreich fortsetzt. Auch nicht mit einer Karte für Schumacher, der heute sagt: »Ich hatte nach meiner Landung sofort den Schiedsrichter angeschaut – und der machte nichts.« Corver hatte nicht einmal Foul gepfiffen. Hidalgo winkt ungläubig ab. Es gibt einfach nur Abstoß für Deutschland. Und ein Umdenken in der französischen Herangehensweise.

Jetzt kommt sogar der elegante Trésor mit gestreckten Beinen geflogen, von nun an spielen die Franzosen nicht nur um den Einzug ins WM-Finale. Sondern auch darum, diese unsägliche deutsche Mannschaft ein für alle Mal aus dem Turnier zu werfen. Ein Vorhaben, gegen das jenseits dieser deutschen Mannschaft nur ganz wenige Leute etwas einzuwenden hatten.

Auch jetzt haben die Franzosen keinen weiteren Mittelfeldspieler auf der Bank, den sie für den ramponierten Battiston einwechseln können. Mit Christian Lopez kommt ein weiterer Verteidiger, mit dessen Hereinnahme das französische Wechselkontingent schon aufgebraucht ist. Ist das alles ungerecht. Mienen sagen mehr als Worte.

Chef-Wüterich ist Platini, der gleich nach der Fortsetzung des Spiels einen trotzigen Fernschuss abgibt und kurz darauf einen Elfmeter zu schinden versucht. Jetzt ist Frankreich jedes Mittel recht. Aber diesmal hat Corver alles im Blick. Und auch Schumacher bleibt cool, der einerseits zwar Verursacher, andererseits aber auch Beteiligter einer Extremsituation gewesen war. »Ich habe so getan, als wäre alles wie immer«, sagt er. »Cut. Ausblenden. Oder du musst mich auswechseln.« Daran denkt Derwall sicherlich nicht.

Knapp eine halbe Stunde ist regulär noch auf der Uhr, als sich zornige Franzosen regelrecht in einen Rausch spielen. Was wun-

150

derbar anzuschauen ist, weil sie die Franzosen sind. Jetzt stürmt auch Bossis, der eine gute Schusschance hat.

Vieles passiert in dieser Phase aus der zweiten Reihe, weil Deutschland sich erst einmal zurückzieht und den Druck absorbiert. Und somit verhindert, dass Les Bleus ein Chancenfeuerwerk abfackeln können. »Sie waren klar am Drücker, aber sie waren nicht gefährlich«, erinnert sich Schumacher ganz richtig. Er unterstreicht noch mal, dass eine Mannschaft ein Spiel auch kontrollieren kann, wenn sie gerade nicht am Ball ist.

Auf Deutschlands Defensive ist Verlass. Sie kaschiert allerdings, dass Breitner in dieser Partie nur in Phasen wirklich stattfindet, dass Magath quasi gar keinen Fuß auf den Boden kriegt, dass Fischer völlig teilnahmslos wirkt. Auf die französischen Angreifer Rocheteau und Six trifft das aber ebenfalls zu. Platini ist gefragt. Die überragenden Brasilianer waren auch deshalb ausgeschieden, weil sie keinen starken Mittelstürmer hatten. Und die Franzosen sind eben die Brasilianer Europas.

Deutschland merkt das und zieht sich daran wieder hoch. Briegel hat die Durchschlagskraft, die Frankreich fehlt, und verlangt Ettori mit einem satten Schrägschuss eine Parade ab. Dremmler ebenso. Spezialist Platini kann hingegen selbst eine vielversprechende Freistoßposition nicht nutzen, um den gelegentlichen französischen Einbahnstraßenfußball wenigstens durch einen Standard zu veredeln.

Derwall bringt den Sturmhünen Hrubesch für Magath, was für Reaktionsfußball und lange Bälle sinnvoll erscheint. Oder für ungenierte Körperlichkeit, mit der sich die Deutschen oft nur noch zu helfen wissen. Noch gibt der Spielstand ihnen recht.

Denn Frankreich bestraft das nicht, auch nicht nach einem Konter, weil Six aus glänzender Position links im Strafraum den Ball nicht richtig trifft. Das Tor wäre hochverdient, aber geschossen werden muss es schon. Das wird es nicht. Also versuchen die Deutschen wieder ihr Glück.

Von der 80. Minute an halten sie Angriff für die beste Verteidigung und haben plötzlich selbst das 2:1 auf dem Fuß, als sowohl Fischer als auch Littbarski eine Flanke am Fünfer aussichtsreich verpassen. Wenigstens behindern sie sich nicht dabei – wie Rocheteau und Tigana nach einer Flanke auf der Gegenseite. Die französischen Ballkünstler umgibt auch eine gewisse Tragik.

Sie mühen sich redlich um die Spielkontrolle, die sie in einer wilden Schlussphase nicht mehr wirklich erlangen werden. Wild, das passt zum stürmischen Amoros, der das Zufallsmoment auf die Seite seiner Farben ziehen will, indem er in der ersten Minute der Nachspielzeit aus knapp 30 Metern abdrückt. Schumacher hebt erneut ab, merkt allerdings schnell, dass das diesmal nicht viel bringen würde und »drückt die Arschbacken zusammen«. Nach endlos langen Zehntelsekunden hört er den erlösenden Klang des Aluminiums, weil Amoros' Geschoss nur an die Querlatte klatscht. Durchatmen.

Das müssen auch die Franzosen, weil plötzlich Deutschland fast der späte Siegtreffer gelingt. Breitner hatte den Ball hoch gewonnen und unverzüglich Ettori geprüft. Der kann zwar bloß prallen lassen, schnellt dem Leder aber wie eine Sprungfeder nach. Gerade noch kann er den Ball vor dem heranstürmenden Fischer ins Aus wischen – sonst wäre an dieser Stelle Schluss gewesen.

So pfeift Corver nur vorübergehend ab. Verlängerung. Im deutschen Team freut man sich darüber. »Wir dachten, jetzt sind die Vorteile auf unserer Seite«, berichtet Schumacher. »Weil wir fit waren und großes Augenmerk auf die Kondition gelegt hatten.« Und weil Deutschland – im Vergleich zu den Franzosen – noch einmal einwechseln kann. Den besten Stürmer Europas zum Beispiel.

Derwall hat noch ein wenig Geduld. Seine Mannschaft beginnt die Verlängerung mit Elan, das Spiel macht aber weiterhin Frankreich. Ein herrlicher Spielfluss, so erhaben. Gerade zwei Minuten sind gespielt, als die Franzosen rechts nahe der Grundlinie einen Freistoß zugesprochen bekommen. Giresse führt aus, ihn braucht es in der Mitte mit seiner überschaubaren Körpergröße schließlich nicht. Wobei wohl selbst er, sogar per Kopf, einen Treffer hätte erzielen können, wenn er so blank gewesen wäre wie Trésor, der plötzlich mutterseelenallein am Elfmeterpunkt steht.

Der Innenverteidiger, vermutlich von Hrubesch aus den Augen verloren, bildet sich nichts darauf ein und zieht zur Sicherheit sofort per Volley ab – wie an der Schnur gezogen saust der Ball unhaltbar für Schumacher unter das deutsche Tordach.

Mit aufgerissenen Augen und ausgebreiteten Armen stürmt Trésor davon. Das Pizjuan tobt. Frankreich hatte das Spiel gedreht, und es wäre schwer zu argumentieren gewesen, dass das nicht hochgradig verdient war. Sofort läuft sich Deutschlands Notstürmer Rummenigge warm.

Die Franzosen machen derweil einfach so weiter. Sie sind keine Mannschaft, die sich mal längere Zeit zurückziehen und geduldig abwarten kann. Das ist ganz schön riskant, Littbarski stiehlt Amoros gefährlich nah am französischen Tor den Ball. Aber Ettori kommt sofort heraus – etwas vorsichtiger als Schumacher – und pariert »Littis« überhasteten Abschluss.

Deutschland hat keine Zeit mehr zu verlieren und will sofort zurückschlagen, auch der eine Weile abgemeldete Littbarski. Weil Frankreich spielt, als würde es immer noch 1:1 stehen, gehen überall Räume auf. Das Spiel wogt hin und her. Offener Schlagabtausch – verwunderlich, aber absolut fesselnd. Dann wirft Derwall Rummenigge in die Wogen, 97. Minute.

Manche Anekdoten der Fußballgeschichte sind zu schön, um wohl wirklich wahr zu sein, und zu wertvoll, um sie final zu überprüfen, was teilweise auch gar nicht mehr möglich ist. »Mon dieu, Rümmenisch«, soll auf der Tribüne jedenfalls der französische Staatspräsident François Mitterrand ausgestoßen haben, als er sah, womit es seine Mannschaft in den verbleibenden 23 Minuten noch zu tun bekam. Auch wenn Bayerns Torjäger nicht bei hundertprozentiger Gesundheit war. Von nun an würde er, wie er zumindest selbst einmal einschätzte, die besten 23 Minuten seiner Karriere spielen.

Mit Rummenigge, ihrem Talisman, kommt sofort ein anderer Zug ins Spiel der deutschen Mannschaft, durch die ein richtiger Ruck zu gehen scheint. Die Zweikampfführung wird schärfer, sämtliche Laufwege konsequenter. Rummenigge, auch ein hervorragender Fußballer, fordert den Ball. Er zieht das Spiel seiner Mannschaft erst mal im Mittelfeld auf, verleiht ihm in dieser hektischen Phase eine hilfreiche Struktur. Das Halbfinale droht in deutsche Richtung zu kippen.

Dann kontert Frankreich, über Platini. Das französische Gegenstück zu Rummenigge gibt links raus zu Six, der enorm viel Zeit hat und zurück in die Mitte spielt, wo Giresse angerannt kommt und den Ball exakt auf der Strafraumkante mit dem rechten Außenrist aufs kurze Eck drischt. Schumacher kann nur zusehen, wie die Kugel vom Innenpfosten prallt und in seinem Kasten einschlägt.

Giresse stürmt noch euphorischer davon als zuvor Trésor, schwingt seine Fäuste, feiert das 3:1 in der 99. Minute wie den feststehenden Einzug ins Endspiel. Was so weit von der Realität ja vermeintlich nicht entfernt sein konnte. Und die deutsche Sicht? »Ich habe im Kopf nicht aufgegeben«, versichert Schumacher glaubhaft, weil er schon in diesem Moment ahnt, dass die »Équipe Tricolore« für eine solche Situation nicht unbedingt gemacht ist. Geschweige denn damit vertraut.

Nach ihrem zweiten Treffer in der Verlängerung werden die Franzosen auf einmal nervös, passiv, sie greifen nicht mehr wirklich an, verteidigen aber auch kaum konsequent. »Sie hatten Ballbesitz«, bestätigt Schumacher zwar, »aber sie haben nicht mehr nach vorne gespielt.« Also fast nicht mehr.

So fängt sich Frankreich nur eine Minute nach dem 3:1 eigentlich das 3:2, als nach einer Halbfeldflanke der völlig ungedeckte Fischer platziert einköpft. Doch Corver hatte ihn fälschlicherweise im Abseits gesehen. Glück für die Franzosen. In ihren Gedanken schienen sie diesen Treffer dennoch kassiert zu haben, nach dieser Szene wirken sie psychisch noch angeschlagener als körperlich. Das erste WM-Finale ihrer Landesgeschichte, zum Greifen so nah. Hilfe.

»Uns hat mit Sicherheit eine Portion Erfahrung und Robustheit in den entscheidenden Momenten gefehlt«, sollte Trésor mit 40 Jahren Abstand im *kicker*-Interview einräumen. »Wir waren zu passiv.« Deutschland begreift natürlich, dass hier noch was geht. Die Unterschiede bei den Kraftreserven werden immer deutlicher. Auch die in puncto Überzeugung.

Schumacher hält einen Platini-Freistoß erst im Nachfassen, doch das spielt gar keine Rolle, weil kein Franzose auf einen Abpraller spekuliert hatte und durchgelaufen war. Frankreich ist zwar in der Lage, den Ball hin und wieder zu halten, ein wenig an der Uhr drehen. Doch für solche Spielchen ist noch viel zu viel Zeit übrig.

Die erste Hälfte der Verlängerung neigt sich dem Ende, als Deutschland einen Angriff fährt, in dessen Entstehung Hidalgo bereits zwei Fouls erkennt. Diesmal drückt Corver auf deutscher Seite ein Auge zu. Stielike setzt im Mittelkreis dann fair nach und bringt Rummenigge ins Spiel, der über die linke Seite einen Doppelpass mit Littbarski spielt, den Ball zurück zu Stielike gibt und in Richtung Fünfer stürmt, während Stielike erneut Littbarski einsetzt. Dessen halbhohe Hereingabe verlängert Rummenigge, artistisch in der Drehung und ohne dabei das Tor zu sehen, wie Giresse mit dem Außenrist an den Innenpfosten – und verkürzt auf 2:3. Ein Tor, das er erst eingeleitet und dann selbst geschossen hat. Der Joker sticht. Deutschland ist wieder da.

Seitenwechsel. Auch jetzt ändert Frankreich wenig. Deutschland versucht hohe Anspiele auf Hrubesch, zunächst mehrere Male nicht wirklich konsequent. In der 108. Minute aber schiebt die DFB-Elf geschlossen nach, Bernd Förster spielt auf dem linken Flügel Littbarski frei. Der nutzt seinen Freiraum zur Flanke.

Am zweiten Pfosten steigt Hrubesch zwei Etagen höher als Janvion und legt per Kopf für Fischer ab, der aus fünf Metern Torentfernung jede Menge Zeit und Platz hat, weil sich die Franzosen lieber zu dritt vor ihrer Torlinie aufstellen. Sie decken fast die gesamten 7,32 Meter Torbreite ab – nur den Teil nicht, wo der Ball nach Fischers nicht bestem, aber wichtigstem Fallrückzieher genau neben dem rechten Torpfosten einschlägt. 3:3. »Dieses Spiel hatte alles, so sollte Fußball sein«, schwärmte Littbarski, als sich einige der Protagonisten zum 40. Jahrestag dieses Spektakels im deutschen Fußballmuseum trafen.

Die hässlichen Deutschen, deren Fußball im Vergleich mit dem französischen Spiel wirklich nicht sonderlich ansehnlich war, hatten einen 1:3-Rückstand in der Verlängerung eines WM-Halbfinals ausgerechnet mit zwei wunderschönen Toren wettgemacht. Binnen neun Minuten. Zwölf waren noch übrig. Und nun, Frankreich?

Die Verunsicherung erreicht einen neuen Höhepunkt. Rummenigges Spiellaune auch, die wahnsinnig viel Selbstbewusstsein ausstrahlt. Was Les Bleus noch gelingt, ist hauptsächlich Entlastung. Ihr Sturmduo Rocheteau und Six stellt das ganze Spiel über kaum Gefahr dar. Selbst Platini geht allmählich die Kraft aus.

Stattdessen dreht Littbarski auf, beschert durch seine Dribbeleinlagen auch den Deutschen mal ein paar neutrale Jubelstürme. Fischer jagt einen gefährlichen Fernschuss am französischen Tor vorbei – längst ist der Europameister dem vierten Treffer näher.

In der 118. Minute fällt er fast, weil Trésor einen Steilpass von Rummenigge auf Fischer unterbindet, indem er den Ball zu Ettori zurückspielen will. Doch der ist schon aus seinem Kasten geeilt, kann das Eigentor mit einem Reflex gegen seine Laufrichtung aber gerade noch verhindern. Das wäre für ein solches Spiel ein unrühmliches Ende gewesen.

Nach letzten Chancen von Fischer und Tigana, der sich noch einmal ein Herz gefasst hatte, würde dieses Halbfinale schließlich ein Ende bekommen, das es so bei einer Fußball-Weltmeister-schaft noch nicht gegeben hatte: ein Elfmeterschießen. Die »Nacht von Sevilla« war die Premiere. Neuland.

»Ich war an sich ja ein Elfmeterkiller«, sagt Schumacher zwar.

»Aber ein Elfmeterschießen« – er überlegt kurz, ist sich dann aber relativ sicher – »kannte ich so nicht.«

Diese oft als Lotterie bezeichnete Form der Spielentscheidung hatte das DFB-Team zu diesem Zeitpunkt erst einmal erlebt, im EM-Finale 1976 gegen die Tschechoslowakei. Uli Hoeneß jagte den Ball damals weit über den Querbalken in den Belgrader Nachthimmel, Antonin Panenka vollführte den Panenka, Deutschland verlor seinen ersten Nerven-Krimi vom Punkt.

Damals hatte noch der große Sepp Maier zwischen den Pfosten gestanden, dessen Spezialdisziplin Strafstöße gewiss nicht waren: Keinen der fünf tschechoslowakischen Elfmeter hatte er parieren können. Nun darf sich »Killer« Schumacher versuchen, der sich eine Taktik zurechtgelegt hat: »Ich habe den Oberkörper immer ein bisschen zur Seite gelehnt« – er macht die Bewegung nach –, »um die liebste Ecke des Schützen größer erscheinen zu lassen.«

Die Lieblingsecke weiß er von fast jedem Spieler, weil er jahrelang sorgfältig ein kleines Buch darüber führt. »Meine Datenbank«, wie Schumacher sagt. Dann sich für die bevorzugte Ecke entscheiden – »und immer volle Kanne. Selbst wenn du die falsche Ecke hast«, findet die einstige deutsche Nummer 1, »musst du bis über den Pfosten hinausspringen.« Das vermisst Schumacher bei vielen Torhütern der Gegenwart.

Er darf 1982 anfangen. Erster Schütze ist Giresse, der sich kurioserweise mit dem Rücken zu Schumacher an die Strafraumgrenze stellt. Um den Deutschen »nicht in meinen Kopf zu lassen«, wie der brillante Techniker später zugeben würde. Schumacher entscheidet sich früh für seine linke Ecke und schnellt tatsächlich bis über den Pfosten hinaus. Doch Giresse hatte sich für die andere Seite entschieden. Führung Frankreich.

Kapitän Kaltz tritt als Erster für Deutschland an. Ettori verharrt länger als Schumacher, bewegt sich dann aber fast gar nicht. Ausgleich. Schumachers frühes Spekulieren hilft auch Amoros, der ihn verlädt, ehe Ettori abermals mehr herumhampelt als zu hechten. »Er ist ja gar nicht gesprungen«, wundert sich Schuma-

157

cher mit gerunzelter Stirn. »Er versuchte immer, zum Ball hinzu-laufen.« Was überhaupt nicht klappt. Elfmeterschießen war eben noch keine Routine.

Breitners Schuss unters Tordach hätte Ettori wohl so oder so nicht gehalten. Hoch zu schießen war gegen ihn keine schlechte Idee.

Auch von Rocheteau wird Schumacher verladen, der sich gegen Giresse aus seiner Sicht nach links gehechtet hatte. Inzwi-schen wirft er sich hauptsächlich nach rechts. Das tut, verhältnis-mäßig entschlossen, auch Ettori endlich mal gegen Stielike. Wo-durch er den schwachen Strafstoß des Mannes von Real Madrid problemlos pariert. Stielike trifft der Schlag.

Wie ein Knäuel kauert sich der ehemalige Gladbacher am Boden zusammen, den Kopf im eigenen Schoß vergraben. Ein Bild des Jammerns und des Leidens. Schumacher geht trocken hin, hebt seinen Kameraden auf und zischt: »Mach dich vom Hof, den nächsten halt ich für dich.«

Die TV-Kameras haben sich noch gar nicht vom gebrochenen Stielike lösen können, der inzwischen in Littbarskis Armen schluchzt und ebenso wenig hinschaut wie die machtlosen Fern-sehzuschauer, da hält Schumacher auch schon gegen Six, den er aus der Bundesliga kennt. Die Förster-Brüder, Six' Teamkollegen in Stuttgart, hatten den entscheidenden Tipp gegeben. Wieder rechtes Eck, von Schumacher aus. Auch Six benötigt Trost, doch sein Schlussmann schlurft einfach auf die Linie zurück.

Wenn nun der junge Littbarski trifft, wäre alles wieder ausge-glichen. Mit der wahrscheinlich besten Technik in seiner Mann-schaft malt er den Ball regelrecht oben in den Giebel. Abgebrüht. Für diesen Schuss hätte Flugverweigerer Ettori wohl eine Leiter gebraucht. Jeder noch einen. Jetzt treten die beiden besten Spieler an.

Erst Platini, gegen den sich für Schumacher die zweite Chance bietet, sich eine große Parade gegen diesen besonderen Fußballer über den Kamin zu hängen. Stielike kauert immer noch am

158

Boden, als Platini lässig in Schumachers linkes Eck schießt. Der »Tünn« war schon wieder nach rechts unterwegs gewesen.

Rummenigge ist an der Reihe. Er muss treffen. Fünf Schritte Anlauf – fünf mehr als Ettori –, und noch platzierter rechts unten als zuvor Platini. So schießen Weltklassespieler. Auch das Elfmeterschießen geht in die Verlängerung.

Jetzt müssen die schießen, die gar nicht hatten schießen wollen. Oder sollen. Bossis für Frankreich. Feiner Fußballer, gute Technik. Wie Stielike auch. Ähnlich harmlos schießt er nach halblinks, in Schumachers Lieblingsecke, und wird der Dritte im Bunde der bemitleidenswerten Fehlschützen. Schumacher reckt die Faust. »Ich habe vor jedem Elfmeterschießen gesagt, ich halte zwei.« Seinen Part hat er erfüllt.

BBC-Kommentator Barry Davies kann zwar nicht fassen, dass Corver Schumacher durchgehen lässt, seine Linie bereits vor Bossis' Schuss verlassen zu haben. Daran, was heutzutage längst strenger geahndet wird, hatten sich zuvor aber beide Torhüter kaum gehalten.

Einen unbedrängten Schuss aus elf Metern ist die deutsche Nationalmannschaft noch vom WM-Finale entfernt. Wer übernimmt die Verantwortung? Hrubesch schlendert auf den Ball zu.

Es gehört heute und es gehörte auch damals zu den üblichsten Vorgehensweisen, dass sich ein Elfmeterschütze den Ball noch einmal selbst hinlegt, einfach für das Gefühl. Das will erst auch Hrubesch tun. Doch als er sieht, dass der Ball eigentlich schon ganz gut liegt, läuft er wieder zurück, richtet sich noch eben die Hose und schiebt das Runde dann ganz unspektakulär ins Eckige.

Deutschland hatte es geschafft. Großartig gejubelt wurde aber nicht. »Wir waren kaputt«, erklärt Schumacher, »ich kann mich nicht erinnern, dass wir herumgehüpft sind oder gesungen haben.« Rummenigge und Fischer sitzen nur groggy in einem TV-Studio und murmeln immer wieder »unglaublich« vor sich hin, während in der französischen Kabine, wie Platini einmal preisgab, bittere Tränen fließen. Auch aus Frust über den Schiedsrichter.

Trainer Hidalgo ärgerte sich im *kicker* gemäßigt: »Ich will den deutschen Erfolg nicht in Zweifel stellen. Ich bin allerdings der Ansicht, dass der Schiedsrichter weder die Spieler noch das Spiel verteidigt hat.« Eine elegante Form der Kritik. Französisch.

Gejubelt wurde aber auch nicht, weil sich kaum einer mit dem Sieger freute. »Selbst die deutschen Journalisten haben gesagt: Jetzt ist diese Scheiß-Mannschaft sogar noch im Finale«, erinnert sich Schumacher belustigt. Das Endspiel in Madrid hat dieses Feindbild mit elf Köpfen und 22 Beinen dann wenigstens verloren.

Gegen Italien, das durch das Ausschalten der Brasilianer auch nicht übermäßig beliebt war, das sich im Turnierverlauf aber erheblich gesteigert hatte, prallten alle deutschen Angriffsbemühungen ab. »Wir waren einfach fertig«, begründet Schumacher schulterzuckend in Bezug auf das kräftezehrende Halbfinale.

Fertig war auch immer noch Rummenigge, der zum Missfallen von Stielike und anderen diesmal von Beginn an auf dem Rasen stand, beim 18 Jahre jungen Giuseppe Bergomi aber bestens aufgehoben war und ein schlechtes Finale spielte. Ohne dass sie offensiv überragt hätten – defensiv war das natürlich etwas anderes –, gewannen die Italiener verdient mit 3:1. Und verhinderten damit den wahrscheinlich unbeliebtesten aller Weltmeister.

Zur größten aller Hassfiguren verkam nichtsdestotrotz Schumacher, der durch sein Einsteigen gegen Battiston und den Umgang damit nationenübergreifend geächtet wurde. Was auch deshalb bitter war, weil er zumindest Zweiteres gerne anders gelöst hätte. »Ich war nach diesem Herzinfarkt-Spiel doch überfordert«, reflektiert er heute. »Das ist jetzt kein Vorwurf, aber ich musste das alles allein bewältigen.«

In »Anpfiff« schreibt er: »Bei einer vernünftigen Delegationsleitung, wie unter Egidius Braun 1986 in Mexiko, wäre das niemals passiert.« ›Das‹ war zum Beispiel, dass niemand nach dem Spiel mit Schumacher zu Battiston ins Krankenhaus fuhr. Dass ihm das keiner nahegelegt hatte. Erst nach dem Turnier wurde in

Metz ein Treffen organisiert, das die französische Seite allerdings zu einem PR-Event aufbauschte.

Doch die Hände waren gereicht, die Entschuldigung war angenommen. »Das Wichtigste war, dass Patrick gesagt hat, ich glaube dir«, betont Schumacher gerne.

Ein folgendes Länderspiel in Frankreich wurde für ihn zwar erst zum Spießrutenlauf. Doch nachdem sich das Publikum an Schumacher abgearbeitet hatte, spendete es ihm für seine teils überragenden Paraden bei Deutschlands 0:1-Niederlage Szenenapplaus. Die Zeit heilte schließlich auch diese Wunde.

Für Battiston lief es ein bisschen anders. Er leidet bis heute unter den Folgen der Kollision, hat schon mehrfach bestimmte Zahnpartien erneuern müssen, ist wegen Einschränkungen an Rücken, Hals und beim Sehen seit Jahrzehnten auf Medikamente angewiesen. Über die Szene mit Schumacher will er nicht mehr sprechen.

1984 war Battiston bei der EM im eigenen Land, angeführt von einem überragenden Platini, immerhin Europameister geworden. Nach Trésors Rücktritt hatte er alle fünf Spiele gemacht. Die ganz große Krönung hätte dann bei der WM 1986 folgen sollen, als Frankreich ausgerechnet im Halbfinale wieder auf Deutschland traf. Und mit mehr als 120 ermüdenden Minuten aus dem Viertelfinale gegen Brasilien in den Knochen ziemlich chancenlos 0:2 unterlag.

Weitaus schlimmer in Erinnerung bleibt die Niederlage von 1982 – ein einschneidendes Spiel in der Geschichte des französischen Fußballs. »Jedes Mal, wenn ich darauf angesprochen werde«, meinte Trésor 2022, »kommen die Schmerzen sofort wieder hoch. Es tut einfach weh. Ich werde dieses Spiel bis zum Ende meines Lebens nie vergessen können.« Es war vor allem die Art und Weise. So toll wie die Mannschaft von 1982 spielten die französischen Weltmeister 1998 und 2018 nicht.

Schumacher und Co., 1986 zwar mit einer fähigeren Delegation angereist, mannschaftsintern aber noch zerstrittener als vier

Jahre zuvor, wurden auch in Mexiko nur Vize. Immerhin Vize. Doch bis heute gelten beide respektable WM-Abschneiden der 1980er Jahre in vielen Augen als ungeliebte Stiefkinder der deutschen Nationalmannschaftshistorie. Auch wegen der Art und Weise.

Ganz anders ist der Umgang mit der Mannschaft von 1990, die in Italien im dritten Anlauf schließlich Weltmeister wurde – wenn auch mittlerweile ohne Schumacher zwischen den Pfosten.

Den Stammplatz im Tor hätte er voraussichtlich auch bei diesem Turnier innegehabt, aber da war ja die Sache mit dem Buch. Anpfiff – und Abpfiff. Für die große Karriere. Unmittelbar im Anschluss hatte Schumacher 1987 übrigens vor einem Wechsel nach Frankreich gestanden, er hatte sogar schon Französisch gelernt. Die Verspätung der Gegenseite bei einem entscheidenden Treffen ließ den Deal platzen. Das wär's gewesen.

»Mensch, Toni, hättest du die Klappe gehalten, dann wärst du 1990 mit uns Weltmeister geworden«, unkt Rudi Völler gerne in Bezug auf Schumachers pikante Enthüllungen und deren weitreichende Folgen. Aber so war einer der besten Torhüter, die Deutschland jemals hatte, eben nicht. »Ich dachte, ich kann doch nicht bestraft werden, wenn ich die Wahrheit sage«, wiederholt er angesprochen auf den »Anpfiff«-Aufschrei gebetsmühlenartig.

Doch, konnte er. Weil die Wahrheit oft etwas ist, was die Leute nicht hören wollen. Ihr Problem. So beteuert der Bösewicht von Sevilla, was er bei seiner Entschuldigung auch Battiston erklärte, noch immer ohne mit der Wimper zu zucken: »Ich war überzeugt, dass ich vor Patrick an den Ball komme. Würde der Pass heute noch mal so gespielt werden, wäre ich wieder unterwegs.«

7

KLEINER MANN GANZ GROSS

Schalke gegen Bayern,
DFB-Pokal-Halbfinale 1984

Die angeblich eigenen Gesetze des DFB-Pokals, sie greifen vor allem in den ersten Runden, wenn Außenseiter Favoriten stürzen. Seine absoluten Highlight-Spiele waren jedoch zwei Halbfinals – an aufeinanderfolgenden Tagen.

6:6 n.V.

Schalke 04 – Bayern München

	Junghans	
	Dietz	
Kruse	Jakobs	Schipper
Opitz	Dierßen	Stichler
Abramczik	Thon	Täuber
M. Rummenigge	K.-H. Rummenigge	Mathy
Pflügler	Lerby	Grobe
Dürnberger	Beierlorzer	Nachtweih
	Augenthaler	
	Pfaff	

2. Mai 1984 im Parkstadion, Gelsenkirchen

Tore: 0:1 K.-H. Rummenigge (3.), 0:2 Mathy (12.), 1:2 Kruse (13.),
2:2 Thon (19.), 2:3 M. Rummenigge (20.), 3:3 Thon (61.),
4:3 Stichler (72.), 4:4 M. Rummenigge (79.), 4:5 Hoeneß (111.),
5:5 Dietz (115.), 5:6 Hoeneß (117.), 6:6 Thon (120.+3)

Im Trikot eines Zweitligisten gegen den großen FC Bayern um das Pokalfinale zu spielen, das klingt nach einem Highlight, das möglicherweise nur einmal im Leben auf einen wartet. Blöd nur für Olaf Thon, den Hoffnungsträger des FC Schalke 04, dass ihm einen Tag vorher ein anderes Highlight ins Haus steht, das ganz gewiss nur einmal im Leben auf einen wartet: sein 18. Geburtstag. Was nun?

Auf Schalke kümmert sich ein Mann damals um alles. »Ich musste mit Rudi Assauer absprechen, wie ich feiern durfte«, erinnert sich Thon, und der Manager kommt dem aufstrebenden Jungstar entgegen. Zwei Abende vor dem großen Showdown gegen die Bayern erlaubt Assauer ihm, in seiner Heimat Beckhausen mit »seinen Leuten« reinzufeiern. Jedoch unter einer Bedingung: »Ich komme, passe auf – und zapf' für deine Leute.« Unterm Strich mehr Zuckerbrot als Peitsche.

»Das hat er dann auch getan«, berichtet das Geburtstagskind anerkennend, »bis weit nach Mitternacht.« Der Manager als Zapfmeister für ein paar Halbwüchsige. Am Ende vielleicht doch mehr Kontrolleur. Aber ein Kontrolleur mit goldenem Herzen. »Das Kuriose war«, bemerkt Thon, dieses Detail möchte er nicht auslassen, »dass Rudi dafür seinen eigenen Geburtstag geopfert hat.« Am Abend des 30. April 1984 war Assauer 40 geworden.

An Thons Geburtstagsabend, in den späten Stunden des 1. Mai, begann ein DFB-Pokal-Halbfinale der besonderen Sorte. Das hatte an sich schon vorher festgestanden. Die beiden Partien zwischen Borussia Mönchengladbach und Werder Bremen und zwischen dem FC Schalke 04 und dem FC Bayern München waren die ersten Fußballspiele jenseits von Länderspielen und Pokalfinals, die jemals im deutschen Fernsehen übertragen wurden. Während sich also selbst die Vorschlussrunde noch im Vorjahr fernab der deutschen Wohnzimmer abgespielt hatte, konnten diesmal alle zuschauen. Und wie sie schauten.

Die Geschichte des Halbfinals zwischen Schalke und Bayern lässt sich ohne jenes zwischen Gladbach und Werder nicht erzäh-

165

len, das sich 24 Stunden zuvor im Mönchengladbacher Bökelbergstadion ereignet hatte. Sie gehören zusammen. »Zwei Spiele, die es in sich haben«, fieberte der *kicker* schon freudig auf die Partien hin – wobei man sich von der ersten, in der zwei Bundesligisten aufeinandertrafen, sogar ein bisschen mehr erhoffte. Das tat auch Gladbachs Torwart Uli Sude.

»Die Spiele gegen Bremen waren immer etwas Besonderes«, schwelgt die damalige Nummer 1 in Erinnerungen, »das war meistens torreich, mit offenem Visier.« Wobei Werder-Trainer Otto Rehhagel die Erwartungen seiner Schützlinge diesmal notgedrungen etwas dämpfen musste.

Der SVW trat auswärts ohne den gesperrten Rudi Völler, den verletzten Yasuhiro Okudera und ohne Bruno Pezzey an, den die österreichische Nationalmannschaft für ein wichtiges WM-Qualifikationsspiel eingezogen hatte. Das galt auch für seinen Gladbacher Landsmann Bernd Krauss, doch Borussia ging als Favorit ins Heimspiel.

Die Bremer beginnen es zwar aggressiver, schon bald aber gewinnen die Gladbacher durch ihr überlegenes Kombinationsspiel die Oberhand. Libero Hans-Günter Bruns, Uwe Rahn, Frank Mill, Winfried Schäfer und ganz besonders der 23-jährige Lothar Matthäus, Antreiber und Anführer in einem, lassen die Kugel prächtig laufen.

Die erste große Chance köpft Mill aufs Bremer Tor, Werders Rückhalt Dieter Burdenski pariert spektakulär. Kurz darauf muss er auch gegen Wilfried Hannes ran: Gladbach ist Aggressor. Werder kontert zumindest hin und wieder rasant – auch den weiteren personellen Verfall. Noch in der Anfangsphase kollidiert Rigobert Gruber, einer der besten Vorstopper der Bundesliga, unglücklich mit Norbert Ringels und verletzt sich so schwer am Knie, dass seine Karriere mit 23 Jahren mehr oder weniger beendet ist. Ein tragisches Schicksal.

Wenig spricht für Bremen, weil vor allem Gladbach spielt, doch erst einmal passiert nicht viel. Sicherlich nichts, was diesem

Pokal-Halbfinale später einen eigenen Wikipedia-Eintrag verdienen würde. Auch Ewald Lienen probiert es, die Hausherren haben auf dem Papier das bessere Personal. Werders Defensive hält aber auch ohne Gruber. Oder Pezzey.

Vor allem Rückhalt Burdenski glänzt. Ihm gegenüber zeigt sich auch Sude stark, als Bruns in der 35. Minute eine Flanke von Wolfgang Sidka abfälscht. Gladbachs Keeper reagiert gegen seine Laufrichtung und pariert gerade noch auf der Linie. Sieht ja alles ganz nett aus, aber wo bleiben die Tore?

Es braucht Fehler an diesem Dienstagabend. Den ersten macht Klaus Fichtel. Bremens Routinier, bereits 39 Jahre alt, schlägt nach einem Steilpass von Hannes über den Ball – hinter ihm lauert der dynamische Matthäus und hebt die Kugel an Burdenski vorbei in die Maschen. Das verdiente 1:0. Rundherum Jubel-Konfetti, Bökelberg-Atmosphäre. Fünf Minuten vor der Pause war das.

Gladbach hat nun Rückenwind, wird von diesem allerdings davongeweht. Nach einer Flanke von Uwe Reinders verlieren alle Norbert Meier aus den Augen, der in der 42. Minute den Bremer Ausgleich erzielt. Durch Sudes Beine, die er nicht mehr rechtzeitig zubekommt. In der 44. Minute fällt der Ball nach einer Gladbacher Freistoßflanke Ringels vor die Füße, der ihn humorlos unters Tordach wuchtet. Drei Tore in vier Minuten: Der sogenannte Ketchupflaschen-Effekt, noch bevor diese Bezeichnung Einzug in den deutschen Fußballjargon erhält. Erst kommt lange nichts, dann auf einmal alles.

Norbert Siegmann, ein beinharter Verteidiger, der Lienen drei Jahre zuvor mit seinen Stollen eine lange Schnittwunde am Oberschenkel verpasst hatte, spielt diesmal gegen dessen Nebenmann Mill – und jagt ihn ähnlich über den Rasen. Ansonsten ist es ein relativ faires Spiel, zumindest auf dem Platz. Was in der 64. Minute von außerhalb des Platzes passiert, gerade als die Partie immer offener wird und richtig Fahrt aufnimmt, trägt jedoch auch zur Legendenbildung dieser Halbfinalspiele bei.

Eine Tränengasbombe fliegt von den Rängen aufs Feld. Erst

wirkt alles nur wie harmloser Rauch. Sude steht in unmittelbarer Nähe, läuft hin, hebt sie auf, wirft sie weg. Und hält sich, während das Spiel bereits fortgesetzt wird, plötzlich genauso das Gesicht wie Gladbachs Rahn und Bremens Sidka, die sogar zu Boden gegangen waren. Sude folgt ihnen. Jetzt ist das Spiel unterbrochen.

»Hier droht der Abbruch«, ruft ARD-Kommentator Heribert Faßbender aufgebracht, während sein Kollege Dieter Adler einen Linienrichter interviewt. Andere Zeiten. Und ein TV-Debakel. Die Kameras fangen ein, wie aus dem Bremer Gästeblock ein Verdächtiger abgeführt wird, dem später aber nichts nachgewiesen werden kann. Den Betroffenen bringt das wenig.

»Plötzlich war da dieses extreme stechende Brennen«, führt sich Sude noch einmal zu Gemüte, der das Wurfgeschoss 1984 komplett unterschätzt hatte. Eklige Qualen, mitten im Gesicht. Doch »nach vier, fünf Minuten« geht es plötzlich wieder – und das Spiel für Sude, Rahn, Sidka und die anderen weiter. Ein Finalplatz ist zu vergeben.

Die Bremer Fans, von denen auch einigen die Augen tränen, wollen sich fortan besser präsentierten und peitschen ihre Mannschaft nach vorne. Mit Erfolg. Zumindest wenn Stürmer Frank Neubarth nicht aus acht Metern – völlig freistehend – genau auf Sude geköpft hätte. Eine Minute später rächt sich das, rächt Rahn das – und köpft auf der Gegenseite deutlich platzierter das 3:1, eine Viertelstunde vor Schluss. Der Bökelberg tobt. »Mehr als eine Vorentscheidung«, glaubt auch Faßbender. Wie sehr er sich doch irren sollte.

Bremens erster Angriff nach dem Wiederanstoß läuft über Sidka, der auf den völlig freien Benno Möhlmann flankt. Auch er köpft genauer als Neubarth, Sude ist machtlos. Nur noch 3:2. Weil in dieser Phase plötzlich alles egal zu sein scheint, räumt Siegmann auch Matthäus ab, ehe als nächstes Sidka, weil Borussia defensiv völlig von der Rolle ist, ziemlich ungestört ein Kopfballtor erzielt.

Auf einmal steht es 3:3, keine fünf Minuten nach dem 3:1. Und damit der Wahnsinn nicht ungekrönt bleibt, erzielt Reinders wiederum eine Zeigerumdrehung später mit einem platzierten Flachschuss das 3:4. »Ich konnte wenig halten«, beklagt ein lachender Sude nicht zu Unrecht. Völlig abgedreht. Doch durchschnaufen kann keiner.

Das Gladbacher Publikum brüllt seine Mannschaft, die einen komfortablen Vorsprung vollkommen fahrlässig weggeworfen hatte, umgehend wieder nach vorne, und auch Werder mauert nicht. So entstehen Klassiker. Matthäus kommt tief und treibt den Ball, in diesen Momenten wirkt der Nationalspieler eine Klasse besser als alle anderen auf dem Platz.

Borussia-Trainer Jupp Heynckes hat inzwischen Hans-Jörg Criens eingewechselt, einen langen Stürmer, der sich besonders gut als Einwechselspieler machte. Der in der 88. Minute eine erste Kopfballchance hat. Rehhagel gestikuliert derweil so wild, dass Sude »an seinem Verhalten immer den Spielstand ablesen kann« – bei dem man in dieser Schlussphase ja durchaus mal den Überblick verlieren konnte.

Zu Beginn einer mehrminütigen Nachspielzeit – wegen der Tränengas-Unterbrechung – mauert Werder dann doch. Und bangt. Gladbach hat in dieser Zeit immer mal wieder Spiele spät noch umgebogen. Eigentlich sieht alles gut aus. Bis der vorgeeilte Hannes in der 94. Minute eine Halbfeldflanke von Matthäus ins halb verwaiste Tor grätscht, wobei er definitiv nicht aus dem Abseits gekommen war. Was Schiedsrichter Franz-Josef Hontheim aber trotzdem so entscheidet.

Fluchend sprintet Hannes wieder zurück und macht seinem Schlussmann Sude klar, dass sie soeben beschissen worden waren. Sie nehmen es hin, weil sie sowieso nichts dagegen tun können. Aber ein bisschen Zeit bleibt noch.

Plötzlich steht der schussgewaltige Matthäus frei vor Burdenski – und schießt ihn an. Kollektives Aufseufzen. Es gibt noch einmal Ecke. Einmal noch Daumen drücken. 95. Minute. Ringels verlängert den Ball in den Fünfer, wo der lange Criens die schnellste Reaktion zeigt, umjubelt einnickt und durch sein 4:4 die Verlängerung erzwingt. Weshalb die ARD sogar »die heilige Kuh Tagesschau« nach hinten verschieben muss, wie später die *Welt* schreiben würde: »Jetzt regierte König Fußball.«

Es ist das Spiel, in dem Criens auch für die Allgemeinheit zum »Joker« wird; zum Einwechselspieler, der erfolgreich ist; zum Inbegriff dieser inzwischen längst allgemein gebrauchten Bezeichnung. Kommentator Faßbender sei Dank. Die Wahrheit ist allerdings, dass der »Joker« nicht erst in diesen Momenten durch Criens geboren wird. Erst in der Vorberichterstattung dieser Partie hatte Faßbender bereits Neubarth als »sogenannten Joker« bezeichnet.

Criens und Neubarth stehen beide auf dem Rasen, als das erste Halbfinale am Abend von Olaf Thons 18. Geburtstag in die Verlängerung geht. Die Überholspuren sind außen, angegriffen wird über die Flügel.

Weil sich Werder so verausgabt hat, übernimmt Borussia wieder das Kommando. Keiner eignet sich dafür besser als Matthäus, der schon nach vier Minuten von Siegmann elfmeterreif zu Fall gebracht wird. Diesen Strafstoß hätte es auch 1984 schon geben müssen. Es gibt ihn nicht.

Matthäus ist der Einzige, dem man die Erschöpfung kaum ansieht. Vielleicht neben Criens, weil man ihn quasi gar nicht sieht. Der Angreifer ist kaum im Spiel, dabei war er mit dem Ball an seinem starken linken Fuß eigentlich immer gefährlich.

»Der hatte alles«, schwärmt Sude von seinem damals 23 Jahre alten Mitspieler, »er war groß, technisch stark, schnell.« Sude erwähnt auch die Unbekümmertheit, die Criens vor dem Tor hilft, die ihm für eine große Karriere aber im Weg steht. »Er hat das alles ein bisschen lockerer gesehen«, liefert der Schlussmann die Begründung, dass Criens es lange Zeit eben nur zum prominenten Einwechselspieler gebracht hat: »Wenn der den entsprechenden Ehrgeiz gehabt hätte, wäre das ein überragender Nationalspieler geworden.«

170

Das wird Criens nicht, doch am 1. Mai 1984 schreibt er deutsche Fußballgeschichte. Die Verlängerung steht der regulären Spielzeit in wenig nach, es geht hin und her, die Ausrichtungen sind offensiv. Es gibt Chancen, nur noch keine Tore. Burdenski rettet nach einer Kopfballstafette stark gegen Mill – Gladbach bleibt näher dran. Ein letztes Mal Seitenwechsel.

Sofort wieder die Borussia. Den ersten Angriff kann Burdenski erneut entschärfen, Criens hatte für Matthäus aufgelegt. Den zweiten Angriff fährt »die Axt«, Uli Borowka. Die Halbfeldflanke des Verteidigers ist für Criens gedacht. Knapp 1,90 Meter lang, aber keine unbewegliche Latte. Mit dem ausgestreckten Bein, dem Kopf und der nötigen Portion Glück kontrolliert Criens den Ball in einer fließenden Bewegung, an deren Ende eine satte Direktabnahme hinter dem überrascht dreinblickenden Burdenski einschlägt. Ein ganz feiner Treffer.

Der Torjubel ist vollkommen ekstatisch, ein Strampeln, Kniehebelauf mit weit aufgerissenem Mund. Der größte Moment in der Karriere des Hans-Jörg Criens, der Joker als gefeierter Matchwinner.

Werder wehrt sich nach dieser 107. Minute nur noch bedingt, wird nicht mehr zwingend genug, während sich Borussia geduldig aufs Kontern verlegt. Nur Criens scheint inzwischen regelrecht zu schweben, nach seiner Flanke jagt Michael Frontzeck den Ball an den Pfosten. Das erste Halbfinale, neun Tore schwer, beginnt auszutrudeln – bis es noch mal abrupt unterbrochen wird.

Nach einem hohen Ball, den natürlich alle Beteiligten haben wollen, rauschen Rahn, Neubarth und Sude mit voller Wucht zusammen. Letzterer schnellt noch mal auf, vielleicht unterbewusst, um den drohenden Ausgleich zu verhindern. Dann liegt auch er, wie die anderen beiden.

Rahn hat einen offenen Nasenbeinbruch erlitten, das Blut strömt ihm nur so über Gesicht und Trikot. Währenddessen läuft noch der direkte Gegenstoß, Mill verpasst allein vor Burdenski die Entscheidung. Wäre vielleicht gut gewesen, den zu machen.

Es ist die 117. Minute, Gladbach hat seine Wechseloptionen bereits ausgeschöpft. Wenn es bei Sude nicht weitergehen würde, müsste für die Schlussphase der Verlängerung ein Feldspieler ins Tor. Das würde Werder noch mal einladen.

»In diesem Moment war ich kurzzeitig k. o.«, gesteht Sude mit ernster Stimme, »danach wusste ich gar nicht mehr, wo ich bin. Alles wankte.« Er spielt trotzdem weiter, weil er wohl muss. Werder hilft ihm dabei: »Die Bremer waren medizinisch damals weiter als wir, die haben mich schnell getackert.« Feine Geste. Platzwunde zu, weitermachen.

Wieder hatte es vier Minuten Unterbrechung gegeben, die natürlich nachgespielt werden müssen. Sude steht. Irgendwie. Wankend boxt er halb blind eine Flanke aus dem Strafraum, er erinnert sich daran, einfach nur nach einem dunklen Fleck geschlagen zu haben – und pariert tatsächlich noch, ein paar Meter vor seinem Tor stehend, den gefährlichen Nachschuss von Reinders. Damit hält er den Sieg fest. 5:4 nach Verlängerung. Das TV-Publikum war auf seine Kosten gekommen.

Gladbach also, auch Thon kennt nun den möglichen Finalgegner. Und geht wahrscheinlich zeitiger ins Bett als am Vorabend, ganz ohne Aufpasser Assauer. Sudes Nacht hingegen hat gerade erst begonnen.

Im apathischen Siegestaumel spricht der Schlussmann Borussias Mannschaftsarzt Alfred Gerhards an. »Mir war schlecht, ich hatte gebrochen. Doch nach dem Spiel drehte sich alles um Uwe Rahn«, erinnert er sich. Weil Rahns Nasenbeinbruch nach außen ersichtlicher ist. Sudes Gehirnerschütterung nur bedingt. »Uli, die Wunde ist doch getackert. Leg dich in die Sauna«, bekommt er zu hören. Denn einen Ruheraum oder Ähnliches hat Gladbach damals nicht.

Um drei Uhr nachts schreckt Sude hoch. »Ich bin eiskalt, ich friere, ich habe eine Gänsehaut.« Man hatte den Torhüter vergessen, aber das begreift er in diesem Moment noch nicht. »Alles um mich herum war dunkel, ich habe Holz gespürt, ich dachte:

Bist du im Sarg?« Momente der Angst. Heute nimmt er sie ganz locker. »Dann habe ich Gott sei Dank meinen Kopf gedreht und ein Schild gesehen, auf dem ›Notausgang‹ stand. Dann wusste ich wieder, wo ich bin. Doch die Tür war abgeschlossen.«

Sude blickt durch ein Fenster und sieht, dass gegenüber im Klubhaus noch Licht brennt. Er findet ein Telefon und ruft drüben an. Doc Gerhards befreit den bemitleidenswerten Sude und näht dessen Wunde »mit der Zigarette im Mundwinkel« zu. Womöglich nicht ganz unalkoholisiert.

»Die Narbe sieht man heute noch«, lacht der Torwart lauthals, der sich dann doch noch an einem Sieg berauschen kann, der die Schalker, die Bayern und das zweite Halbfinale am Folgetag ganz schön unter Zugzwang bringt. Ein Sieg, den Sude für den »absoluten Superlativ« hält. Dann geht am 2. Mai 1984 die Sonne auf. Ortswechsel.

Der FC Schalke 04 hatte seinen ersten Halbfinal-Einzug seit dem Pokalsieg 1972 tatsächlich als Zweitligist bewerkstelligt. Aber als Zweitligist, der im Begriff war, wieder in die Bundesliga aufzusteigen – bis dieses Halbfinale anstand. Das große Highlight gegen die Bayern, gegen den damaligen Bundesliga-Zweiten, warf seine Schatten voraus.

Der Zweitliga-Zweite verlor im Unterhaus an Boden, der Fokus auf das Pokalspiel schlug sich in einer »spielerischen Krise« nieder, wie der *kicker* zu berichten wusste. »Wir waren im Kopf schon beim Halbfinale«, bestätigt Thon und liefert damit den letzten Beweis. Dann jetzt aber auch performen, wenn man Kräfte und Konzentration schon so gebündelt hatte.

Gesagt, getan. Bei diesigem Wetter und nasskalter Luft startet Schalke energischer ins Traditionsduell. Linksaußen Klaus Täuber beginnt besonders forsch, erzwingt hohe Ballgewinne und wirbelt seinen Flügel entlang. Das Gelsenkirchener Parkstadion lässt sich nur zu gerne mitreißen. Knapp drei Minuten lang.

Die erste Bayern-Chance nach einem Freistoß, direkt gespielt über Rummenigge und Rummenigge, ist gleich ein Tor. Talent

Michael bedient den großen Bruder Karl-Heinz, 0:1. Das ging viel zu schnell für Königsblau. Alles wie erwartet, könnte man meinen. Doch Schalke lässt sich im Kräftemessen zweier 4-3-3-Grundordnungen – mit Libero – nicht verunsichern.

Abgesehen von der frühen Bayern-Führung, die auf der Anzeigetafel natürlich nicht zu übersehen ist, deutet sich hier kein Klassenunterschied an. Die Bayern agieren verhalten, verwalten erst einmal, während S04 vor allem über Täuber Direktfußball spielt, deutlich geradliniger daherkommt. Es sei denn, die Münchener Gäste verlieren sich in einem Rausch der technischen Überlegenheit.

Nach einem feinen Doppelpass mit Michael Rummenigge stellt Roland Mathy schon in der 12. Minute auf 2:0. Und manch einer in Schalkes Betonschüssel wird daran gezweifelt haben, ob es hier auch so einen unterhaltsamen Schlagabtausch geben würde wie ihn am Vorabend Gladbach und Bremen geboten hatten.

Trainer Diethelm Ferner hatte die Knappen eigentlich »eher defensiv« eingestellt, verrät Thon, der sich mit seinen Mitspielern aber nur bedingt an diese Vorgabe hält. »Durch das frühe 0:2«, so der damalige Jungspund, »war eine Taktik dann schnell hinfällig.«

Erzwungene Zufälle zahlen sich gleich aus. Nur eine Minute nach seiner zweiten Torvorlage verliert Michael Rummenigge bei einer Schalker Freistoßflanke Rechtsverteidiger Thomas Kruse aus den Augen, der per Aufsetzer mit dem schwächeren linken Fuß eiskalt auf 1:2 stellt. Kein Jubel, sondern zurücktraben. Aber jetzt steht auch Schalke mit einem Torschützen auf der Anzeigetafel, keine Viertelstunde ist gespielt.

Königsblau ist komplett da, betreibt gelegentlich intensives Forechecking, kommt immer wieder über die Flügel Täuber und Volker Abramczik, Bruder von Rüdiger. Einsetzen soll die beiden Thon: »Wir haben mit zwei Außenstürmern gespielt – und ich etwas dahinter. Hängend, Nummer zehn.« Oder gewissermaßen »falsche Neun«. Gegenspieler Bertram Beierlorzer wird von Schalkes nominellem Mittelstürmer mal hierhin und mal dorthin mitgezogen, in der 19. Minute ist aber Libero Klaus Augenthaler fällig.

Einen langen Ball köpft der Routinier beim Klärungsversuch ausgerechnet Thon vor die Füße, der ihn schon mit dem ersten Kontakt elegant an Augenthaler vorbeilegt. Um mit dem zweiten Kontakt einen 15-Meter-Flachschuss, der für einen Aufschrei im weiten Rund sorgt, genau im kurzen Eck zu versenken. Eine wunderbar fließende Bewegung: erst der linke, dann der rechte Fuß. Thon springt in die Höhe, reckt die Faust. Nur noch 2:2.

Hin, her, hin, her: Bayern-Trainer Udo Lattek und Manager Uli Hoeneß schauen auf der Münchener Bank überhaupt nicht erfreut. Bis es wiederum nur eine Zeigerumdrehung später 3:2 für Bayern steht, weil sich Schalke zu sehr den Freuden des Offensivspiels hingegeben hatte. Michael Rummenigge, damals aufstrebender Jungstar, vollendet fein per Außenrist diesmal selbst. Das Parkstadion, emotional längst angezündet, stöhnt auf. Ein Wechselbad der Gefühle im Zeitraffer. Das geht ja doch los wie tags zuvor in Mönchengladbach, wo es zu diesem Zeitpunkt noch 0:0 gestanden hatte.

Münchens Gestalter Sören Lerby ist noch nicht sonderlich gut im Spiel. Der Däne mit den knöcheltief heruntergelassenen Stutzen gibt hauptsächlich stramme, aber unplatzierte Fernschüsse ab. Kein Problem für Schalke-Keeper Walter Junghans, der zwei Jahre zuvor noch für die Bayern gespielt hatte.

Aber auch ohne Lerby wirken die Gäste in ihren Vorträgen jetzt etwas agiler, zielstrebiger, gefährlicher. Was daher rührt, dass sie sich, wieder in Führung liegend, bereitwillig auf das Umschaltspiel konzentrieren. Aktiver ist tatsächlich S04, das natürlich muss, das aber auch noch jede Menge Zeit hat. Doch das lässt sich der Zweitligist nicht anmerken, der unverdrossen, während es stark zu regnen beginnt, auf das 3:3 spielt. Warum auch nicht. Der Pokal hat schließlich seine eigenen Gesetze.

»Für Konter hatten sie mit Karl-Heinz Rummenigge und Co. aber auch gute Spieler«, begründet Thon den vielleicht etwas ver-

175

wunderlichen Anblick, dass Schalke in diesem Halbfinale mehr Ballbesitz hat. »Durch die frühen Rückstände waren wir gezwungen, aktiv zu werden«, erklärt er die weiterhin vergebliche Suche nach einem Klassenunterschied. Was keine Herausforderung für eine Mannschaft ist, »die über den Kampf kommt« – wobei Schalke um Gestalter Bernd Dierßen auch einen ansehnlichen Ball spielen konnte.

Ein vielseitiger, guter Zweitligist, durch den Rückstand zur Aktivität getrieben: »So ist es am einfachsten zu erklären« für Thon, »dass uns die Bayern nicht beherrschen konnten.« Was sie tatsächlich überhaupt nicht tun.

Wenn Schalke gefährlich wird, dann weiterhin durch den unermüdlichen Täuber, der enorme Wucht mit einer nicht zu unterschätzenden Technik paart. »Er hatte eine gute Wettkampftechnik und besondere Fähigkeiten auf seiner Position, aber immer mit einem Zweck dahinter«, lobt Thon den 2023 verstorbenen Angreifer. Daher wirkt Täuber am Ende doch nicht ganz so elegant wie ein Michael Rummenigge, der nach einer halben Stunde mit einem sehenswerten Seitfallzieherversuch scheitert.

Täuber und Thon harmonieren derweil prächtig, was nicht nur daran liegt, dass sie fußballerisch zueinanderpassen. »Wenn mich kleinen Kerl einer gefoult hat«, lacht Thon, »hat Klaus mich aufgehoben und gefragt: Wer war's? Und dann hat es gekracht.« Bundesweit gefürchtet wird Täuber, genannt »Boxer«, einmal zum härtesten Spieler der Liga gewählt – so einen sieht man beim Malocherklub Schalke gerne.

»Er war im Sturm der Motor, der mit seinen Zweikämpfen immer wieder Situationen erzeugt hat, selbst wenn er selbst kein eigenes Tor geschossen hat«, würdigt Thon den Mann, den Bayerns Rechtsverteidiger Norbert Nachtweih einfach nicht in den Griff bekommt. Mit Täuber geht ständig was.

Toptalent Thon sorgt derweil für die technischen Akzente, in der 38. Minute schießt er einen Ball aus der zweiten Reihe ansatzlos nur knapp vorbei. Lerby flirtet indes mehr mit Gelb-Rot, als

176

wirklich Einfluss zu nehmen auf ein Spiel, dem dieser Einfluss aus Bayern-Sicht guttun würde.

Die Führung der Münchener wird spätestens drei Minuten vor dem Pausenpfiff schmeichelhaft, als Täuber dem eigenen Treffer enorm nahekommt und aus spitzem Winkel die Querlatte trifft. Die Angreifer des FCB bleiben solche Szenen inzwischen schuldig. »Ich glaube nicht, dass hier das letzte Wort bereits gesprochen ist«, begleitet ZDF-Kommentator Eberhard Figgemeier die beiden Mannschaften nach fünf Toren in 45 Minuten vom Platz.

Als sie ihn wieder betreten, kommt auch die Augenhöhe mit zurück auf den Rasen. Eigentlich verändert sich nur Thon, der ein wenig unschlüssig vor Bayern-Torwart Jean-Marie Pfaff scheitert und ansonsten nun immer mehr die Mittelstürmerposition hält – und wie ein solcher auftritt.

Im ersten Durchgang war er in der Rolle der hängenden Spitze noch regelmäßig tief gekommen, hatte rege am Kombinationsspiel teilgenommen. Das wird nach dem Seitenwechsel deutlich weniger. Ein taktischer Kniff? Höchstens einer von Thon selbst.

»Das ist einfach zu erklären«, erklärt er. »Wenn man Lionel Messi spielen sieht, geht der auch manchmal einfach spazieren, weil er sich für den besonderen Fall ausruht, um dann zu explodieren«, wählt Thon unerschrocken den ganz großen Vergleich. Anders gesagt: »Ich bin in der ersten Hälfte so viel gelaufen, dass ich dann erst mal vorne stehen geblieben bin. Meine Mitspieler sind für mich mitgelaufen.«

Der Plan geht auf. Thon kann sich ausruhen, während Schalke beweist, dass es mindestens an diesem Abend weit mehr ist als sein hochbegabter Hoffnungsträger. Sobald Lerby auffälliger wird, hält Täuber dagegen. Peter Stichler gefällt im Schalker Mittelfeld durch Einsatz und Wege mit nach vorne. Einmal wirft er dabei zu viel in die Waagschale, als er auf einen zu kurzen Rückpass spekuliert und ungestüm in Pfaff hineinrauscht.

Die Schalker investieren weiterhin mehr, angetrieben von den Rängen. »Zieht den Bayern die Lederhosen aus«, skandieren die königsblauen Anhänger in einer Ära noch vor den ganz kreativen Fangesängen. Mit Ausnahme von diesem. Ob die Zuversicht von außen die Spieler stärker macht oder die Stärke der Spieler die Fans zuversichtlicher – wahrscheinlich ist es ein bisschen was von beidem.

Die Bayern können sich an dieser oftmals als Motivation genutzten Antipathie nicht wirklich hochziehen. Doch wer braucht schon kollektive Durchschlagskraft, wenn einer schießen kann wie Norbert Nachtweih? In der 55. Minute knallt der Techniker aus der zweiten Reihe ein Pfund an den Schalker Pfosten, das im weiten Rund wahrscheinlich keiner hatte kommen sehen.

Lebenszeichen, Momentaufnahme. Mehr nicht. Kurz darauf fällt Mathy den dribbelnden Täuber und wird verwarnt. Ein mögliches Endspiel würde der junge Bayern-Stürmer verpassen.

Eine Viertelstunde lang hatte sich Thon nun ausruhen können im Duell seiner Träume. »Es gab in meiner Kindheit genau zwei Vereine, für die ich schwärmte: Schalke 04 und Bayern München«, erzählte er dem *Tagesspiegel* mal über das Spiel, in dem ihm im Regen trotz feinster Technik auch mal ein Ball verspringt. Nervös? Wahrscheinlich muss das in einer Ruhephase einfach so sein. Was ja auch völlig in Ordnung ist, wenn dann irgendwann die angekündigte Explosion folgt.

Schalkes Linksverteidiger Matthias Schipper, eingesetzt von Täuber, kommt in der 61. Minute über links zum Flanken, woraufhin sich im Fünfer kein Münchener für einen 1,70 Meter kleinen Teenager zuständig fühlt, der sich wie mit Sprungfedern unter den Schuhen in die Höhe schraubt. Weil Lerby lediglich passiver Betrachter bleibt, hat Pfaff nicht den Hauch einer Abwehrchance gegen den satten Kopfball von Thon, der mit seinem zweiten Treffer des Abends das hochverdiente 3:3 erzielt. Und der erwähnt haben möchte, dass dieses Tor angesichts seiner Sprung- und Kopfballstärke keine Besonderheit war.

In dieser Szene war auch Beierlorzer ziemlich abwesend gewesen, der eine Minute später zumindest stark gegen Täuber blockt und damit den kompletten Turnaround verhindert. Der liegt ohne Zweifel in der Luft.

Kommentator Figgemeier stellt mittlerweile »eine deutliche Überlegenheit der Zweitliga-Mannschaft« fest, die Galligkeit und Spielstärke weiterhin so kombiniert, dass die Bayern große Probleme haben, vernünftig zu ihrem Spiel zu finden. Noch immer. Was auf dem durchnässten Rasen im Parkstadion gespielt wird, bestimmt fast durchgehend S04.

Die individuelle Qualität schlägt natürlich klar pro Bayern aus. Das kann auch reichen, wenn sich Karl-Heinz Rummenigge, der die Münchener im Sommer für elf Millionen Mark gen Inter Mailand verlassen würde, um ihre Schulden zu tilgen, aus aussichtsreicher Abschlussposition nicht für eine krumme Schussflanke entschieden hätte. Auch beim Favoriten denken sie jetzt nach. 70 Minuten rum.

Die Bayern bieten kein wirkliches Flügelspiel an, auch das verleiht Schalke mit Abramczik und Täuber eine gewisse Angriffshoheit. Was die Spielanteile angeht, ist S04 die bessere Mannschaft. Doch längst hat auch das zweite Pokal-Halbfinale einen Zustand erreicht, der alles denkbar erscheinen lässt. Bloß nicht den nächsten Fehler machen. Auch in Gelsenkirchen gehen zahlreichen Toren individuelle Aussetzer voraus.

In der 72. Minute kommt nach einer Halbfeldflanke, was München selten wirklich körperlich verteidigt, der starke Stichler zu frei zum Kopfball, den er zu genau für Pfaff ins linke Toreck setzt. Der Belgier streckt sich, so gut es geht. Doch er streckt sich vergeblich.

Auf einmal führt Schalke, sicherlich nicht unverdient. Täuber sinkt auf die Knie, reckt die Fäuste gen Himmel, schlägt sie auf den Boden. Der »Boxer«, mal wieder Sinnbild. Das Parkstadion schreit auf. Aber 4:3 hatten am Vorabend auch die Bremer geführt. Abwarten.

Wenn Schalke zum ersten Mal führt, bedeutet das im Umkehrschluss auch, dass Bayern zum ersten Mal hinten liegt. Die Gäste zeigen eine Reaktion. Zunächst mit einigen langen Bällen, kurz darauf auch mit dem entsprechenden Zielspieler dafür: Sturmhüne Dieter Hoeneß wird eingewechselt.

Schalke bleibt trotzdem aktiv, für den Geschmack von Trainer Ferner vielleicht zu aktiv, sodass er einen Co-Trainer hinter das Tor von Keeper Junghans schickt, um taktische Anpassungen weiterzugeben. In Stadien mit Tartanbahn ist das damals möglich.

Das leichte Aufbäumen der Bayern macht einen Unterschied. Auch wenn es wieder eine mangelhafte Zuordnung ist, die Michael Rummenigge Lerbys Halbfeldflanke in der 79. Minute ungestört einköpfen lässt. Kruse war unkoordiniert am Ball vorbeigesprungen. Ärgerlich aus Schalke-Sicht. Das mit der Euphorie also noch mal auf Stand-by.

Hier ist noch lange nichts entschieden, das spüren auch die Spieler. »Ich dachte eigentlich immer: Jetzt haben wir verloren, jetzt haben wir gewonnen«, lacht Thon. »Ich hatte immer das Gefühl, dass wir noch ein Tor schießen können. Aber wenn wir führten, hat man auch gemerkt, dass Bayern immer noch mal zulegen kann.« Und Bayern legt zu.

Zehn Minuten vor Schluss führt niemand, aber der FCB spielt mal so, wie es die meisten von ihm erwartet hatten. Doch den Gästen steht der Eigensinn im Weg. Karl-Heinz Rummenigge regt sich fürchterlich darüber auf, dass sein Bruder Michael eine aussichtsreiche Konterchance auf eigene Faust zu Ende bringt. Nicht sonderlich gut natürlich.

Jetzt geht es von Strafraum zu Strafraum. Das Mittelfeld scheint nur noch dafür da zu sein, um möglichst schnell überbrückt zu werden. Dieses Wilde im Spiel kommt seltsamerweise mehr den Bayern entgegen, die Druck aufbauen, für die »Joker« Hoeneß aber eine vielversprechende Schusschance vertändelt. Aber wäre das in der 83. Minute wirklich schon die Entscheidung gewesen?

Schalke passt sich der offensiveren Münchener Herangehensweise nicht an, besteht auf seine eigene, geht damit natürlich ein gewisses Risiko ein. Bayern wirkt dem nächsten Treffer jetzt näher als S04, eigentlich zum ersten Mal in diesem Spiel. Ein defensiver Patzer zu viel kann inzwischen schon das Ende sein. Doch Spitz auf Knopf liegt den Hausherren, Deutschlands Europameister-Kapitän Bernard Dietz hält mit einer überragenden Grätsche Hoeneß auf. Der ansonsten wohl auf und davon gewesen wäre.

So rettet sich Schalke nach 90 mindestens ebenbürtigen Minuten, die wie zwischen Gladbach und Bremen 4:4 enden, in die Verlängerung – in der den Knappen noch 30 Minuten bleiben, um den Finaleinzug auf eigenem Platz klarzumachen. Denn ein Elfmeterschießen war im DFB-Pokal 1984 erst im Finale vorgesehen. Nach einem Gleichstand auch nach der Verlängerung würde es ein Wiederholungsspiel geben, das dann im Münchener Olympiastadion stattfinden würde. Wo die Chancen auf einen Schalker Achtungserfolg deutlich geringer ausfielen.

Die Verlängerung ist gerade erst angepfiffen, da gibt es beinahe den nächsten Blitzstart der Bayern. Über links bricht Pflügler durch, was ihm bis dato kaum gelungen war, und findet in der Mitte Mathy, der sich ob seiner Sperre noch mal richtig verausgaben kann. Doch er nutzt die Großchance nicht.

Auch die Schalker fahren sich mit den Händen durch die Haare, als nur zwei Minuten später Verteidiger Jakobs vorne durchkommt, im Eins-gegen-Eins jedoch – da fehlt ihm die Kaltschnäuzigkeit eines Stürmers – an Pfaff scheitert. Und alle Mann wieder zurück. Der Pokalmittwoch steht dem wahnsinnigen Pokaldienstag allmählich in nichts mehr nach.

Lerby, der kein großes Spiel macht, streut unermüdlich seine Fernschüsse ein, die weiterhin zu ungefährlich bleiben. Die Schalker rennen und rennen. Sprintmaloche. Das rassigste Duell liefern sich Täuber und Nachtweih, aber alles bleibt im Rahmen des Sportlichen.

Die Geradlinigkeit der Gelsenkirchener können die Münchener durch den langen Hoeneß inzwischen erwidern, der ihrem Spiel mit den präzisen langen Bällen in die Spitze einen Sinn verleiht. »Er war ein richtiger Mittelstürmer, dafür war er da«, schil-

181

dert Thon. »Seine Größe und Kopfballstärke, so etwas braucht man. Dann reichen auch die technischen Fähigkeiten eines Dieter Hoeneß aus« – die so schlecht gar nicht waren.

Nachdem über weite Strecken des Spiels Schalke den mitunter sogar deutlich besseren Eindruck gemacht hatte, ist das zweite Halbfinale in der Verlängerung ein Schlagabtausch auf Augenhöhe – mit etwas schärferen Bayern. In der 100. Minute scheitert aber selbst der große Karl-Heinz Rummenigge, Ballon-d'Or-Gewinner der Jahre 1980 und 1981, der beim jüngeren Jakobs, Bruder von HSV-Verteidiger Ditmar, gut aufgehoben ist. Seine besten Jahre hat Rummenigge schon hinter sich.

Auffälligster Angreifer wird mit fortlaufender Spieldauer Schalkes Joker Hubert Clute-Simon, der immer wieder dynamisch in die Spitze sticht und kurz vor Ablauf der ersten 15 Extraminuten knapp am kurzen Eck vorbeischießt. Schalke oder Bayern – beide scheinen in der Lage zu sein, der Gladbacher Borussia ins Pokalfinale zu folgen. Die Ungewissheit dieses Spiels lässt sich auch in der entnervten Miene des Karl-Heinz Rummenigge erkennen. Und noch mal Seitentausch.

Früh in der zweiten Verlängerungshälfte hatte Gladbachs Criens das neunte Tor des Spiels geschossen, das 5:4. Auf Schalke verstreichen diese Minuten ohne Treffer. Dem FCB gelingt es weiterhin nicht, seinen unterklassigen Gegner zu dominieren, der sich durch Typen wie Täuber zu keiner Zeit unterkriegen lässt. Nun dribbelt auch Einwechselspieler Klaus Berge groß auf. Kopfballchance für Clute-Simon. Schlägt das Pendel in Richtung Schalke aus?

Es erscheint so. Bis S04-Keeper Junghans seinen alten Kollegen einen letzten, höchst unglücklichen Gefallen tut. Nach einem harmlosen Hoeneß-Kopfball in der 111. Minute lässt der Keeper die Kugel aus seinen Händen gleiten – Hoeneß setzt nach, steht plötzlich allein vor dem leeren Tor und macht, eher stochert, das 5:4.

Die Hände auf den Knien, Kopf und Blick gesenkt nach unten:

Junghans konnte einem leidtun. Sogar Kommentator Figgemeier hadert. Gewisse öffentliche Sympathien sind den Schalkern längst gewiss.

Auch für Junghans, der sich zuvor nichts hatte zuschulden kommen lassen, erzwingt Königsblau nur Sekunden nach Wiederanstoß die nächste Clute-Simon-Chance. Dieses Ding wollen Thon und Co. für ihren Schlussmann ausbügeln. Noch ist Zeit. Ein paar Minuten lang passiert trotzdem wenig, Schalke findet nicht den richtigen Ansatz – bis auch die Bayern ihrem Kontrahenten Hilfestellung leisten.

Nach einer Ecke in der 115. Minute steht im Rückraum auf einmal Dietz völlig frei – zur Sicherheit jagt er den Ball per Direktabnahme platziert ins lange Eck. Tosender Jubel. Schalke lässt sich hier nicht niederringen. Nicht zwei Tage nach Assauers 40., nicht einen Tag nach Thons 18., nicht zwei Tage vor Schalkes 80. Geburtstag. Feierstimmung in Königsblau. Gladbach und Bremen sind bereits um einen Treffer abgehängt.

Mittlerweile wirft sich selbst Karl-Heinz Rummenigge rein, glänzt defensiv, hat sich mit seinen Bayern auf den Pokalfight auf Augenhöhe eingelassen. Jetzt geht es in die Phase, in der der FCB gerne mal seinen vielzitierten Dusel forciert. Der ältere Rummenigge glänzt auch noch offensiv, schickt den jüngeren Hoeneß auf die Reise, der zu viel Platz hat. Mit ein wenig Glück tunnelt er Junghans – 6:5 in der 117. Minute.

Der folgende Jubel hat schon was von Siegtreffer, auch Figgemeier hält Tor Nummer elf nun für die Entscheidung. Hatte er von Faßbender denn gar nichts gelernt? Lattek blickt derweil bloß stoisch auf die Uhr. Neben ihm verharrt selbst Uli Hoeneß. Ein bisschen Zeit ist noch.

Von Thon war in der Verlängerung bislang wenig zu sehen. Eine Frage der Kraft, womöglich auch der Routine. Vielleicht aber auch wieder Ausruhzeit. Schalke bäumt sich über Clute-Simon auf, der in der 121. Minute dank äußerstem Körpereinsatz das 6:6 auf dem Fuß hat. Es fehlt schmerzhaft wenig. »Nicht vorstellbar, wenn jetzt noch ein Tor gefallen wäre«, stöhnt Figgemeier, der ja schon mit diesem Spektakel abgeschlossen hatte.

Drei Minuten würde Schiedsrichter Wolf-Günter Wiesel noch an die Verlängerung dranhängen, in der immerhin drei Tore gefallen waren. Schalke läuft noch immer unermüdlich an. Es gibt einen Foulpfiff, den die ersten Journalisten bereits für den Schlusspfiff halten, weshalb sie übereifrig auf den Rasen eilen. Nichts da. Weitermachen. Wenn's denn irgendwie geht.

Allerlei Methoden werden bemüht. Schiri Wiesel spricht Schalkes vermeintlich verhindertem Helden, den diese Szene bis heute fasziniert, sogar Mut zu. »Olaf, komm, ein Angriff noch«, raunt er in Richtung des 18-Jährigen, ehe in der 123. Minute der letzte Freistoß ausgeführt wird. Diesen einen muss Bayern noch überstehen.

Thon steigt über den Ball, der hoch in den Münchener Strafraum fliegt. Er wird abgewehrt, auf die linke Seite, fast aus dem Strafraum hinaus. Nicht ganz. Er fällt genau auf den linken Fuß des lauernden Thon, der jetzt keine Zeit mehr hat und deshalb volley abzieht. Ein wunderbarer Kontakt, eine herrliche Flugbahn, unhaltbar für Pfaff ins lange Eck. Wahnsinn.

»Einen Ball so zu treffen, das klappt nicht alle Tage«, begründet Thon angetan die Wahl seines dritten und letzten Treffers zu seinem eindeutigen Lieblingstor in diesem Spiel. Nach rechts und Kopf hatte er nun auch mit links zugeschlagen. Und wie. Nach seinem umjubelten Dreierpack zum 6:6, in der dritten Minute der Nachspielzeit der Verlängerung, wird das Halbfinale nicht noch mal angepfiffen.

»Ein solches Spiel habe ich noch nicht gesehen«, japst Figgemeier, was für die Gladbacher und Bremer und ihr Spektakel vom Vorabend natürlich ein bisschen bitter war. Doch Schalker und Bayern hatten am 2. Mai 1984 noch mal einen draufgesetzt.

Der FCB bezeichnet es auf seiner Website noch heute als »Mutter aller Pokalspiele«, S04 als die Partie, die »alle anderen magischen Nächte im Parkstadion überstrahlt«. Und der alles überstrahlende Mann, der noch größer aufgetrumpft hatte als am Vorabend Criens, war knackige 18 Jahre jung.

Einige Schalke-Fans, die sofort auf den Rasen gestürmt waren, fackeln nicht lange und tragen »Matchwinner« Thon auf ihren Schultern durch das weite Rund. Im Hintergrund prangt majestätisch »6:6« auf der Anzeigetafel.

»Als einzelnes Spiel war es das schönste in meiner Karriere, da muss ich nicht groß nachdenken«, schwärmt er 40 Jahre später. »Es ist das Spiel, das am meisten in Erinnerung geblieben ist, auf das ich am öftesten angesprochen werde.« Thon hält es sogar für »das beste Spiel im DFB-Pokal jemals«. Und mittendrin er selbst.

Als ihn die Fans allmählich freigeben, nimmt sich Reporter Rolf Töpperwien nach vollem Einsatz (»Macht doch mal Platz hier, der Olaf muss ins Bild«) den perplexen Thon zur Brust, der, während beide von unzähligen Schalkern beinahe erdrückt werden, vor laufender Kamera als Bayern-Fan geoutet wird. Dass er als Kind doch in Bayern-Bettwäsche geschlafen hat.

Ziemlich überrumpelt gesteht Thon, der sich noch immer wundert: »Töpperwien war gut vorbereitet, denn die Bettwäsche war nur vom siebten bis zum zehnten Lebensjahr im Einsatz, nachdem Gerd Müller Deutschland zum Weltmeistertitel geschossen hatte.« Zehn Jahre später schoss Olaf Thon die Schalker ins Wiederholungsspiel.

Dass Thon es noch im Schalke-Trikot bestreiten würde, lag daran, dass Bayern-Trainer Lattek nicht so finanziell flexibel war, wie er es gerne gewesen wäre. »Für zehn Millionen Mark würde ich ihn gleich mitnehmen«, erklärte der legendäre Coach öffentlich – eine Million mehr würden die Bayern ein paar Wochen später für Rummenigge kriegen.

Zunächst aber brachte ihr scheidendes Aushängeschild die Münchener noch ins Pokalfinale, obwohl das Wiederholungsspiel eine Woche später abermals auf Augenhöhe stattfand. »Ja, da waren wir wieder nah dran«, erinnert sich Thon an die Aufholjagd von 0:2 auf 2:2 – bis kurz vor Schluss Kalle Del'Haye über den

185

rechten Flügel Kalle Rummenigge bediente. Zum 3:2-Endstand. Diesmal kein Thon-Tor.

Für ihn ging es nicht ins Pokalfinale, auch noch nicht an die Säbener Straße. Erst vier Jahre später sollte Thon zu den Bayern wechseln. Im Sommer 1984 hatte sich der FCB bereits Gladbachs Matthäus gesichert – eine pikante Situation für das Finale in Frankfurt. Das letzte, das nicht im Berliner Olympiastadion stattfand.

Matthäus' Seitenwechsel war schon bekannt, als er gegen seinen kommenden Arbeitgeber schließlich im Elfmeterschießen antrat – und verschoss. Noch immer werfen ihm manche Absicht vor. In der Gladbacher Mannschaft war das nicht der Fall, versichert Sude.

Matthäus und Thon, der ihn 1988 in München beerbt hatte, wurden 1990 gemeinsam Weltmeister. Michael Rummenigge, der 1984 als letzter Schütze im Elfmeterschießen zum Helden aufgestiegen war, hatte den Kreis der Nationalmannschaft zu diesem Zeitpunkt längst verlassen. Hans-Jörg Criens, der 2019 verstarb, sowieso.

Trotzdem werden auch ihre Namen für immer mit zwei ganz besonderen Spielen in Verbindung bleiben, über die damals sogar der große Fritz Walter sagte: »Ich habe im Fußball schon vieles erlebt, aber das war in den letzten 20 Jahren das Größte.«

Seit damals werden alle Halbfinalspiele im DFB-Pokal – und auch schon viele Runden zuvor – live im deutschen Fernsehen ausgestrahlt. So spektakulär wie beim ersten Mal waren sie nie wieder.

8

DIE MACHT DES DREHBUCHS

Uerdingen gegen Dresden,
Pokalsieger-Cup-Viertelfinale
1985/86

Im deutsch-deutschen Viertelfinale des Europapokals der
Pokalsieger läuft 1986 erst
alles für Dynamo Dresden
und nichts für Bayer Uerdingen, das in 45 Minuten fünf
Tore schießen muss. Und
plötzlich ist es genau umge-
kehrt.

7:3

Uerdingen – Dresden

Vollack

Herget

Dämgen   W. Funkel   Buttgereit

Bommer   Feilzer   F. Funkel   Raschid

Schäfer   Gudmundsson

Lippmann   Kirsten

Sammer

Stübner   Pilz   Minge   Häfner

Döschner   Trautmann

Dörner

Jakubowski

19. März 1986 im Grotenburg-Stadion, Krefeld

Tore: 0:1 Minge (1.), 1:1 W. Funkel (13.), 1:2 Lippmann (36.),
1:3 Bommer (41., ET), 2:3 W. Funkel (58., FE),
3:3 Minge (62., ET), 4:3 Schäfer (66.), 5:3 Klinger (78.),
6:3 W. Funkel (80., HE), 7:3 Schäfer (86.)

Als sich am 4. Juli 1954 über Bern der Himmel öffnete und es zu regnen begann, freuten sich Fritz Walter und die deutsche Nationalmannschaft darüber so sehr, als hätten sie bereits das erste Tor geschossen. Knapp 32 Jahre später, am 5. März 1986 in Dresden, begeistert das vielzitierte Walter-Wetter niemanden. Die Mannschaft von Bayer 05 Uerdingen muss stattdessen ihre Besprechung abbrechen.

»Wir hatten befürchtet, dass wir abgehört werden«, erklärt Friedhelm Funkel, Antreiber im Uerdinger Mittelfeld, warum Trainer Karl-Heinz »Kalli« Feldkamp seine Schützlinge vor dem Auswärtsspiel im Viertelfinale des Europapokals der Pokalsieger an der frischen Luft instruierte – und nicht in einem möglicherweise verwanzten Hotelsaal.

Ost gegen West, das war gegen Ende des Kalten Krieges zwar immer noch brisant, aber keine Besonderheit mehr. Knapp 13 Jahre nach Dynamos Premieren-Duellen mit dem FC Bayern stellte Uerdingen gegen Dresden bereits das 13. deutsch-deutsche Aufeinandertreffen auf Vereinsebene dar. Im Schnitt gab es das inzwischen jedes Jahr.

Wirklich viel übereinander wusste man trotzdem nicht. Dynamo-Trainer Klaus Sammer verrät im *kicker*, dass er sich über Kontakte eine Videokassette von Uerdingens Pokalsieg aus dem Vorjahr besorgt hatte, außerdem lese er Zeitung. Viel mehr war damals nicht drin, »innerdeutsch« sogar noch weniger.

»Wir kannten zumindest ihre Spieler, die wurden uns schon vorgestellt«, erzählt Friedhelm Funkel. »Aber wir waren nicht so vorbereitet wie gegen andere europäische Gegner.« Obwohl gerade der Pokalsieger-Wettbewerb immer mal wieder ein paar Exoten bereithielt. Uerdingen etwa.

Bis zur deutschen Wiedervereinigung sollte es noch gut vier Jahre dauern, doch schon nach dem Hinspiel in Dresden herrscht zwischen West und Osts eine gewisse Einheit. Beziehungsweise in der Bayer-Kabine fast die gleiche Stimmung wie in der Dynamo-Kabine – obwohl die Partie nicht unentschieden ausgegangen war.

189

Die SGD hatte sich, durch den Wolkenbruch auf einem furchtbar zu bespielenden Rasen, nach einer ausgeglichenen ersten Hälfte im zweiten Durchgang gesteigert, zwei schnelle Tore geschossen und damit am Ende genau in der Höhe gewonnen, die angemessen war. Mit exakt dem Ergebnis, das sich Klaus Sammer ein paar Tage vorher gewünscht hatte. 2:0 zur Halbzeit, wenn man so will.

»2:0 war damals ein gutes Ergebnis«, findet auch Dresdens langjähriger Angreifer Ralf Minge, der dieses Hinspiel wegen eines Zehenbruches verpasst hatte – und meint mit »damals« die Zeit, in der es noch die Auswärtstorregel gab. Würde Dynamo zwei Wochen später in Krefeld nur ein einziger Treffer gelingen, bräuchten die Uerdinger schon deren vier. Europapokal-Arithmetik nannte man das.

»Wir waren trotzdem guter Dinge«, berichtet Friedhelm Funkels Bruder Wolfgang, der als Vorstopper die vielleicht beste Saison seiner Karriere spielt und den bundesdeutschen WM-Kader im kommenden Sommer nur denkbar knapp verpassen würde: »Denn wir waren zu dieser Zeit unwahrscheinlich heimstark.«

Wohl der Mannschaft, die so überzeugt von sich ist, dass ihr ein 0:2 in der Fremde – ohne erzieltes Auswärtstor – keine Sorgen bereitet. Mit dem Hinspielergebnis waren also beide zufrieden. Entscheidung im Rückspiel. Dessen ist sich vor allem Dynamo bewusst.

Ein Jahr zuvor war die SGD, die zu Hause als fast so stark galt wie auswärts als schwach, im Viertelfinal-Heimspiel gegen Rapid Wien sogar als 3:0-Sieger vom Platz gegangen. Um in Österreich schließlich mit 0:5 unterzugehen. Ein fürchterliches Omen für Klaus Sammer und seine Spieler, die auch mit einem mulmigen Gefühl in den Bus in Richtung des Krefelder Stadtteils Uerdingen stiegen. Bei Bayer hingegen, das versichert Friedhelm Funkel glaubhaft, hatte man sich schon in Dresden auf das Wiedersehen gefreut.

Noch größere Freude empfand wahrscheinlich Sportreporter Rolf Töpperwien. Auch der ZDF-Mann wusste, dass es bereits das

13. Deutsch-deutsche Europapokal-Duell war. Doch es war eben ein deutsch-deutsches Europapokal-Duell. Weshalb er bei seinem Sender unnachgiebig darauf pochte, nicht Bayerns Landesmeister-Spiel gegen den RSC Anderlecht zu zeigen, sondern Uerdingen gegen Dresden. Mit der Gefahr, dass ein schnelles Dresdener Tor der politisch spannenderen Begegnung sogleich jegliche sportliche Spannung nehmen konnte.

Töpperwien bekniete und bequatschte seine Vorgesetzten ohne Punkt und Komma, bis sie ihn beinahe für verrückt erklärten. Aber schließlich lenkten sie ein – und verschafften ihrem Zampano den Höllentrip seines Lebens.

War die Uerdinger Kabine in Dresden noch selbstbewusst gewesen, so war sie vor dem Rückspiel in der Grotenburg-Kampfbahn geradezu fanatisch. »Wir haben gespielt, wie Kalli Feldkamp war, wie er es vorgelebt hat«, beschreibt Friedhelm Funkel Bayers Trainer und dessen Herangehensweise. »Aggressiv, laufstark, zweikampfstark« – obwohl Feldkamps Spieler zunächst ganz zahm wirken, als sie vor dem Anpfiff durch ein paar auf die Ränge gerichtete Blumensträuße die Gunst der Zuschauer zu gewinnen versuchen. Eine amüsante Szenerie. Laut Friedhelm Funkel einmalig. Danach Action.

Die Uerdinger scharren mit den Hufen, der ältere Funkel drischt den Ball gleich aus dem Anstoßkreis tief in die gegnerische Hälfte hinein. Ohne groß nachzudenken, hetzen die Laufwunder hinterher. Auch die Zuschauer, ob dank der Blumen oder nicht, sind mit lautstarken Pfiffen gegen die Dresdener von Anfang an zur Stelle.

»Ich schwöre es, wir schaffen es«, hatte Bayer-Schlussmann Werner Vollack einer Journalistentraube vor dem Spiel noch großspurig angekündigt: »Die Dresdener werden einen wahren Sturmlauf erleben.« Gerade einmal 53 Sekunden sind gespielt, da köpft Minge das 1:0 für Dynamo. Seine Jubelsprünge dominiert Verwunderung in ihrer wunderbarsten Form. 3:0 in der Gesamtrechnung. Was für ein Stimmungskiller.

»Wir wollten zusehen, dass wir kein schnelles Gegentor kriegen«, skizziert Friedhelm Funkel den zweiten Part des Uerdinger Matchplans, der bis zum schnellen Gegentor ziemlich gut funktioniert hatte. Dabei war Minge für seine Verhältnisse sogar noch geduldig gewesen, hatte seine Karriere doch einst damit begonnen, dass er in seinem ersten Pflichtspiel für Dynamo schon sieben Sekunden nach seiner Einwechslung ein erstes Mal jubeln durfte. Aber das wusste man in Uerdingen wahrscheinlich nicht.

»Am ersten Tor war ich schuld, kann man sagen«, beichtet kleinlaut Wolfgang Funkel, der Kopfballspezialist, der Gegenspieler Minge nach einem Freistoß mutterseelenallein gelassen hatte. Vollack, bis in die Haarspitzen motiviert, schaut bedröppelt aus der Wäsche.

Durch Stabilität und Kontrolle hatte sich Bayer die gesamten 90 Minuten Zeit nehmen wollen, um in aller Ruhe den Zwei-Tore-Rückstand aufzuholen. Das hat sich nun erledigt. Eindringliche Neuausrichtung ist nicht mehr, auch wenn sich Feldkamp an der Seitenlinie die Seele aus dem Leib brüllt. Jetzt ist es an seinen Spielern.

In beide Richtungen fliegen die nächsten langen Bälle über den Platz, der im Vergleich zum Dresdener Geläuf einem Teppich gleicht. Wer beim Gegner einen kleinen Fehler erzwingen kann, wer dadurch dann einen Umschaltmoment erzeugt, ist im Vorteil. Das Ganze läuft ein bisschen zufällig ab.

Auch Seitenwechsel sind gefragt – und dann beschleunigen. Was Dynamo über den rechten Flügel mit einem 20-jährigen Außenstürmer namens Ulf Kirsten tut, dessen Zukunft als Strafraumkiller noch in den Sternen steht.

Bayer sucht seinen Libero Matthias Herget, der im Hinspiel eine bescheidene Leistung geboten hatte und der in diesen Wochen mit einem Wechsel in Verbindung gebracht wird. Herget ist kein Beckenbauer, aber so ähnlich will er spielen. Teilweise gelingt es ihm, was aller Ehren wert ist. In der Grotenburg, wo Dynamo nicht sonderlich hoch anläuft, funktioniert das besser.

Dort laufen fast nur die hellblau gekleideten Hausherren an, sie flanken vor allem an. Larus Gudmundsson und Horst Feilzer haben erste Kopfballchancen, Feldkamps Mannen sind zumindest präsent. Allen voran Wolfgang Funkel, der defensiv vielleicht Manndecker ist, offensiv aber eine Dampflok mit alternativlosem Vorwärtsgang, bei der nach jedem Angriff jemand die Kohlen nachfüllt. So etwas sollte der deutsche Fußball vielleicht bis Lucio nicht mehr erleben.

Der jüngere Funkel, über 1,90 Meter lang, rückt immer mehr in den Mittelpunkt. Ganz besonders nach ruhenden Bällen, wenn sich der Hüne mit seiner unheimlichen Sprungkraft geschätzte drei Meter hoch in den Krefelder Nachthimmel schraubt.

In der 13. Minute verharrt er nach einer Ecke regelrecht in der Luft, den Bauchnabel auf Kopfhöhe von Gegenspieler Minge, dem man angesichts dieser Naturgewalt gar keinen Vorwurf machen will. »Das war ein bisschen naiv von mir«, räumt der wegen seiner verletzten Zehe »fitgespritzte« Dresdener dennoch ein. »Ein Stellungsfehler.« 1:1. Beziehungsweise 1:3 in der Gesamtrechnung. Die schnelle Antwort.

Minge, eigentlich Stürmer, gegen Uerdingen aber als offensiver Mittelfeldspieler eingesetzt, ist an diesem Abend kein beneidenswerter Mann. Friedhelm Funkel lobt ihn zwar als »einzigen kopfballstarken Spieler« der Gäste, genau das ist aber das Problem.

Bei Dynamo brennt es nach hohen Bällen lichterloh, die Bayer deshalb wieder und wieder vor SGD-Schlussmann Bernd Jakubowski schlägt. Und der einzige Mann, der damit eigentlich gut zurechtkommt – Minge –, muss sich dabei jedes Mal mit Wolfgang Funkel auseinandersetzen. Viel undankbarer geht es kaum. »Er war ein ausgesprochener Spezialist, unheimlich schwierig zu verteidigen«, bestätigt Minge anerkennend. Noch steht es im Privatduell unentschieden.

13 Minuten gespielt, nichts passiert, wenn man so will. Abgesehen davon, dass es 1986 noch die Auswärtstorregel gibt. Und eine mögliche Verlängerung damit hinfällig ist. Dresden spielt,

wie Minge erklärt, weiterhin abwartend und auf Konter: »Der Spielstand hat es ja hergegeben.« Uerdingen läuft an.

Somit tut die eine Mannschaft, Bayer, ziemlich genau das, was sie am besten kann. »Wir hatten die beste Kondition, kaputtlaufen konnte uns keiner«, sagt mit Wolfgang Funkel der, der das an diesem Abend am eindrucksvollsten beweist. Dynamo hingegen, das in der DDR eigentlich für technisch sauberen Ballbesitzfußball steht, verfällt durch seine nachvollziehbare, aber kontraproduktive Ausrichtung zunehmend in Passivität. Nur selten fährt eine Mannschaft, die laut Wolfgang Funkel »für schnelle Konter gemacht war«, tatsächlich schnelle Konter. Dann aber wird es richtig brenzlig.

Schon vier Minuten nach Funkels Ausgleich kommt Dynamo-Talent Jörg Stübner schräg vor Vollack frei zum Abschluss, ein Aussetzer von Rudi Bommer hatte die Riesenchance auf die erneute Dresdener Führung ermöglicht. Den muss Stübner eigentlich machen. Doch er schließt überhastet gleich mit dem ersten Kontakt ab und verfehlt das kurze Eck. Geschockt fordert Stübner reflexartig Ecke, die es natürlich nicht gibt. Bayer stürmt unbeeindruckt weiter.

Die Hausherren wählen weiterhin lange Bälle, Seitenwechsel, Durchbrüche über außen – hin und wieder streut aber auch Libero Herget einen genialen Moment ein. In der 20. Minute führt er einen Freistoß am Dresdener Strafraum blitzschnell aus, hebt den Ball fein über die Abwehr zu Stürmer Wolfgang Schäfer, dessen Direktabnahme Jakubowski bärenstark pariert. Es ist ordentlich was geboten in der Grotenburg.

Uerdingen versucht es vor allem über rechts, über Bommers Seite. Am gefährlichsten bleiben trotzdem die ruhenden Bälle. Als sich Jakubowski nur drei Zeigerumdrehungen nach seiner Glanztat bei einer Ecke komplett verschätzt, müssen seine Vorderleute, die hinter ihm stehen, den nächsten Funkel-Kopfball von der Linie klären. Dynamos Libero-Legende Hans-Jürgen »Dixie« Dörner blockt eine Minute später in höchster Not gegen Friedhelm, eine weitere große Kopfballchance hat kurz darauf wieder Wolfgang. Das 2:1 für Bayer ist eigentlich überfällig.

Nicht besser wird es für die Gäste als der 18-jährige Trainersohn Matthias Sammer, der wie Olaf Thon 1984 gegen die Bayern quasi »falsche Neun« spielt, nach einer knappen halben Stunde verletzt ausgewechselt werden muss. Gebeutelt schleicht einer der jungen Dresdener Ballkünstler vom Platz, die in der Grotenburg fast nur in der Defensive auffällig werden.

Was erst einmal nichts Schlechtes bedeutet, Stübner wirft sich hingebungsvoll in eine Zufallschance von Franz Raschid. Nach einer folgenden Ecke kann Andreas Trautmann gegen Schäfer gerade so den Rückstand verhindern – die Einschläge kommen näher. Doch irgendwie überlebt die SGD diese Minuten. Das Publikum wird ungeduldig.

Bayers Spieler spüren die Ungeduld, vielleicht ist es aber auch ihre eigene. Sie schnüren die knallgelb gekleideten Sachsen im Stile einer Handball-Mannschaft hinten ein, inzwischen selbst mit Herget und Wolfgang Funkel. Defensiv soll reichen, dass Feldkamp lautstark »Die Außen zumachen!« auf den Rasen ruft, sobald Dynamo mal den Ball erobert. Doch das reicht nicht immer.

Wie es im Fußball eben oft ist, kann sich Dresden in der 36. Minute dieses eine Mal entscheidend aus dem Druck befreien, Kirsten jagt seine rechte Bahn entlang. Im Zentrum schließt Herget nicht mehr rechtzeitig zu Hinspiel-Torschütze Frank Lippmann auf, der auch im Rückspiel aus wenigen Metern ein Tor erzielt, das sich mal so gar nicht angebahnt hatte. Klassisch ausgekontert.

Angreifer Lippmann hätte eigentlich gar nicht mit nach Krefeld reisen sollen. Der 25-Jährige spielt, weil er nicht ganz linientreu ist und einer potenziellen Westflucht verdächtigt wird, zu dieser Zeit quasi auf Probe. Und das nur auf Anordnung der höheren Politik, die ihn für zu wichtig hält. Wäre es nämlich nach Trainer Sammer gegangen, würde Lippmann auf der Bank schmoren, das teilt der beliebte Übungsleiter seinem Schützling sogar vor versammelter Mannschaft mit. Doch in der DDR macht damals nicht nur der Trainer die Aufstellung, so steht Lippmann auf Stasi-Geheiß auf dem Platz. Und bringt die SGD dem Halbfinale ganz nah.

»Wir waren zu euphorisch, standen viel zu offen«, verkündet Friedhelm Funkel in Bezug auf die Phase vor der Pause keine Weltneuheit – das war die Kehrseite von Feldkamps Risiko-Taktik. An ihr halten die Uerdinger aber fest. Herget wird sogar noch offensiver, Wolfgang Funkel spielt teilweise wie ein Linksaußen. Jetzt sind es wieder drei Tore Rückstand – durch die Auswärtstorregel sogar vier –, jetzt braucht man sich auch nicht mehr zurückziehen.

Fast im direkten Gegenzug fällt die Kugel im Dresdener Strafraum Gudmundsson vor die Füße, der sie aus wenigen Metern eigentlich gar nicht mehr über den Querbalken jagen kann. Er kann doch. Nicht das 2:2. Stattdessen fällt das 1:3.

Diesmal bricht Lippmann, normalerweise links beheimatet, über den rechten Flügel durch. Er narrt Michael Dämgen, der durch einen Abpraller auch ein bisschen Pech hat, in der Mitte darf Kirsten schon mal für später üben und frei abziehen. Er trifft den Ball gar nicht voll und hätte eigentlich weit vorbeigeschossen, doch er schießt den bemitleidenswerten Bommer an, von dem die Kugel ins eigene Tor prallt. Schon wieder kann Vollack nur verdutzt hinterherschauen.

Stübner reckt verfrühte Siegesfäuste in die Krefelder Nacht, auf der Dresdener Bank macht sich erstmals richtiger Jubel breit. Es scheint wohl einfach eines dieser Spiele zu sein, müssen sich die Uerdinger denken.

Nach drei Vierteln der gesamten Spielzeit steht es 5:1 für Dynamo. Eigentlich ist die Nummer durch. Beim ZDF gehen etliche Anrufe wütender Zuschauer ein, die sich verschaukelt fühlen und lieber die Bayern sehen wollen. Doch dieses Kind ist in den Brunnen gefallen.

Bayers Laufwunder stapfen nach dem Halbzeitpfiff verdattert

196

an Stimmenfänger Töpperwien vorbei, der einen noch verzweifelteren Eindruck macht, setzen sich in ihre normalerweise von Zuversicht erfüllte Kabine und sagen erst mal: nichts. Minutenlang.

»Mit hängenden Köpfen saßen wir da«, sagt Wolfgang; »an ein Comeback geglaubt hat überhaupt keiner mehr«, sagt Friedhelm Funkel heute – damals ergreift irgendwann Kapitän Herget das Wort. Es geht darum, vor eigenem Publikum zumindest nicht zu verlieren, an die Ehre wird natürlich auch appelliert. Feldkamp weist seine Spieler schließlich darauf hin, dass man sich vor so einer Millionenkulisse – erstmals überhaupt wird ein Spiel von der Grotenburg-Kampfbahn live im Fernsehen übertragen – doch nicht derartig blamieren will. Guter Punkt.

So manches TV-Gerät wurde sicherlich ausgeknipst, wenn schon im Stadion auffällt, dass sich kurz vor der Pause allmählich die Ränge leeren. Die Intention ist gar nicht böswillig, mit der auch Vater Funkel vorzeitig den Heimweg antritt. Eine solch krachende Niederlage seiner Söhne will er einfach nicht mit eigenen Augen sehen. Er setzt sich ins Auto und fährt die 25 Minuten zurück nach Neuss.

Dabei gibt es für die Uerdinger längst neue Hoffnung, die dafür sorgt, dass auch in Krefeld nicht genau zu erkennen ist, in welcher Kabine eigentlich gerade der deutlich Führende seine Wunden leckt. Auch Bayer hat noch vor der Pause – plump ausgedrückt – einen Wirkungstreffer gelandet. Zwischen dem 2:1 und dem 3:1 hatte Dynamo seinen Torwart verloren.

Eine hohe Uerdinger Halbfeldflanke war wieder einmal in Richtung von Wolfgang Funkel gesegelt, der diesmal zwar nicht an den Ball kam. Der aber Torhüter Jakubowski, der die Kugel bereits aus der Luft gepflückt hatte, komplett abräumte. Der 33 Jahre alte Rückhalt ging hart zu Boden und sollte sich so schwer an der Schulter verletzen, dass diese Szene quasi seine Karriere beendete. Ganz bitter.

Während die SGD also eigentlich durchschnaufen oder sich

noch mal gut zureden sollte, ehe der komfortable Vorsprung über die Zeit gebracht werden würde, »ging in der Kabine die Angst um«. So fasste kein Geringerer als Klaus Sammer, in einer WDR-Doku, die Dresdener Gemütslage in dieser Halbzeitpause zusammen, die für Dynamos sportlichen Stab im Wesentlichen daraus besteht, Jakubowski mit Schmerzmitteln vollzujagen. Ihn irgendwie fitzuspritzen. Es gelingt nicht.

Mit dem verängstigtsten aller Gesichtsausdrücke läuft schließlich Jens Ramme zurück ins Stadioninnere, Dresdens Ersatztorhüter, der bis dato gerade mal ein Oberliga-Spiel und ganz bestimmt keinen internationalen Einsatz im Lebenslauf stehen hat. Ramme, 22 Jahre alt, ist mehr Notlösung als Nummer zwei – auf einen Ausfall von Jakubowski ist Dresden eigentlich nicht vorbereitet.

»Das war ein herber Verlust«, verdeutlicht Minge, ohne Ramme damit zu nahe treten zu wollen. Dieser könne ja gar nicht »diese Ruhe und Souveränität« ausstrahlen, die Dynamo mit Jakubowski verloren ging. Das merken auch die Uerdinger. »Der Junge ist von Sekunde zu Sekunde nervöser geworden«, spürt Friedhelm Funkel schon früh. Und so hilft der damals 32-Jährige nach.

»Immer, wenn es ging, haben wir ihn attackiert«, gibt der Routinier zu: »Bei Eckbällen haben wir uns vor ihn gestellt, sind ihm mal auf die Füße getreten – das konnte man früher noch, es gab ja nicht so viele TV-Kameras.« Die, die es gibt, fangen Rammes Nervosität trotzdem ein – ansonsten aber erst mal nicht viel. Freilich zieht sich Dresden weiterhin zurück, freilich bleibt Bayer aktiv. Doch all die Flanken, bei denen sich Ramme, dieser strohblonde Schlaks, kaum von seiner Linie traut, rauschen größtenteils ins Nichts. Die Uhr tickt für Dresden.

Und doch hatte der Torwartwechsel – und wie er auf beiden Seiten wahrgenommen wurde – das Momentum von kurz vor der Pause völlig auf den Kopf gestellt. Schon zwei Minuten nach Wiederbeginn feuert Bommer einen Warnschuss ab, Uerdingens Devise lautet jetzt: Hauptsache abschließen, der Ramme lässt sicher ein paar Dinger durch. Die neu gewonnene Zuversicht verleitet Gudmundsson zu einer kläglichen Schwalbe, der ungarische Schiedsrichter Lajos Nemeth durchschaut seine Absicht zum Glück.

Schneller und schneller läuft der Ball jetzt bei Uerdingen, das seinerseits weiterhin in Konter läuft. Berufsrisiko. Fünf Tore sind aufzuholen. Die sächsischen Gegenstöße werden inzwischen jedoch kaum noch entschlossen zu Ende gespielt, weil sich die Verunsicherung, die hinten bei Ramme beginnt, bis nach ganz vorne zum für Matthias Sammer eingewechselten Torsten Gütschow ausbreitet. Und doch verstreicht Minute um Minute, weil Laufstärke und Kampfkraft allein keine Tore schießen. Dynamo zittert, aber Dynamo wankt nicht. Bayer muss sich etwas einfallen lassen. Auftritt Friedhelm Funkel.

In der 57. Minute, ausgerechnet als sich Ramme mit einer Parade gegen Gudmundsson erstmals richtig auszeichnen kann, setzt Funkel im Strafraum nach und kommt zu Fall. Minge hatte ihn sich mit ausgestrecktem Arm vom Leib gehalten im Duell um einen Ball, den der Uerdinger niemals mehr hätte erreichen können. Deshalb geht er runter.

»Da habe ich ein wenig nachgeholfen, den Elfmeter muss man nicht geben«, räumt Funkel 37 Jahre später offen ein: »Heute hätte wohl der Videoschiedsrichter eingegriffen.« Den gibt es damals aber nicht. Elfmeter schon. »Das hat er sehr wohlwollend angenommen«, schmunzelt Minge, der sich trotzdem noch ärgert – auch über sich selbst: »Natürlich ist der Arm draußen, das war ein bisschen blöd von mir.« Dresdener Reklamationen bleiben damals aus. Auftritt Wolfgang Funkel.

Es passt hervorragend in die Szenerie, dass Bayers etatmäßiger Elfmeterschütze, der an diesem Mittwochabend seine Siebenmeilenstiefel angezogen hatte, einen besonders langen Anlauf wählt. Wolfgang Funkel verwandelt sicher unten links, Ramme ist in die andere Ecke unterwegs. Nur noch 2:3 – oder eben 2:5 – und noch über eine halbe Stunde zu spielen.

Vor Friedhelms Faller hatte sich eine Uerdinger Aufholjagd nicht unbedingt angebahnt, doch schon nach Bayers erstem Treffer nach dem Seitenwechsel ist irgendetwas anders. Mit dem Elfmeter geht der Wahnsinn los.

War Dynamo vor dem Anschlusstreffer noch verunsichert gewesen, wirken die Gäste jetzt geradezu verängstigt. »Als Jakubowski runtermusste«, womit Dresden seine Wechselmöglichkeiten früh ausgeschöpft hatte, »sind wir psychologisch auf der letzten Rille gelaufen«, bekräftigt der damals angeschlagene Minge, bei dem eigentlich gar nicht angedacht gewesen war, dass er ob seiner Zehenverletzung überhaupt durchspielt. Nun muss er. Die Mannschaft braucht ihn auch.

Mit 25 Jahren gehört Minge unter den Leistungsträgern der SGD fast schon zu den Routiniers, die in Wahrheit Dörner (35) und Reinhard Häfner (34) heißen. Die großen Hoffnungen einer heranwachsenden Dresdener Mannschaft, die für Minge erst 1989, mit dem UEFA-Cup-Halbfinale, den Höhepunkt ihrer Leistungsfähigkeit erreichen sollte, ruhen allerdings auf Spielern, die sich 1986 noch in ihrem Reifeprozess befinden. Kirsten und Stübner sind 20, Gütschow 23, Sammer erst 18. Ganz zu schweigen von Ramme, dem im übertragenen Sinne gerade erst die Nabelschnur herausgerissen worden war.

Der bemitleidenswerte Ersatzkeeper lässt inzwischen Dörner die Abschläge ausführen und atmet durch, als der für Raschid eingewechselte Dietmar Klinger aus neun Metern unbedrängt drüberschießt. Sonderlich effizient treten die Uerdinger nicht auf. Doch sie dürfen es so oft probieren, dass die reine Quantität der Abschlüsse deren Qualität irgendwann fast hinfällig macht.

Schon fünf Minuten nach dem 2:3 ist Ramme erneut ziemlich machtlos, weil Hergets Freistoß »abgefälscht und verdeckt« – und vor allem unglücklich – in Minges Gesicht landet. Und von dort aus im Dresdener Tor. Keine Chance. 3:3. Während den Uerdingern, denen die erste womöglich auch gereicht hätte, die zweite Luft kommt, sackt Dynamo allmählich der Boden unter den

200

Füßen weg. Obwohl Bayer wegen der Auswärtstorregel ja immer noch drei Tore fehlen.

Auf einmal aber wirkt es so, als scheinen diese nur noch eine Frage der Zeit zu sein. Die Entwicklungen in der Grotenburg muten unaufhaltsam an. »Dann ging das Kopfkino los«, erinnert sich Minge, wie er – und wahrscheinlich nicht nur er – an das 0:5 in Wien dachte. Kein Tagtraum, ein Tagalbtraum. »Natürlich werden die Beine schwerer. Solche Drehbücher können einen lähmen.« Dresdener Kreisel mal anders.

Ab dieser Spielphase, die noch nicht beendet ist, findet eine Mannschaft, über die Schlagzeilen wie »Heute Weltmeister, morgen Kreismeister« (kicker) geschrieben werden, langsam, aber sicher nicht einmal mehr körperlich statt. Minge, Dörner, Stübner, Kirsten – gefangen in Körpern, die nicht mehr auf sie hören wollen.

»Es war ein Hauch von Resignation«, sagt Minge ehrlich, »wir waren auch nicht stressresistent genug.« Stress – viel besser konnte ein einzelnes Wort den Fußball von Feldkamps Uerdingern nicht beschreiben. Wie Getriebene stürmen die Hausherren über ihre Kampfbahn, die für Dresden längst schwieriger zu bespielen ist als der aufgeweichte Rasen zwei Wochen zuvor.

Die Gäste schießen den Ball nur noch weg. Ihre Offensive existiert eigentlich gar nicht mehr, es ist ein Zeitspiel der verzweifelten Sorte. »Du hast gemerkt, die konnten nicht mehr. Körperlich und psychisch«, weiß Friedhelm Funkel noch heute. Und beinahe überschlägt sich seine Stimme dabei ein bisschen, vor Begeisterung. »Wir haben ihnen gar keine Luft mehr zum Atmen gegeben und uns in einen Rausch gespielt, den ich in dieser Art nicht noch mal erlebt habe.« Gegensätzlicher geht es kaum.

Nur vier Minuten nach dem Ausgleich scheitert Ramme bei dem Versuch, gegen das Drehbuch anzugehen, kommt gegen Schäfer im falschen Moment aus seinem Kasten und verschuldet damit erstmals ein Tor. Uerdingens Stürmer, rechts in den Strafraum gestartet, hebt den Ball überlegt über Ramme hinweg – Schiedsrichter Nemeth zeigt schon wieder auf den Anstoßkreis.

In Anbetracht von Dörners akrobatischem Klärungsversuch ziemlich genau auf der Linie wäre es spannend zu wissen, ob der Ball diese wirklich mit vollem Durchmesser überschritten hatte. Doch auch die Torlinientechnik ist 1986 noch weit entfernte Zukunftsmusik. Nach 66 Minuten führt Uerdingen mit 4:3. Da waren's nur noch zwei.

Zum ersten Mal blickt Friedhelm Funkel auf die Stadionuhr. Wie lange noch? Im Rausch der »Aggressivität und Emotionalität, die wir ausgestrahlt haben«, glaubt er plötzlich an das Comeback. Wolfgang bestätigt diesen Moment. Den haben beide Brüder noch präsent. In der Grotenburg wird es lauter und lauter.

Inzwischen kehren auch einige Zuschauer, die es verlassen, die im Autoradio aber den weiteren Spielverlauf verfolgt hatten, ins Stadion zurück. Sie sehen, wie taumelnde Dresdener versuchen, gegen die Macht des Drehbuchs anzukämpfen. Doch Gütschows Schrägschuss in einem Entlastungsangriff kommt viel zu mittig, viel zu zaghaft auf Vollack. Gegen den Uerdinger Vollrausch kommen sie nicht an.

Keiner ist so berauscht wie Wolfgang Funkel, der mit fortschreitender Spieldauer alles und überall ist, der so präsent ist, als würde es ihn dreimal geben. Bruder Friedhelm staunt heute noch: »Der hat ja jeden Angriff angetrieben und ist dann wieder zurückgelaufen. Ich glaube, dass Wolfgang in diesem Spiel, wenn man das damals schon hätte messen können, 14 oder 15 Kilometer gelaufen ist. Das war unmenschlich.« Der Gelobte beschreibt seine außergewöhnliche Darbietung weitaus nüchterner: »Ich konnte viel laufen, mir hat das nichts ausgemacht.« Nie fiel es leichter, Wolfgang Funkel zu glauben.

Zur selben Zeit lässt der Spezialist, der davon immer wieder welche bekommt, allerdings aussichtsreiche Kopfballchancen aus. Bayer ist immer noch verschwenderisch. So wird zur vielleicht wichtigsten Szene des Wolfgang Funkel – wichtiger als jeder Kopfball, als jeder Sprint – ein unscheinbarer Moment in der 76. Minute.

Noch immer steht es 4:3, als der Ball tief in der Uerdinger Hälfte auf einmal bei Gütschow landet, den nur noch Wolfgang Funkel von Vollacks Tor trennt. Der Vorstopper, der er ja auch noch ist, besinnt sich seiner Kernaufgabe und haut Gütschow trocken um. Gelb. Klar. Aber auch eines dieser Fouls, die man nüchtern betrachtet als verdammt wichtig oder gar intelligent bezeichnen kann. Zumindest aus Uerdinger Sicht. »Wenn das 4:4 fällt«, grübelt der Sünder, »glaube ich nicht, dass wir noch weiterkommen.«

In diesen Minuten entscheidet sich das deutsch-deutsche Duell. Gütschow steht nicht urplötzlich allein vor Vollack, und vielleicht ist die Ernüchterung nach einer nur ganz kurz aufkeimenden Hoffnung das, was den Dresdener Lähmungsprozess vollendet. Denn nur kurze Zeit später, an der Stadionuhr kann man die 78. Minute ablesen, darf Klinger mit Ball am Fuß vollkommen ungestört durch das Dynamo-Mittelfeld spazieren, aus 20 Metern nicht einmal sonderlich platziert abschließen und sich – auch dank Rammes fatalem Stellungsspiel – als Torschütze des 5:3 feiern lassen. Nur ganz kurz natürlich, denn das reicht ja immer noch nicht.

Für Minge ist Klingers Spaziergang der prägendste Moment des Rückspiels. Und man merkt, wie sehr er sich noch immer daran stört: »Rechnerisch waren wir zu diesem Zeitpunkt immer noch weiter, doch wir hatten eine Körpersprache, als wären wir schon ausgeschieden.« Das trifft den Nagel auf den Kopf.

Geschockter sind in diesen Minuten höchstens die Eltern Funkel. Sie, weil er, den sie für einen Einbrecher hält, plötzlich zu Hause im Wohnzimmer steht; er, weil seine Söhne während seiner Heimfahrt tatsächlich vier Tore aufgeholt hatten. »Als sie ihm das sagte«, lacht Friedhelm, »wäre er beinahe die Treppe heruntergefallen.«

Das allerdings kann sich Funkel Senior noch nicht erlauben, denn es ist, wie Minge später sagen würde: Rechnerisch war auch nach dem 5:3 – Stichwort Auswärtstorregel – immer noch Dresden weiter. Eine Minute lang.

Weil es nicht mehr anders zu gehen scheint, klärt selbst Routinier Dörner, der schon 1973 beim ersten deutsch-deutschen Duell mit den Bayern dabei war, einen Schäfer-Kopfball auf der eigenen Linie mit der Hand. Der nächste Elfmeter, diesmal unstrittig. Und die große Chance für Uerdingen, elf Minuten vor Schluss erstmals auch in der Gesamtrechnung in Führung zu gehen. Der Mann des Abends muss ran. Und damit endgültig zum Mann des Abends werden.

Wolfgang Funkel steht am Punkt, eine nicht unerhebliche Last auf seinen Schultern, und weiß nicht genau, in welches Eck er schießen soll. »Das habe ich erst beim Anlaufen entschieden«, verrät er. Er entscheidet sich, aus seiner Sicht, wieder für links unten, wohin diesmal auch Ramme unterwegs ist. »Boah, war das knapp«, erschrickt sich der Schütze noch heute – aber auch knapp kann reichen. Wunderbar platziert schlägt es zwischen dem langen Ramme und seinem Innenpfosten ein. Den langen Funkel übermannen die Gefühle.

Beim erleichterten Torjubel, Bruder Friedhelm springt dem Dreifachtorschützen als Erstes in die Arme, kullern tatsächlich Tränen der Ungläubigkeit über die Wangen des Wolfgang Funkel. »Mir war die Bedeutung bewusst«, erklärt er, der sich damals seiner Emotionen nicht schämt – und heute auch nicht. »Der bewusste Gedanke: Wenn du ihn reinschießt, sind wir erst mal weiter.« Bis dahin war Bayer schließlich nur auf der Jagd gewesen.

»Auf dem Weg zum Mittelkreis fiel mir ein Stein vom Herzen«, lächelt Wolfgang, »ich konnte das gar nicht glauben. Und ich war ganz kaputt von der Lauferei.« Doch ausruhen ist noch nicht. Hätte ein Funkel in diesem Moment wieder auf die Stadionuhr geschaut – zehn Minuten fehlen noch. Zehn Minuten, in denen auf einmal alles anders ist.

Nach insgesamt bald drei Stunden Spielzeit hat plötzlich Bayer etwas zu verlieren und Dynamo, im Angesicht dieses »beschissenen Drehbuchs«, wie Minge es immer wieder beschreibt, eigentlich nichts mehr. »Wir waren auf einmal ein bisschen verunsichert«, schildert Wolfgang Funkel die ungewöhnliche Situation, in der ein Dresdener Tor wieder das Weiterkommen der Gäste bedeutet hätte.

Auch wenn es vielleicht mehr unterbewusst passiert, versucht die SGD ab diesem Moment natürlich, den Schalter umzulegen. Den Fußball zu spielen, für den sie normalerweise bekannt ist, wenn auch nicht unbedingt auswärts. Die Statik kippt.

Sammers Spieler schleppen sich nach vorn, besetzen den Strafraum; Dörner gibt jetzt den Herget, der wiederum mit seinen Jungs auf einmal kontern darf. Ein ungewohnter Anblick. Stübner prüft mit einem Aufsetzer aus 18 Metern Vollack, der die Prüfung besteht. Noch ist Bayer das Comeback nicht gelungen.

Dreimal war Vollack ziemlich chancenlos, ansonsten eigentlich überhaupt nicht gefragt gewesen, doch auf einmal steht der Schlussmann der Hausherren im Mittelpunkt. Der Rückhalt erweist sich als solcher. Eine Parade, so wichtig wie ein eigenes Tor, zeigt Vollack nach einer Ecke in der 85. Minute.

Auf einmal liegt der Ball am Fünfer vor den Füßen von Matthias Döschner, der mit Schmackes das lange Eck anvisiert. Hatte Vollack zuvor den Versuch von Stübner definitiv noch halten müssen, ist diese Flugeinlage eine Tat der Marke Glanzparade, ohne die Bayers einmaliger Sturmlauf womöglich hinfällig gewesen wäre. »Da hat er uns im Spiel gehalten«, dankt Wolfgang Funkel. »Wenn sie das 6:4 machen«, glaubt Friedhelm, »scheiden wir aus.«

Vollacks wichtigster Beitrag in 180 Minuten Ost-West-Vergleich ist dieser eine Moment, in dem alles noch mal zu kippen droht. Er währt 47 Sekunden lang. Es gibt noch mal Ecke für Dresden, und dann gibt es Konter für Uerdingen, das mit Schäfer und Friedhelm Funkel schließlich alleine auf den tragischen Ramme zuläuft.

Der ballführende Schäfer vermasselt es beinahe, weil er eigennützig selbst schießt und Ramme trifft, der in der WDR-Doku darauf pochte, von seinen schallenden sechs Gegentreffern nur zwei verschuldet zu haben. Und der damit – es waren das 4:3 durch Schäfer und das 5:3 durch Klinger – exakt richtiglag.

Doch gegen das Drehbuch kann auch er nichts ausrichten, weshalb der Ball von Ramme zu Schäfer zurückspringt, der ihn im nun verwaisten Tor dann doch noch unterbringt – was auch den mitgelaufenen Funkel befriedet. »Ich hätte ihn gewürgt, wenn er den nicht reingeschossen hätte«, scherzt Friedhelm, der sich von diesem Zeitpunkt an sicher ist: »Als das 7:3 fiel, wussten wir, dass nichts mehr passieren kann. Das war Genuss pur.«

Auch wenn Klaus Sammer auf der Trainerbank abwinkt und die Grotenburg »Zugabe, Zugabe« skandiert: Dynamo probiert es weiterhin, aber es ist mehr ein Alibi-Aufbäumen. Die Sammer-Elf ist zu perplex. Zu gezeichnet von fünf Gegentoren in 22 Minuten, von sechs Gegentoren in 28 Minuten, von einem Spielverlauf, der als »Wunder von der Grotenburg« unvergessen bleibt.

Das 13. von insgesamt 17 deutsch-deutschen Europapokal-Duellen ist schon vor dem Schlusspfiff entschieden, vor dem Schäfer noch eine weitere Konterchance vergibt und Ramme sich gegen Bommer noch mal auszeichnen darf. Als gebranntes Kind wird er in Dresden trotz Jakubowskis Karriereende nie Stammkeeper.

Dann setzt Schiedsrichter Nemeth, der auf eine Nachspielzeit verzichtet, den Schlusspunkt unter ein Stück deutsche Fußballgeschichte. Sein schriller Abpfiff beendet den Wahnsinn.

Für die Gäste ist er auch eine Erlösung. Eine taube Erlösung. Wie abwesend eilen sie davon. »Die sind alle sofort in die Kabine«, erinnert sich Friedhelm Funkel, wo später Bayer-Kapitän Herget auftaucht, um Autogramme auszutauschen. Wirklich miteinander gesprochen wurde nicht. »Null Komma null«, sagt Friedhelm, »auch während des Spiels nicht.« Hatten Westdeutsche und Ostdeutsche dieses Duell lange Zeit ähnlich empfunden, könnte es nun nicht unterschiedlicher sein.

Bei Minge und Co. »herrschte Totenstille. Auch abends im Hotel.« Selbst seine Nacherzählung ist gedämpft. Ähnlich erschlagen, nur vollkommen anders, schleppt sich Wolfgang Funkel nach seinen 15 Kilometern, nach seinen drei Toren als Manndecker, nach seinen Tränen der Erleichterung zum heimlichen König dieses Abends, Mikrofon-Mann Töpperwien.

»Er war jetzt natürlich der Größte«, schmunzelt Friedhelm, »er war dann wieder so, wie er immer war. Hat gelacht, Sprüche geklopft.« Töpperwien bekommt sogar noch das in der Halbzeit versprochene Interview mit Klaus Sammer, der zu denen gehörte, für die das Spiel noch nicht abgepfiffen war.

Trainer Sammer und Libero Dörner wurden zum Saisonende hin ausgemustert, Dörners Karriereende wurde quasi von oben entschieden. Man wollte wohl auf Gedeih und Verderb etwas ändern. Denn ein paar Wochen nach Uerdingen hatte Dynamo nach einem 2:1-Auswärtssieg im Halbfinale des FDGB-Pokals das Heimspiel gegen Union Berlin noch mit 3:4 verloren. Obwohl man bereits mit 3:1 geführt hatte.

Heute Weltmeister, morgen Kreismeister. »Das war schon zu meiner aktiven Zeit so«, wusste Klaus Sammer. Doch das half ihm nicht. Genauso wenig, dass Minge und Co. »liebend gerne mit ihm weitergemacht hätten, wenn es nach uns Spielern gegangen wäre.« Nach ihnen ging es nun wahrlich nicht.

Was sich für die Funkels, Töpperwien und Co. zum Abend ihres Lebens entwickelte, verkam für die sächsische Delegation zu einer unerträglich langen Nacht. »Wir haben zusammengesessen und versucht, zu analysieren«, erzählt Minge. Viel ergeben hat die Analyse nicht. Es war auch Ärger im Spiel.

Der erste Elfmeterpfiff. Das 4:3, das vielleicht gar kein Tor war. Ein Auswärtsschiedsrichter war Nemeth nicht gewesen. »Man hat sich schon ein bisschen benachteiligt gefühlt«, gesteht Minge, der das aber unbedingt nicht zu hoch hängen will: »Den entscheidenden Anteil hatten wir mit unserer Leistung.« Deshalb auch die Folgen für Sammer und Dörner. Doch erst mal kam es noch schlimmer. Mitten in der Nacht die Schocknachricht: »Lippe« ist weg.

Frank Lippmann schlich sich in dieser Nacht durch die Tiefgarage davon und blieb im Westen. Fürchtete auch er, der Vorgewarnte, ernsthafte Konsequenzen? »Seine Flucht war ja nicht geplant«, versichert Minge. Am Nachmittag hatte Lippmann noch Sachen für seine neugeborene Tochter eingekauft.

Wie auch immer. Die gebeutelte SGD, die sogleich bei Stasi-Chef Erich Mielke antreten musste, kehrte nicht vollständig zurück. »Das war«, so Minge, »letztendlich die volle Packung.« Die DDR-Führung machte auch aus dem menschlichen Tiefschlag Propaganda: »Der Spieler Frank Lippmann hat für eine hohe Geldsumme, die ihm sportfeindliche Kreise boten, seine Kameraden verraten«, verkündete die Nachrichtenagentur ADN. Wie es damals eben üblich war.

Sportlich sollte sich Lippmanns Flucht nicht auszahlen. Als Dynamo Dresden 1989 die zehnjährige Meister-Dominanz des BFC Dynamo brach – 1990 gewann die SGD sogar das Double –, war seine Westkarriere auch aufgrund von Verletzungen schon wieder beendet. Noch vor der Wiedervereinigung kehrte Lippmann nach Dresden zurück. Beim Dresdner SC ließ er seine Laufbahn schließlich ausklingen, deren Ende die nächste schwere Verletzung entschied. Bei Dresdener Vereinen arbeitete er später auch als Trainer.

Im wiedervereinigten Deutschland würde Dynamo nie mehr die Rolle spielen, die man gegen Ende der DDR innehatte – ähnlich erging es Bayer Uerdingen. Die Jahre 1984 bis 1987, als Feldkamp ging, mit den Bundesliga-Platzierungen sieben, drei und acht, blieben die größte Zeit des heutigen KFC Uerdingen, deren abruptes Ende nicht nur mit dem Weggang des Trainers zu Eintracht Frankfurt zu begründen ist.

Nachdem Bayer 1986 im Europapokal-Halbfinale schließlich verdient an Atletico Madrid gescheitert war, das Wolfgang Funkel bei hohen Bällen doppelt und dreifach attackiert hatte, sollte ihr Erfolg die Uerdinger teuer zu stehen kommen. »Er hat die Firma Bayer dazu veranlasst, die Förderung ihrer Mittel nur noch auf

Leverkusen zu fokussieren – weil sie Angst hatte, dass wir den Leverkusenern als »kleine Filiale« auf Dauer den Rang ablaufen«, beschwört Friedhelm Funkel, der Anfang der 1990er Jahre als Trainer nach Krefeld zurückkehrte.

»Dadurch war unser Abstieg« – sportlich musste Uerdingen 1991, 1993 und final 1996 den Gang ins Unterhaus antreten – »vorgezeichnet gewesen.« Also doch wieder Stimmungsgleichheit zwischen Ost und West.

Der Firma, die sich 1995 auch offiziell von der Grotenburg zurückzog, war's herzlich egal. Schon 1988, als Uerdingens Stern zu sinken begann, hatte Leverkusen gegen Espanyol Barcelona den UEFA-Cup gewonnen. Dank einer tollen Aufholjagd.

9

WIE EL CLASICO

Deutschland gegen die Niederlande, WM-Achtelfinale 1990

Einige ihrer hitzigsten Länderspiele bestritt die deutsche Nationalmannschaft gegen Nachbarland Niederlande. Höhe- und Tiefpunkt dieser Rivalität erlebte das Achtelfinale bei der WM 1990 – aber auch ein Spiel des Lebens und einen Vornamenwechsel.

2:1

Deutschland – Niederlande

Illgner

Augenthaler

Berthold   Kohler

Reuter   Brehme

Matthäus

Littbarski   Buchwald

Klinsmann   Völler

van Basten

Gullit

Witschge   Wouters   Winter   van't Schip

van Tiggelen   Rijkaard   Koeman   van Aerle

van Breukelen

24. Juni 1990 im Stadio Giuseppe Meazza, Mailand

Tore: 1:0 Klinsmann (51.), 2:0 Brehme (85.),
2:1 Koeman (89., FE)

Die 1980er Jahre waren ein schillerndes Jahrzehnt. Schrille Mode, turmhohe Frisuren, Konsum ohne Grenzen, und rauf und runter lief Synthesizer-Musik. Heute kann man zumindest darüber schmunzeln. Der Fußball in dieser Zeit war weniger schillernd. Auf dem Platz gaben grobmotorische Modellathleten, destruktive Fünferketten oder noch völlig legitime Blutgrätschen ein nur bedingt schönes Bild ab. Richtig hässlich wurde es aber erst auf den Rängen. Denn die 1980er Jahre waren auch ein Jahrzehnt des Hooliganismus, der sich nationenübergreifend immer mehr Bahn brach. Die hässliche Fratze des Fußballs. Mit furchtbaren Folgen.

Deutschland hatte 1982 mit dem erst 16-jährigen Adrian Maleika seinen ersten bekannten »Fußballtoten« zu beklagen. Vor einem Pokalspiel gegen den HSV in Hamburg wurde der junge Werder-Bremen-Fan in einem Hinterhalt einer rivalisierenden Fangruppe brutal mit einem Stein erschlagen. Noch üblere Ausmaße nahmen die Krawalle im sogenannten Mutterland des Fußballs an. Die englische Gewaltwelle, von Premierministerin Margaret Thatcher vergeblich bekämpft, schwappte 1985 sogar bis ins Finale des Europapokals der Landesmeister – der heutigen Champions League –, von dem heute kaum noch einer weiß, wie es eigentlich ausgegangen ist.

Schon vor dem Anpfiff hatten alkoholisierte Fans des FC Liverpool in einem benachbarten neutralen Block Tifosi von Juventus Turin angegriffen, die sich dort eigentlich gar nicht hätten aufhalten dürfen. Doch da waren sie nun mal. Ein korrupter italienischer Funktionär soll die Karten auf dem Schwarzmarkt vertrieben haben. Da half dann alle Organisation nichts, so überschaubar sie auch gewesen sein mag. Und weil das große Endspiel zudem im maroden Heysel-Stadion in Brüssel stattfand, das eigentlich schon längst hätte renoviert werden müssen, stürzten bei den Attacken aus dem Liverpool-Block baufällige Zäune und Mauern ein. 39 Menschen kamen ums Leben, englische Vereine wurden daraufhin für fünf Jahre aus dem Europapokal verbannt. Liverpool sogar für sechs.

213

Die Stadionkatastrophe von Hillsborough, als im englischen Pokal-Halbfinale in Sheffield mehr als 90 Liverpool-Anhänger – diesmal unverschuldet – ihr Leben ließen, war am 26. April 1989 erst elf Tage her. Doch nicht einmal das brachte die Chaoten beim deutschen WM-Qualifikationsspiel in den Niederlanden zur Besinnung. Natürlich gab es Ausschreitungen. Gab es doch immer. Gerade vor diesen Spielen.

»Das war wie El Clasico«, bemüht Guido Buchwald, der in Rotterdam in der deutschen Startaufstellung stand, den großen Vergleich mit dem Duell zwischen Real Madrid und dem FC Barcelona. »Deutschland gegen Holland war damals etwas ganz Besonderes.«

In den späten 1980er und frühen 1990er Jahren gab es im europäischen Nationalmannschaftsfußball nicht nur kein brisanteres, sondern wahrscheinlich auch kein hochklassigeres Duell. Erst recht nicht ab 1989, als sich in der Serie A, der damals unangefochten besten Liga der Welt, bei Europapokalsieger AC Mailand das niederländische Triumvirat Frank Rijkaard, Ruud Gullit und Marco van Basten versammelt hatte. Während bei Stadtrivale Inter die deutschen Aushängeschilder Andreas Brehme, Jürgen Klinsmann und Lothar Matthäus spielten. Viel mehr Rivalität ging nicht. Was auch in der gemeinsamen Vergangenheit begründet lag.

Bei der WM 1974 in Deutschland hatten sich die Niederländer um den genialen Johan Cruyff erstmals als vermeintlich beste Mannschaft der Welt hervorgetan und die Fußballszene mit ihrem »totalen Fußball« hellauf begeistert. Es fehlte lediglich die Krönung, als die Elftal es im Endspiel von München ausgerechnet mit dem Gastgeber zu tun bekam. Noch ehe ein Deutscher den Ball berührt hatte, waren die Totalfußballer nach zwei Minuten in Führung gegangen – doch am Ende jubelte die BRD. Tore von Paul Breitner und Gerd Müller hatten das Finale im Olympiastadion gedreht und großen Frust über die Niederlande gebracht. Einige Niederländer feierten aus Protest einfach trotzdem, als der-

214

art ungerecht hatten sie die Niederlage ihres Superteams empfunden.

Unter ihnen waren womöglich ein paar Jungens, die 14 Jahre später Rache nehmen konnten. Im Halbfinale der EM 1988, Deutschland war erneut Ausrichter, konnte Stürmerstar van Basten seinem Bewacher Jürgen Kohler im Hamburger Volksparkstadion kurz vor Schluss einmal entscheidend enteilen und im Fallen das 2:1-Siegtor erzielen.

Es war vollbracht. 1974 war gerächt, erst recht, als Oranje in München wenig später auch das Finale gegen die Sowjetunion gewann. Mit diesen Siegen endete die Feindschaft – gerade seitens der Niederländer – aber nicht. Denn es war nie nur um Fußball gegangen. Ganz besonders nicht für Willem van Hanegem.

Der große Spielmacher von Feyenoord Rotterdam, Teil der Final-Mannschaft von 1974, hatte bei den deutschen Angriffen während des Zweiten Weltkriegs seinen Vater, seine Schwester und zwei Brüder verloren. »Ich hasse sie«, posaunte van Hanegem ganz unverhohlen heraus. Nach der Führung im WM-Finale flehte er seine Teamkollegen regelrecht an, die Deutschen von nun an mit provokanten Tricks oder Pässen knapp am Standbein vorbei vorzuführen. Nach der Niederlage blieb der feine Linksfuß dem gemeinsamen Bankett als einziger Spieler fern.

»Für sie ist ein Sieg gegen uns das Größte. Sie hassen uns so viel mehr als wir sie«, sagte der deutsche Verteidiger Karlheinz Förster einmal. »Wir haben der älteren Generation so viel Freude bereitet«, schwärmte Gullit nach der Revanche 1988: »Ich habe ihre Emotionen gesehen, ihre Tränen.« Deutschland gegen die Niederlande, das war nicht einfach nur ein Fußballspiel. Speziell in diesen Jahren nicht.

Für Buchwald muss man das auseinanderdividieren. »Klinsmann war mit Gullit, van Basten und Rijkaard ja eigentlich befreundet«, verrät der damalige Stuttgarter, der beim VfB zu dieser Zeit von Arie Haan trainiert wurde, einem der Niederländer von 1974. »Aber es gab auch Spieler wie Torhüter Hans van Breukelen oder die beiden Koemans, von denen man gewusst hat, dass das ›Deutsch-Hasser‹ waren.« Und das sagt Buchwald nicht lapidar.

Abwehrchef Ronald Koeman hatte die Rivalität nach der Revanche 1988 nur noch weiter befeuert, indem er sich mit dem von Olaf Thon ertauschten Deutschland-Trikot vor aller Augen provokativ den Hintern abwischte. »Die hatten sich nach ihrem Sieg schon etwas danebenbenommen«, bestätigte DFB-Kapitän Matthäus nach dem Achtelfinale 1990 die Zusatzmotivation.

Der große Showdown bei der WM in Italien sollte ausgerechnet in San Siro stattfinden, wo sowohl Deutschlands Inter-Legionäre als auch die niederländischen Milan-Stars zu Hause waren. Die perfekte Spielstätte für Kampf Nummer drei, der den Sieger dieser generationenübergreifenden Rivalität klären sollte. Kurioserweise zogen sich die Niederländer mit van Basten, Gullit und Rijkaard allerdings in der Inter-Kabine um, während Matthäus, Klinsmann, Brehme und die Deutschen wegen der genauen Spielansetzung – Deutschland war Heim-Mannschaft – mit der Milan-Kabine vorliebnehmen mussten. Doch war dieses Spiel nun überhaupt dieses hochstilisierte Gipfeltreffen, das Buchwald mit Hochachtung in der Stimme als »vorgezogenes Halbfinale oder Finale« bezeichnet?

Tatsächlich war Oranje zu diesem Zeitpunkt so gar nicht in Form. Während sich das DFB-Team nach einer fulminanten Gruppenphase zum WM-Topfavoriten gemausert hatte, würgte sich die Elftal als Gruppendritter ins Achtelfinale. Mit Totalfußball hatte das nicht mehr viel zu tun. Nach einer erfolgreichen, aber langen Saison mit der AC Mailand war der ausgelaugte Goalgetter van Basten nicht auf der Höhe, noch weniger Kapitän Gullit, der ein ganzes Jahr lang verletzt ausgefallen und längst nicht wieder bei 100 Prozent war. »Das Problem heißt Gullit«, titelte der *kicker*, doch das rein Sportliche war für die Mannschaft von Trainer Leo Beenhakker noch nicht einmal die größte Sorge. Intern loderten Antipathien, die womöglich noch stärker waren als die mit Erzrivale Deutschland.

216

»Die Harmonie fehlt, die Einstellung stimmt nicht«, gewährte Schlussmann van Breukelen dem *kicker* Einblicke, »zuletzt haben zu viele gegeneinander gearbeitet.« Das Fachmagazin berichtete 1990 auch von einer Krisensitzung noch während der Gruppenphase, in der sich alle alles gegen den Kopf werfen durften. Gerald Vanenburg, beim EM-Titel 1988 noch Stammspieler, tat das darüber hinaus sogar öffentlich – und machte danach kein Spiel mehr. Koeman indes riss über sein Übergewicht nach einem durchwachsenen ersten Jahr beim FC Barcelona lieber Witze, anstatt etwas dagegen zu unternehmen. Kein wirklicher Lösungsansatz.

So konnte Europameister-Trainer Rinus Michels, inzwischen Technischer Direktor, den Deutschen im ARD-Interview Entwarnung geben. »Die Form der Spieler stimmt nicht«, beklagte er, »die Leistungsträger sind zu sehr mit sich selbst beschäftigt, um die Führung der Mannschaft übernehmen zu können. Das Selbstvertrauen fehlt.«

Buchwald, der bei den Duellen in diesen Jahren eigentlich immer auf dem Platz stand, erkennt rückblickend – vorsichtig formuliert – noch ein anderes Problem: »Die Niederländer waren so unterschiedlich, gerade auch von der Mentalität der einzelnen Spieler. Sie hatten im Team zu viele verschiedene Charaktere, untereinander zu viel Rivalität.« Aus Buchwalds heutiger Sicht ist das sogar ein grundsätzliches Problem der Elftal und in seinen Augen »ein Grund, warum sie es selten zu einem großen Titel gebracht hat«. Seit 1988 kam bisher kein weiterer dazu.

Diese Niederländer – für Deutschland im euphorisierten Jahr der Wiedervereinigung also nur eine Pflichtaufgabe? Im DFB-Lager zumindest dachte das keiner, im Gegenteil. Als die Aufstellung von Teamchef Franz Beckenbauer publik wurde und sich die Spieler schließlich auf dem Rasen des Stadio Giuseppe Meazza formierten, staunte Fußball-Deutschland nicht schlecht. Von den zehn deutschen Feldspielern waren sechs nominell defensiv. Tritt so ein Titelfavorit auf?

»Ich habe das Gefühl, dass alle etwas nervös sind«, gibt Co-Kommentator Karl-Heinz Rummenigge, der die deutschen Spieler im Mannschaftsquartier in Erba zuvor noch besucht hatte, an das TV-Publikum weiter. Der ehemalige Weltklassestürmer, 1982 und 1986 Vizeweltmeister, befürchtet »eine Sechser-Abwehrkette«. Buchwald, der dann wohl Teil einer solchen gewesen wäre, widerspricht über 30 Jahre später entschieden: »Wenn man sich die Namen mal anschaut, einen Andreas Brehme zum Beispiel, die hatten ja alle auch ihre Stärken in der Offensive.« Buchwald selbst spielt 1990 bei eigenem Ballbesitz im Mittelfeld, vielleicht nie so offensiv wie gegen Oranje. Aber dazu später mehr.

Hinter Beckenbauers verhaltener Herangehensweise, die nun wirklich nicht wegzudiskutieren ist, steckt ein Plan. Zum einen hatte er bei den Niederländern neben Gullit und van Basten »Wim Kieft erwartet«, einen dritten kopfballstarken Stürmer. Daher also drei kompetente Manndecker – neben Libero Klaus Augenthaler. Und natürlich zwei Außenverteidiger. Zum anderen aber, so verriet Matthäus später bei der ARD, »war es unsere Taktik, abwartend zu spielen, weil wir wussten, dass sie zwei Tage weniger Regenerationszeit hatten«. Beckenbauer sei sich sicher gewesen, »dass sie das niemals aufholen konnten«.

Tatsächlich hatten sich die Deutschen nach ihrem sportlich unbedeutenden letzten Gruppenspiel gegen Kolumbien (1:1) ganze fünf Tage erholen können, während sich die Niederlande gegen Irland noch einmal strecken mussten – nur 72 Stunden vor dem Anpfiff im Achtelfinale.

Trotzdem gesteht Buchwald in der Rückschau einen »unheimlichen Respekt vor der Qualität des niederländischen Kaders«, der mindestens auf dem Papier brachial daherkam. Klar, diese Jungs waren schließlich erst zwei Jahre zuvor Europameister geworden. Auch Uwe Bein, der dieses Spektakel enttäuscht von einem Tribünenplatz aus verfolgen muss, »war eigentlich klar gewesen, dass sie stärker spielen werden als in der Vorrunde«. Und genau das tun die Niederländer auch – nachdem sich ihre Anhänger wäh-

218

rend der deutschen Nationalhymne die Seele aus dem Leib gepfiffen hatten.

Vergleichbar aggressiv steigen auf dem Rasen die niederländischen Spieler ein. Adri van Tiggelen räumt rüde und augenscheinlich mit Vorsatz direkt mal Pierre Littbarski ab. Ein Voranpreschen mit Wirkung. Das DFB-Team, das merklich behäbiger beginnt, zeigt sich beeindruckt.

Die Anfangsphase in San Siro gehört Oranje, das sich den Ball schnappt, ihn mit gewohnt feiner Technik zirkulieren lässt und zügig den Weg nach vorne sucht. Rijkaard geht dem argentinischen Schiedsrichter Juan Carlos Loustau dabei gar zu ungestüm zu Werke – das Trikot steckt nicht in der Hose. Eine Vorgabe bei diesem Turnier. Der Star muss nachzupfen. Deutschlands Antreiber Matthäus ist erst mal als Abfangjäger gefragt, während auf beiden Seiten der Weg über außen gesucht wird. Flanke um Flanke segelt anschließend in Richtung der Fünfmeterräume, besonders an den von Bodo Illgner.

Schon in der sechsten und achten Minute sorgt Aron Winter, meistens Buchwalds direkter Gegenspieler, durch zwei Großchancen nach Hereingaben an den Fünfer für deutsche Schreckmomente. Beim ersten Mal, zuvor war Thomas Berthold einfach an Gullit abgeprallt, kann Brehme zumindest noch leicht und womöglich entscheidend stören. Beim zweiten Mal wurde nach einem Flanken-Aufsetzer die gesamte deutsche Hintermannschaft auf dem falschen Fuß erwischt. Puh. Doch der Ball ist schwer zu nehmen, Winter scheitert erneut.

»Um den kümmert sich offensichtlich keiner so richtig«, kritisiert ARD-Kommentator Heribert Faßbender. Durchatmen beim deutschen Team, dem in diesen Minuten alles irgendwie ein bisschen zu schnell geht. Das hätte auch ins Auge gehen können.

»Ja klar, das war ja keine Laufkundschaft«, lacht Buchwald, der in beiden Szenen zu spät gekommen war, aber Glück hatte – und heute betont: »Er hatte zwei Großchancen. Aber er hat sie nicht reingemacht.«

Also weiter 0:0. Deutschland kann die Partie ein wenig beruhigen, während nach wie vor die Flanken fliegen. Oder freche Fernschüsse von Jan Wouters hüben – ein etwas zu hoch angesetzter Chip – und Pierre Littbarski drüben.

Drüben, bei Deutschland, ist das auch ein bisschen Entlastung angesichts der vielleicht ein wenig überraschenden gegnerischen Angriffslaune. Oder des entschlossenen Pressens etwa ab Höhe der Mittellinie, was im deutschen Spiel in dieser Form nicht vorkommt. Oranje ist die zielstrebigere Mannschaft. So spielt keine Krisen-Truppe.

Das DFB-Team tut sich schwerer, offenbart Abstimmungsprobleme in der Defensive und auch in der Offensive, wo sich Klinsmann mehrmals bis ins Mittelfeld zurückfallen lässt, um den Ball abzuholen. Um ihn anschließend aber meistens zu verlieren.

Buchwald, der sich wieder gut in die Szenerie hineinversetzen kann, weiß noch ganz genau, wie »die Niederländer am Anfang unheimlich gedrückt« haben und »die überlegene Mannschaft« waren. Sogar ohne großes Zutun des bemühten Gullit, der etwas unglücklich und unsauber auftritt, und auch ohne jenes von Vereinskamerad van Basten, der von seiner Nemesis Kohler über den ganzen Platz verfolgt wird. Dafür macht Rijkaard in aller Ruhe das Spiel. Und immer wieder Flanken. Bei denen es so robust zur Sache geht, dass Oranje-Schlussmann van Breukelen beim Abfangen einer solchen Hereingabe völlig gleichgültig Mitstreiter Rijkaard abräumt. »Mein Ball.« Keine Kompromisse.

So geht das Ganze hin und her, jenseits der Flanken vor allem mit langen Bällen in die Spitze oder Läufen durch die Mitte. Da schenken sich beide Kontrahenten wenig, wenngleich überwiegend die Elftal entscheidet, was passiert, während Deutschland zurückhaltend abwartet. Bis zu einer Schlüsselszene dieses legendären Spiels. Bis zur 21. Minute.

Rudi Völler stürmt mit seiner unwiderstehlichen Dynamik über Deutschlands linke Angriffsseite. Schwer zu verteidigen. Rijkaard, eigentlich Gegenspieler von Völlers Sturmpartner Klinsmann, lässt fast schon gelangweilt, aber bestimmt, das Bein stehen. Keine andere Absicht. Kein Hehl. Klares Foulspiel, in diesem Tempo auch eine Gelbe Karte. So weit, so richtig vom international erfahrenen Unparteiischen Loustau.

Nicht aber für Rijkaard, der nicht aufhören will zu diskutieren, zu lamentieren, Völler zu provozieren. Wie auf dem Schulhof. Als der Niederländer dann schließlich doch von dannen trabt, hat er einen perfiden Plan, den er sogleich in die Tat umsetzt: Im Vorbeijoggen spuckt er Völler tatsächlich in die Haare. Der schöne Minipli.

Völler bleibt das nicht verborgen. Mit ordentlich Puls stürmt er auf den Schiedsrichter zu, um ihm ersichtlich zu machen, welch widerliche Unsportlichkeit sich soeben ereignet hat. Entrüstet setzt er auf Zeichensprache, zupft sich die betroffene Stelle in der Lockenpracht zurecht und deutet darauf. Der damals 42-jährige Loustau aber erstickt die Beschwerden im Keim und zeigt wenig motiviert – oder womöglich vielmehr übermotiviert – auch Völler Gelb. So beiläufig. Zauberwort Verhältnismäßigkeit. Sich seiner Ohnmacht bewusst, macht Völler erst mal weiter. Zumindest den folgenden Freistoß lang.

Der Ball segelt ins Getümmel, und Völler hinterher. In der Luft versucht der Stürmer der AS Rom sogar noch, dem heranrauschenden van Breukelen auszuweichen, mit dem er in den Anfangsminuten nach einer Flanke schon einmal kollidiert war. Diesmal gelingt es Völler eigentlich, der Kontakt ist schlussendlich minimal. Van Breukelen aber hat trotz der Harmlosigkeit dieser Szene anderes im Sinn. Gleiches gilt für Rijkaard, der ebenfalls sofort wieder am Ort des Geschehens auftaucht und Völler nicht nur stumpf bepöbelt und sich drohgebärdend vor ihm aufbaut, sondern ihn auch an den Ohren zieht und zu Boden stößt. Ein ganz seltsamer Auftritt.

Nun hat Völler noch größere Probleme, die Fassung zu wahren, während der herbeigeeilte Klinsmann versucht, seinen Kollegen aus der Gefahrenzone zu schieben. Doch es ist zu spät. Während sich Rijkaard seinen frühen Feldverweis redlich verdient hatte, zeigt Loustau tatsächlich auch Völler Rot, der sich rein gar nichts hatte zuschulden kommen lassen.

Die Fassungslosigkeit ist nicht nur der deutschen Nummer 9 ins Gesicht getackert. Doch die versteckte Kamera will einfach nicht auftauchen. Und als wäre das noch nicht genug, spuckt Rijkaard Völler beim Verlassen des Feldes im Vorbeigehen ein zweites Mal an. Unfassbar. Daraufhin beschleunigt Völler, lauert dem »Lama« – dieser Spitzname bleibt zumindest in Deutschland an Rijkaard haften – jedoch erst im Kabinengang auf, um den Widerling zur Rede zu stellen. Komplett eskaliert sein soll es nicht. Wahrscheinlich fühlte sich das alles noch zu surreal an. Nicht nur für den Bespuckten.

»Wir konnten das in diesem Moment gar nicht begreifen«, erinnert sich Buchwald lebhaft an diese Minuten – auch nicht, »dass Rudi, bei seinem Charakter überraschend, so ruhig geblieben ist.« Die Entscheidung Doppel-Rot in diesem WM-Achtelfinale 1990 zählt, vorsichtig formuliert, zu den sonderbarsten Schiedsrichterentscheidungen der Turniergeschichte. Absolut skandalös, mit dieser Wortwahl bringt es auch TV-Experte Rummenigge schnell auf den Punkt. Fortan also zehn gegen zehn, für die verbleibenden rund 70 Minuten. Das verändert das Spiel.

Während Beckenbauer an seiner Formation festhält und Klinsmann zum Erhalt der Struktur nun eben allein stürmen lässt, hat die Elftal, bei der Beenhakker Wouters tiefer zieht, ihren Schlüsselspieler verloren. Rijkaard war der Stratege, der das niederländische Spiel von hinten aufbaut. Über ihn läuft zu dieser Zeit fast alles. Im Gegensatz zu Gullit und van Basten ist der Allrounder auch noch einigermaßen in Form.

Nicht erst zur Halbzeit würde Co-Kommentator Rummenigge eine Verschiebung der Kräfteverhältnisse »zu unseren Gunsten« erkennen, Buchwald schlägt in die gleiche Kerbe: »Im Nachhinein muss man sagen: Die Spuckattacke hat uns geholfen. Frank hat den Holländern mehr gefehlt als Rudi uns. Einen Stürmer kann

222

man manchmal leichter ersetzen«, erklärt der Mittelfeldspieler, »aber bei denen war die Grundordnung durcheinander«. Die anfängliche Souveränität des Europameisters hatte spürbar gelitten.

Sofort sticht Matthäus mit einem Antritt in die niederländische Verunsicherung hinein, kann von Wouters mit einem weiteren gelbwürdigen Foul nur unfair gestoppt werden. Loustau lässt die Karte stecken. Jetzt läuft der Ball bei der Elftal nicht mehr so rund, wandert er nicht mehr so zielstrebig nach vorne; jetzt attackiert auch das DFB-Team mal höher.

Ab und an blitzt beim Europameister weiterhin die individuelle Klasse auf, Wouters verzieht nach einer feinen Hackenablage von Gullit aussichtsreich. Aber im Defensivverbund offenbart Oranje Lücken. Das ist die große Chance für Deutschland, das in puncto Laufleistung trotz der Roten Karte für Völler womöglich gar nicht zu zehnt auf dem Rasen von San Siro steht. »Weil der Jürgen ja quasi für zwei gelaufen ist«, flachst Buchwald mit einem breiten Grinsen.

Völlers unberechtigter Platzverweis ist für seine dezimierten Kollegen zum einen zusätzliche Motivation: »Wir haben uns gesagt: Es kann nicht sein, dass die Holländer mit so viel Ungerechtigkeit auch noch weiterkommen«, verrät Buchwald. Zum anderen ist die Herausstellung zweier Spieler womöglich ein Vorteil für das deutsche Team, ist das Zehn-gegen-Zehn »uns mit unserer Laufstärke, vor allem mit der von Jürgen, eigentlich sogar entgegengekommen«. Denn jetzt sind die Räume größer. Überall auf dem Platz.

Bondscoach Beenhakker, der seine Nervosität hinter der zweiten, fünften oder vielleicht auch schon achten Zigarette zu verstecken versucht, muss vom Spielfeldrand aus mit anblicken, wie allen voran Klinsmann vor Motivation nur so strotzt und mehr und mehr das Spiel seines Lebens macht. Der »Schwabenpfeil«, der für ein Halten von van Tiggelen nach einem Freistoß in der 33. Minute durchaus einen Elfmeter hätte kriegen können, wetzt jedem Ball hinterher und macht seinem neuen Bewacher Barry van Aerle das Leben schwer. Eigentlich verteidigen die Niederländer Klinsmann meistens zu zweit oder zu dritt. Das müssen sie auch.

»Wir wussten, den Jürgen können wir auch 20-mal schicken«, lacht Buchwald, und meint es doch ernst. »Der wäre immer hinterhergelaufen.« Aber nicht nur er. Die bessere Fitness der Deutschen macht sich allmählich bemerkbar, während der angeschlagene Gullit nach einer Halbfeldflanke auf der Gegenseite einen halben Schritt zu spät dran ist. Der Elftal kommt die Präzision abhanden. Van Basten, der gegen Kohler einen schweren Stand hat, verspringt ohne Not der Ball. Gefährlich wird fast nur Winter, der mal hier und mal da auftaucht. Schwierig für Buchwald, der ja auch angreifen muss.

Neben Buchwald wird auch Matthäus stärker, so langsam kippt das Spiel. Dagegen kommt auch kein »Hup, Holland, Hup« von der Tribüne an, nicht mal mit musikalischer Begleitung. Aber die Stimmung ist toll.

Kurz vor der Pause kombiniert auch Deutschland fein. Richtig flüssig, Ein-Kontakt-Spiel mitunter. Mit mehr Zug in Richtung Tor. Aushilfs-Angreifer Buchwald hat nach einem Ballgewinn von Schlitzohr Littbarski – ein wilder Fehlpass von Wouters – die große Möglichkeit zur Führung. Direktabnahme, doch van Breukelen reagiert gegen seine Laufrichtung stark. Wenig später ist van Tiggelen aufmerksam und verhindert einen Steckpass von Littbarski auf Klinsmann, der wohl frei durch gewesen wäre. Ansonsten ist die einsame Spitze häufig auf sich allein gestellt, Unterstützung aus dem Mittelfeld gibt es selten. Da bleibt Beckenbauer konservativ.

So geht es schließlich ohne Tore zurück in den Stadionbauch, weil beide Seiten bis hierhin noch nicht volles Risiko wagen wollen. Milan- und Inter-Stars, auch in ihren Nationalmannschaften in den Farben getrennt, stapfen stoisch aneinander vorbei in die Katakomben. Auf den Rängen bleibt es laut. In den Kabinen relativ gemäßigt.

Aus dem Stadionbauch auf den Rasen zurück kommen beide Mannschaften personell unverändert. Das gilt weitestgehend auch für die beiden Formationen. Nur Matthäus, im deutschen Mittelfeld eigentlich defensiv am meisten eingebunden, schaltet sich nun mehr mit nach vorne ein.

Kurz nach Wiederbeginn tritt der Kapitän vielversprechend an, entscheidet sich aber für einen fahrigen Pass, obwohl ein Schuss wahrscheinlich besser gewesen wäre. Wenig später verbucht er, den dynamischen Gegenstoß hatte er selbst eingeleitet, eine aussichtsreiche Kopfballchance in der Rückwärtsbewegung. Doch van Breukelen greift sich die Bogenlampe. Ein Torwartball. Der Schlussmann lässt es sich nicht nehmen, kamerafreundlich abzuheben. Fußball ist auch Show-Geschäft.

Neben Matthäus bleiben auf deutscher Seite Klinsmann und Buchwald die offensiven Protagonisten, Letzterer soll Ersteren im zweiten Durchgang unterstützen. Sie kennen sich aus gemeinsamen Jahren in Stuttgart. Sie sind ein Duo, das an diesem heißen Nachmittag in Mailand wahrscheinlich auch deshalb ganz wunderbar harmoniert.

In der 51. Minute steht Buchwald plötzlich auf dem linken Flügel, die Grundlinie fest im Blick. Vor dem normalerweise eher defensiv gepolten Tausendsassa wartet nur noch Gegenspieler Winter. Der greift in der Regel lieber an, als zu verteidigen. Vorteil Deutschland. Buchwald hat eine Idee. »Es war ein Eins-gegen-Eins, und ich wollte zum Flanken kommen«, bricht er die Situation 33 Jahre später auf das Wesentliche herunter. Und so zückt der vermeintliche Grobmotoriker – gleich zweimal – den Übersteiger. Und wird vom Guido endgültig zum »Diego«.

»Einen Übersteiger hatte ich auch vorher schon öfter gemacht«, beschwichtigt Buchwald zwar. Auch, dass er den Spitznamen, freilich angelehnt an den großen Diego Maradona, bereits vor der WM im Mannschaftstraining von Klaus Augenthaler verpasst bekommen hatte. Wegen ein paar Kabinettstückchen beim Fünf-gegen-Zwei. »Du spielst ja wie Diego«, hatte es da schnippisch geheißen – in der Tat. Guido oder Diego, Hauptsache Buchwald, tanzt sich jedenfalls an Winter vorbei und weiß, »dass Jürgen immer auf den ersten Pfosten geht«. Dort setzt sich Klinsmann im Laufduell durch und spitzelt den Ball an van Breukelen vorbei in die Maschen. Noch mehr Energie steckt er in den folgenden Jubel. Das verdiente 1:0.

Jetzt ist das Achtelfinale so richtig eröffnet. Sämtliche Scheu wird abgelegt, vor allem seitens der Elftal. Rechtsaußen John van't Schip narrt Brehme und geht rechts in Richtung Grundlinie, im Strafraum setzt Gullit, am Oberschenkel in grellem Blau bandagiert, aussichtsreich zum Volley an – und jagt die Kugel in die Wolken. Ein bisschen sinnbildlich.

Auf deutscher Seite, wo man sich nun auch mal abwartend fallen lässt, reißt weiterhin Kapitän Matthäus seine Kollegen mit, der in den Vorrundenspielen gegen Jugoslawien und die Vereinigten Arabischen Emirate überragt hatte, der im ersten Durchgang gegen Oranje aber noch etwas zurückhaltend war. Immer wieder beschwört der 29-Jährige in seinem damaligen »Wohnzimmer«, wenn er wieder zu einem seiner Antritte ansetzt, Momente der Entlastung oder der Inspiration herauf. Für die Elftal ist der Mann mit der Rückennummer 10 kaum zu greifen. Für seine eigene Mannschaft sieht das im Sommer 1990 ganz anders aus.

»Lothar war bei der WM ein Kapitän, wie ein Kapitän sein muss«, lobt Leistungsträger Buchwald einen Weltklassespieler, dem in den Jahren zuvor nicht selten die Führungsqualitäten abgesprochen worden waren. Selbst auf dem Platz. Hier lässt Matthäus während des Weltturniers keine Zweifel mehr zu – und abseits des Rasens auch nicht. »Es war bewundernswert, wie er sich zurückgenommen und sich für die Mannschaft eingesetzt hat«, schwärmt Buchwald – und nimmt sich Zeit dafür. »Wenn man sich die Bilder aus Italien heute anschaut, sieht man, dass wir einfach ein Team waren. In unseren Vereinen waren wir ja alle Stars, aber bei der Nationalmannschaft hat jeder sein Ego zurückgenommen.« Buchwald lässt durchblicken, welch große Stücke er noch immer auf die damalige Kameradschaft hält: »Das war Teampower. Und das war auch ein großes Verdienst von Lothar.«

Die entspannte Atmosphäre rund um das deutsche Quartier in Erba ist das Werk Beckenbauers, der aus seiner strengeren Herangehensweise bei der WM 1986 in Mexiko gelernt hatte und seinen Spielern diesmal weitaus mehr Freiheit und Freizeit gewährt. Der Zusammenhalt unter zahlreichen Topspielern, die natürlich nicht immer alle spielen können, beginnt aber mit Kapitän Matthäus – und Ausflügen mit seinem Boot auf dem Comer See. Entspannung statt Anspannung. Entspannung, um zur richtigen Zeit dann die nötige Anspannung entwickeln zu können.

Eine weitere Stütze dieser Mannschaft ist Linksverteidiger Brehme. Durch ihre Vorstöße und Vorlagen mit beiden Füßen erweist sich Inter Mailands Nummer 3 wieder und wieder als unheimlich wertvoll. Gegen die Elftal ist Brehmes Einfluss aber noch überschaubar, weil der emsige van't Schip seinen Vorwärtsdrang kaum zur Geltung kommen lässt. Das bringt den Mann mit den eindrucksvollen Oberschenkeln aus der Spur.

In der 55. Minute leistet sich Brehme einen Aussetzer, nicht den ersten an diesem Tag. Plötzlich kommt Wouters rechts im deutschen Strafraum unbedrängt zum Abschluss, nur Zentimeter rauscht der Ball am langen Eck vorbei. Das war verdammt knapp. Spätestens jetzt ist auch der Europameister auf Betriebstemperatur. Teamchef Beckenbauer sowieso, der Brehme eine stattliche Standpauke erteilt. Deutschland muss aufpassen, muss wieder aktiver werden, was auch Rummenigge dem TV-Publikum erzählt. Die Gedankenübertragung in Richtung Spielfeld funktioniert.

Obwohl es zu diesem Zeitpunkt noch keine Rückpassregel gibt – die wurde nach den zeitschindenden Darbietungen des dänischen Torhüters Peter Schmeichel bei der EM 1992 erst zwei Jahre später eingeführt –, entsteht ein dynamischer Schlagabtausch, bei dem die deutsche Abwehr nicht immer den sichersten Eindruck macht. Gleiches gilt aber für die niederländische, oft mit hoher

227

letzter Linie, hinter der van Breukelen schon mal als Libero aufräumen muss. Etwa bei einem gewitzten Vorstoß von Littbarski,
der sich den Ball jedoch zu weit vorlegt.

Auf der anderen Seite hat Berthold große Probleme mit Gullit,
der jedoch nach wie vor kaum eine Aktion sauber zu Ende spielt.
Einmal muss für Berthold sogar Brehme in die Bresche springen –
mit einer beherzten Grätsche gegen den wuchtigen Gullit gleicht
er seine defensiven Defizite an diesem Nachmittag wieder aus.
Aber jetzt wird es auch mal vor Illgner gefährlich.

Durch die Offensive – und deren Fitness – bleibt Deutschland
insgesamt die etwas bessere Mannschaft. Mit einem seiner gefürchteten Fernschüsse verfehlt Matthäus das niederländische Tor
nach einer Stunde nur knapp. Ein Raunen geht durchs Stadion.
Koemans Geschosse aus der zweiten Reihe, normalerweise ähnlich gefährlich, bleiben da weitaus harmloser. Wie ein Littbarski-
Freistoß aus verheißungsvoller Position. Oder Klinsmanns be-
herzte Läufe, weil zwei oder drei Gegenspieler am Ende meistens
doch mindestens einer zu viel sind.

Deutschland, in Führung liegend, kann das eher verschmer-
zen. Für Oranje wird die Zeit allmählich knapp, weshalb Beenhakker Stürmer Kieft für den angeschlagenen Verteidiger van
Aerle bringt – ein sehr offensiver Wechsel, der die niederländische
Angriffsreihe ordentlich überlädt.

Auf einmal meldet sich auch van Basten in diesem Achtelfinale
an, wofür die herausragenden Mittelstürmer dieser Epoche nicht
unbedingt große Anlaufzeit brauchen. Gullit ist links im Strafraum zu schnell für Berthold und gibt nach dem gewonnenen
Laufduell scharf nach innen, wo sein Sturmpartner aus wenigen
Metern eigentlich nur noch den Fuß hinhalten muss. Doch wie
aus dem Nichts taucht Kohler auf, der sich dem Hochkaräter noch
irgendwie in den Weg werfen kann – was ihm auch bei van Bastens
zweiter großer Gelegenheit in kürzester Zeit gelingt. Spontan-Ab-
frage in der 68. und 70. Minute: Der Manndecker hatte seine Prü-
fungen bestanden. Ansonsten hätte es wahrscheinlich geklingelt.

Anschließend schleichen beide Widersacher, damals erst 24 (Kohler) und 25 (van Basten) Jahre alt, ganz unbeteiligt von dannen, als wollten sie sich im intensiven Privatduell noch nicht einmal den Hauch einer Emotion entlocken lassen. Es gelingt ihnen. Gerade deshalb ist dieser Anblick so amüsant.

Buchwald rettet wenig später ähnlich wichtig gegen den eingewechselten Kieft – Oranje ist in dieser Phase voll da. Selbst der ungewöhnlich teilnahmslose van Basten, der elegante »Schwan von Utrecht«, mit einem üblen Einsteigen gegen Matthäus. Dafür gibt's Gelb. Auch Littbarski reibt sich auf. Also defensiv. Weil der Ausgleich in der Luft liegt. Aber auch offensiv, mit einem herrlichen Dribbling samt Abschluss. Van Breukelen packt zu. Das Derby pulsiert. Entschieden ist noch lange nichts.

Klinsmann, in vorderster Front unverändert allein auf weiter Flur, spult derweil schätzungsweise 15 Kilometer und in etwa die 20 Sprints ab, die Buchwald scherzend angekündigt hatte. Ein starkes Solo unterbindet gerade noch Koeman, der ihm den Ball mit Minimalaufwand rechtzeitig vom Fuß spitzeln kann. Doch »Klinsi« lässt nicht nach.

Das Sinnbild des blonden Angreifers im Spiel seines Lebens ist eine Szene in der 77. Minute: Brehme schlägt den Ball, weil er seinen Mitspieler schreien hört, fast noch aus der eigenen Hälfte auf Verdacht nach vorne, wo Klinsmann mit wehender Mähne pflichtbewusst hinterherhetzt. Seinen inzwischen dritten Bewacher van Tiggelen schüttelt der spätere Bundestrainer ab, ehe er den Ball kurz vor der Strafraumkante erreicht, während ihn allmählich die Kräfte verlassen. Aus der Not eine Tugend machen. Gleich mit dem ersten Kontakt zieht Klinsmann aus vollem Lauf einfach ab und trifft den Ball satt – per Aufsetzer klatscht er an den Pfosten. Und erzeugt ein Geräusch, das wahrscheinlich noch im Oberrang deutlich zu hören ist. Van Breukelen hatte nur noch hinterhergeschaut. Um ein Haar die Vorentscheidung.

Zwei Minuten später hat der Mann dieses Nachmittags Feierabend – nach einem Freistoß fürs deutsche Team, den es schneller ausführt, als es Referee Loustau lieb ist. Matthäus umkurvt van Breukelen, schießt ein – und sieht Gelb. Weil er den Pfiff für die Auswechslung in dieser stimmungsvollen Atmosphäre überhört hat. Es passt zum Gesamtbild dieses Schiedsrichter-Auftritts. Für den frenetisch bejubelten Klinsmann kommt Karl-Heinz Riedle aufs Feld.

»Der Jürgen hat über seine Verhältnisse gespielt«, würde »Lichtgestalt« Beckenbauer nach Schlusspfiff mit kaiserlicher Güte loben. »Als er ausgewechselt werden musste, hatte er Krämpfe am ganzen Körper.« So sieht Klinsmann auch aus, als er sich langsam auf seinen Sitz fallen lässt, während er die ersten Glückwünsche für seine bemerkenswerte Leistung entgegennimmt. Alle anderen müssen noch knapp eine Viertelstunde durchhalten. Nicht mehr viel Zeit. Und doch noch eine halbe Ewigkeit. Je nach Perspektive.

Während den normalerweise so kreativen Niederländern fast nur noch hohe Flanken einfallen, was auch daran liegt, dass Beenhakker mit Gillhaus einen vierten Angreifer gebracht hat, lässt Littbarski in den Kontersituationen, die sich Deutschland ob des gegnerischen Aufrückens nun zwangsläufig bieten, zwei riesige Chancen zur Vorentscheidung aus. Obwohl der Dribbelkünstler bis zur letzten Aktion eigentlich alles richtig gemacht hatte. Es ist zum Fingernägel kauen. Erst fängt Koeman als letzter Mann gegen »Litti« und Brehme einen vermeidbaren Querpass ab, die zweite Gefahr vereitelt van Breukelen dann beinahe mit dem Gesicht – was manch deutschem Fan wahrscheinlich ein halbes Tor wert ist. Doch auf der Anzeigetafel taucht es nicht auf.

Während Oranje anläuft, anlaufen muss, mischt sich auch Buchwald mal wieder ein. In ähnlicher Position wie vor dem 1:0, diesmal aber mit einem ungleich unscheinbareren Zuspiel. Dieser Moment gehört Andreas Brehme. Eigentlich ein Linksfuß, aber wirklich nur, wenn er sich festlegen müsste. Elfmeter schoss der Allrounder lieber mit rechts, weil er in diesem seiner beiden außergewöhnlichen Beine mehr Gefühl wähnte. Und wer wollte ihm widersprechen, nachdem er die Kugel mit dem rechten Fuß in der 85. Minute gegen die Niederländer ansatzlos vom linken Strafraumeck aus traumhaft in die lange Ecke geschlenzt hatte, sodass van Breukelen keine Flugeinlage dieser Welt noch geholfen hätte?

Die deutsche Jubeltraube wächst und wächst, Ersatzspieler und auch das Trainerteam verfangen sich darin. Als einer der Letzten kann sich schließlich der beseelte Torwarttrainer Sepp Maier daraus lösen, der das Turnier in Italien insgesamt als schönstes seiner zahlreichen WM-Erlebnisse verbucht hat und damals viele dieser besonderen Momente mit einer Kamera festhält. Die Freude über das 2:0 gegen Oranje saugt der Weltmeister von 1974 lieber selbst auf.

Dass dieses Spiel nun entschieden ist, wird am frühen Abend des 24. Juni 1990 auch Koeman klar. Mit keiner anderen Intention, als einem der Deutschen zumindest noch mal wehzutun, rennt er frustriert und ohne Chance auf den Ball Stefan Reuter um. Der kann es verkraften. Wie das weiterhin aktive DFB-Team schlussendlich verkraften kann, dass der desolate Unparteiische kurz vor Schluss einen kläglichen Faller von van Basten im Laufduell mit Kohler mit einem Elfmeterpfiff prämiert. Ein Schwächeanfall, den Koeman dazu nutzen kann, den ansonsten relativ beschäftigungslosen Illgner zu verladen und den Deutschen wenigstens einen einzuschenken.

Auch der späte Anschlusstreffer kann am Ausgang eines höchst unterhaltsamen Spiels nichts mehr ändern. Das Achtelfinale von Mailand; das erhoffte Spektakel, das seinen Erwartungen gerecht geworden war, es hatte seinen verdienten Sieger gefunden. 2:1, ein noch deutlicheres Ergebnis hatte van Breukelen am Ende gegen Riedles Schrägschuss und Matthäus' Freistoß verhindert. 2:1 – so stand es jetzt auch in der Rivalität.

Matthäus strahlte bis über beide Ohren: »Wir werden heute ganz sicher ein paar Flaschen aufmachen«, frohlockte er Reinhold Beckmann ins Mikrofon und sprach in Bezug auf 1988 von »Genugtuung«. Wenige Meter weiter befand ein bedröppelter Koe-

231

man, dass die Niederländer trotzdem »sehr gut gespielt, unser bestes Spiel bei der WM gespielt« hatten. Was stimmte. Und dass der Verlust von Rijkaard »für uns schlimmer war als Völler für Deutschland«.

Über die kürzere Regenerationszeit klagte Koeman nicht. Und doch war Beckenbauers Plan aufgegangen. »Es war ein Geduldsspiel. Sie mussten laufen, sind müder und müder geworden, und dann haben wir die Tore gemacht«, freute sich der Teamchef. Seine Mannschaft hatte die erste große Probe bestanden. Ein Meilenstein auf dem Weg zum dritten Stern.

»Der Sieg gegen Holland hat uns Vertrauen und Stärke gegeben, ganz klar«, sagt Buchwáld noch heute. »Nach diesem Spiel haben wir gewusst, dass wir sehr, sehr schwer zu schlagen sind.« Er geht gedanklich noch mal das ganze Turnier durch und hebt zwei Spiele heraus: »Jugoslawien zum Start der WM und das Achtelfinale zum Start der K.-o.-Phase, diese Spiele haben uns bis zum Titel getragen.«

Das Achtelfinale war der Gipfel einer Rivalität, die nach dem 3:1 für die Niederlande bei der EM 1992, wo trotzdem nicht Oranje, sondern Deutschland das Endspiel erreichen – und verlieren – würde, allmählich abklingt.

1990 aber ist die Laune im DFB-Quartier nach dem Triumph im deutsch-niederländischen »Clasico« so gut, dass Völler am nächsten Tag schon vor Kameras über Rijkaards Entgleisungen witzeln kann: »Ich hab' mich selber gewundert, dass ich so ruhig geblieben bin.« Jahre später erzählt er der »Süddeutschen Zeitung« davon, erfahren zu haben, dass Rijkaard zu dieser Zeit private Probleme hatte – »schade, weil er eigentlich ein netter Kerl ist«. Was Rijkaard im WM-Spiel hervorragend hatte verbergen können.

Für einen Werbespot einer niederländischen Butterfirma, deren Produkt laut dessen Slogan so gut schmecke, dass es jeden gemeinsam an einen Tisch bringen könne, haben sich Täter und Opfer mit etwas Abstand ausgesprochen und versöhnt. »Das Ho-

232

norar wurde für einen guten Zweck gespendet«, verriet Völler. »Für uns war nur wichtig, dass es ernst gemeint war. Wir wollten wieder ein normales Verhältnis haben.« Eine nette Idee.

Genauso wie das Hirngespinst Augenthalers, Guido Buchwald für ein paar Tricksereien beim Fünf-gegen-zwei den Spitznamen »Diego« zu verpassen, der seither blieb. Und bleiben wird. »Von ihm hab' ich es zum ersten Mal gehört«, bekräftigt der deutsche Diego, der den Spitznamen heute als »total positives Schicksal« empfindet. »Und während der WM hat es sich auch ergeben.« Ganz besonders durch seine Übersteiger gegen die Niederlande. Den echten Diego nahm er im Finale gegen Argentinien dann aus dem Spiel.

10

DER NABEL DER FUSSBALLWELT

Dortmund gegen Bayern,
Champions-League-Finale 2013

Obwohl der große Zirkus zu dieser Zeit eigentlich woanders haltmacht, stehen im Champions-League-Finale 2013 auf einmal zwei Bundesligisten, deren Weg dabei ganz unterschiedlich verlief. Vor allem im Nachgang.

1:2

Dortmund – Bayern München

Weidenfeller

BVB 09

Piszczek   Subotić   Hummels   Schmelzer

Bender   Gündogan

Błaszczykowski   Reus   Großkreutz

Lewandowski

Mandžukić

Ribery   Müller   Robben

Schweinsteiger   Martinez

Alaba   Dante   Boateng   Lahm

Neuer

25. Mai 2013 im Wembley-Stadion, London

Tore: 0:1 Mandžukić (60.),
1:1 Gündogan (68., FE), 1:2 Robben (89.)

Lionel Messi und Cristiano Ronaldo. Der amtierende und der kommende Champions-League-Torschützenkönig. Der eine gewann die zurückliegenden vier Ausgaben des Ballon d'Or, der andere würde vier der nächsten fünf einstreichen. Die Gesichter von FC Barcelona und Real Madrid, die überlebensgroßen Gesichter des Weltfußballs in den frühen 2010er Jahren. Die beiden Erzrivalen waren beinahe größer als der Sport. Und sie waren beim Champions-League-Finale 2013 nur Zuschauer.

Als sie das Endspiel vier Jahre zuvor – »CR7« spielte noch im Trikot von Manchester United – direkt gegeneinander bestritten hatten, war es um den FC Bayern München und Borussia Dortmund noch ganz anders bestellt gewesen.

Die Bayern, trainiert von Jürgen Klinsmann, hatten von Pep Guardiolas Barca in dieser CL-Saison 2008/09 nichts Geringeres als eine demütigende Lehrstunde erteilt bekommen. Von einem futuristisch anmutenden Kurzpassfußball war der deutsche FCB beim spanischen FCB mit 0:4 in seine Einzelteile zerlegt worden. Der BVB dagegen hatte auf Bundesliga-Platz 13 mit dem Europapokal nicht einmal ansatzweise etwas zu tun gehabt – dafür würde es auch in der folgenden Saison nicht reichen, nach dem ersten Jahr unter Cheftrainer Jürgen Klopp.

Doch in beide Vereine war Bewegung gekommen. In München, weil man derartige Demütigungen selbst international nur äußerst ungern auf sich sitzen ließ, darüber hinaus hatte der deutsche Meister 2009 VfL Wolfsburg geheißen. Nicht FC Bayern. In Dortmund, weil Platz 13 dann auch nicht ins schwarz-gelbe Selbstverständnis passte, nachdem man 2002 noch Meister geworden war und zumindest das UEFA-Cup-Finale erreicht hatte. Doch diese Erfolge forderten Tribut.

Weil der BVB vor allem in den 1990er Jahren, als teure Transfers und kostspielige Gehälter in zwei Meisterschaften und den Champions-League-Triumph 1997 mündeten, in finanzielle Schieflage geraten war, stand er 2005 plötzlich vor dem Ruin. Die drohende Insolvenz schwebte über dem Borsigplatz. Auch finan-

237

zielle Unterstützung aus München half schließlich dabei, die Pleite zu verhindern. Speziell in solchen Situationen war Bayern-Macher Uli Hoeneß Herzensmensch.

Etwas weniger Herz, dafür aber enorm viel Fußballverstand brachte zur Saison 2009/10 der Niederländer Louis van Gaal mit nach München, der ein paar Jahre vorher auch mal Barcelona trainiert hatte. Sein balldominantes Positionsspiel sowie die Installierung Bastian Schweinsteigers als Stratege in der Mittelfeldzentrale und Thomas Müllers als offensivem Freigeist, aber auch der Einkauf Arjen Robbens und die dadurch entstehende Flügelzange mit Franck Ribery, verhalfen den Bayern schon ein Jahr nach dem Barca-Debakel bis ins Champions-League-Finale. Und verpassten dem stolzen Verein neue Grundprinzipien wie die 4-2-3-1-Formation, die bis weit in die Zukunft unantastbar blieb.

Der reiferen Mannschaft von Inter Mailand unter José Mourinho unterlagen die Münchener im Endspiel 2010 zwar noch. Doch das waren die besten Bayern seit Jahren, auch wenn der menschlich schwierige van Gaal 2011 beim Einbiegen auf den Saison-Endspurt schon wieder freigestellt wurde. Was auch an Borussia Dortmund lag.

Durch einen ähnlich unerwarteten Leistungssprung beim BVB wanderte die Meisterschale nicht nur 2011 nach Dortmund. 2012 blieb sie gleich da. Klopps Vollgas-Fußball, auch »Heavy-Metal-Fußball« getauft, wurde durch sein unermüdliches Stressen des Gegners nach ein paar Jahren Anlaufzeit selbst der Konkurrenz aus München zu viel. Das Dortmunder Pressing, noch mehr aber das Dortmunder Gegenpressing – also das kurzfristige Pressen in Ballnähe unmittelbar nach Ballverlust –, verschaffte Borussia eine Zeit lang einen enormen taktischen Vorteil.

Den vorläufigen Höhepunkt des unverhofften Machtwechsels im deutschen Fußball markierte das DFB-Pokalfinale 2012, das der BVB ausgerechnet gegen die Münchener krachend mit 5:2 gewann. Dreierpack Robert Lewandowski, Double. Als die mittlerweile von Jupp Heynckes trainierten Bayern trotz großer Überlegenheit gegen den FC Chelsea daraufhin auch noch das Champions-League-Finale im eigenen Stadion verloren, war der deutsche Rekordmeister plötzlich am Boden angekommen. Ein ungewohntes Bild.

»In jener Nacht sehe ich Uli Hoeneß noch heute im abgedunkelten Saal stehen und sinngemäß sagen: ›Auf Dauer habe ich keine Lust, immer nur Zweiter zu werden‹«, entsinnt sich der langjährige kicker-Chefreporter Karlheinz Wild an die Tage nach dem verlorenen »Finale dahoam«. »Der FC Bayern lag eine Woche lang komplett danieder.« In der Amazon-Dokumentation »Generation Wembley«, die den Weg des FC Bayern in den Jahren 2009 bis 2013 mit all seinen Höhe- und Tiefpunkten nachzeichnet, gesteht Hoeneß bereitwillig: »Der FC Bayern war eine Woche lang tot.« Das große Selbstverständnis, das »Mia san mia«, in seinen Grundfesten erschüttert. Und jetzt?

An der Säbener Straße sucht man, mindestens seit Hoeneß dort etwas zu sagen hat, in der Regel die Flucht nach vorne. »Wenn jemand anders Deutscher Meister wird, ist es beim FC Bayern München so, dass man alles hinterfragen muss«, bringt Thomas Müller es in »Generation Wembley« auf den Punkt. Was dann erst nach Platz zwei in der Meisterschaft, Platz zwei im Pokal und Platz zwei in der Champions League los ist, kann man sich vorstellen.

»Anschließend wurde analysiert – mit der Erkenntnis, dass der Kader dringend verbreitert werden musste«, sagt Wild. Dafür gab der FCB für den relativ unbekannten defensiven Mittelfeldspieler Javi Martinez vom Athletic Club aus Bilbao seine damals fast schon unverschämt hohe Rekordablösesumme von 40 Millionen Euro aus. Weil Heynckes, der in Bilbao mal Trainer gewesen war, auf diesen Spielertypen bestanden hatte.

Martinez soll mit seiner Zweikampfstärke, vor allem in der Luft, die Münchener Zentrale stabilisieren und Nebenmann Schweinsteiger auf der Doppel-Sechs mehr nach vorne denken lassen. Andere Schlüsseleinkäufe sind der Mönchengladbacher

239

Innenverteidiger Dante, den Philipp Lahm in »Generation Wembley« für seinen Spielaufbau lobt und der dadurch den Langzeitverletzten Holger Badstuber vertreten kann. Sowie Mario Mandžukić aus Wolfsburg, in Wilds Worten ein »Arbeiter und Widerstandskämpfer« in vorderster Front.

Im Münchener Angriffszentrum verdrängt der Kroate den klassischeren Mittelstürmertypen Mario Gomez, der trotzdem hauptsächlich seinen Namensvetter meint, als er in der Amazon-Doku über die Neuzugänge sagt: »Das waren die Puzzleteile, die uns noch gefehlt haben.«

Noch mehr pressingresistente Spielstärke von hinten raus, noch mehr Stabilität in der Mitte des Feldes – und ganz besonders der arbeitende Stürmer, der als Erster gewährleistet, den taktischen Vorsprung der Dortmunder aufzuholen. Wozu der FC Bayern Teile ihrer Spielweise imitiert – um es in den Worten des Jürgen Klopp auszudrücken. »Sie kopieren uns, nur mit mehr Geld«, klagte der Dortmunder Erfolgscoach, der zumindest nicht meilenweit danebengelegen haben konnte: Ab der Saison 2012/13 spielen Pressing und auch Formen von Gegenpressing eine spürbar größere Rolle im Bayern-Spiel.

Heynckes, ein Pragmatiker, hatte an den Prioritäten gefeilt. Die Meisterschaften gewinnt bekanntlich, so will es zumindest die Floskel, die Defensive. »Wir spielen hinten zu null, wir arbeiten alle mit«, benennt Torwart Manuel Neuer in der Doku eine »Vorgabe«, an die sich von nun an auch die fast rein offensiv denkenden Ribery und Robben zu halten haben. »Der Trainer hat ganz viel Wert darauf gelegt, dass auch Franck und ich mit zurück arbeiten«, verrät der Niederländer – und schaut dabei noch zehn Jahre später nicht übermäßig begeistert.

Doch alle ziehen durch. Weil Arbeiter wie Mandžukić, »gegen den selbst im Training keiner spielen wollte« – sagt Hoeneß –, positiv eklig vorangehen, weil Trainer Heynckes als Vaterfigur so stark ist, dass »du ihn menschlich nicht enttäuschen wolltest« – sagt Neuer. Und vor allem weil diese Mannschaft beweisen wollte, dass vor ihre Titel kein »Vize« gehörte. Besonders in der Königsklasse nicht mehr.

»Vom ersten Trainingstag an war zu spüren, dass jeder Einzelne – Mannschaft, Staff, Trainercrew, der gesamte Verein – diese schmerzliche Niederlage korrigieren wollte«, schwärmte Heynckes zum zehnjährigen Jubiläum des deutschen Endspiels im *kicker*-Interview. »Nie in meinem langen Trainerleben habe ich ein Team erlebt, das so professionell, konsequent und ambitioniert auf ein Ziel hingearbeitet hat.« Im gleichen Rahmen sprach Schweinsteiger von »einer Art Schwur«: »Wir wollten jedem zeigen, dass wir die beste Mannschaft sind.«

Das gelingt vor allem in der Liga, wo sich der BVB nach zwei Meisterschaften, aber einer enttäuschenden ersten CL-Saison, mehr auf die große internationale Bühne zu konzentrieren scheint. Die Bundesliga würden die Bayern schließlich mit 25 Punkten Vorsprung gewinnen. Viele Wochen vor Saisonende. »Es gab noch Schnee in Frankfurt, als Schweinsteiger das Hackentor zur Meisterschaft macht«, schmunzelte Rummenigge in »Generation Wembley«. Dadurch liegt der Fokus beider Kontrahenten zügig auf der Königsklasse.

Dortmund, das im Vorjahr als amtierender Deutscher Meister sang- und klanglos als Gruppenletzter ausgeschieden war, gewinnt diesmal eine sogenannte Todesgruppe vor dem spanischen Meister Real Madrid, dem niederländischen Meister Ajax Amsterdam und dem englischen Meister Manchester City. Bayern beendet seine Gruppe vor dem FC Valencia, BATE Baryssau und dem OSC Lille zwar nur knapp auf Platz eins und muss im Achtelfinale gegen Arsenal nach einem 3:1-Sieg in London beim 0:2 in München noch mal gehörig zittern. Dann aber kommt der Stein, nein der Felsbrocken, auch auf internationalem Parkett ins Rollen.

Gegen den italienischen Meister Juventus Turin, Mandžukić stemmt sich klaglos schier im Alleingang gegen die robusten Abwehrkanten Giorgio Chiellini, Leonardo Bonucci und Andrea Barzagli, siegen die Roten im Viertelfinale zweimal mit 2:0. Wäh-

241

rend der BVB gegen den – zwischenzeitlich – neureichen FC Malaga durch nicht erkannte Abseitspositionen das nötige Glück hat, durch das damit einhergehende späte Comeback aber auch bemerkenswerte Mentalität und Moral an den Tag legt.

Die beiden Halbfinal-Hinspiele sind anschließend der letzte Beweis, wie stark die Aushängeschilder der Bundesliga mittlerweile wirklich geworden sind: Dortmund schlägt Real Madrid mit 4:1, Bayern den FC Barcelona gar 4:0 – und im Rückspiel im Camp Nou gleich noch mal 3:0. Zum ersten und bis heute einzigen Mal gibt es ein rein deutsches Champions-League-Finale.

Die große Besonderheit dieser Situation erkennt allen voran Münchens Vorstandsboss Karl-Heinz Rummenigge. Dass sich ein jeder ansatzweise Beteiligte doch bitte genau hieran erinnern möge, rät er vor dem Abflug nach London allen in seiner Hörweite. Weil es ein solches »deutsches Finale«, da ist sich Rummenigge sicher, »nie mehr geben« würde. Realismus im Auge der Euphorie.

Bayern und Borussen machen sich Ende Mai 2013 mit ganz unterschiedlichen Gefühlslagen auf den Weg in die englische Hauptstadt, wo der große Showdown steigen würde. Die Rivalität eint die Rivalen, nur drei Wochen vor diesem Finale war ein sportlich belangloses Bundesliga-Duell, in dem einige Ersatzspieler zum Einsatz gekommen waren, unnötig hochgekocht. Doch die jeweiligen Selbstbilder der Vereine hatten sich im Verlauf der vergangenen Monate erstaunlich weit voneinander entfernt.

Dass die »Bwin«-Quoten auf dem *kicker*-Cover erklären, dass man bei einem Bayern-Sieg bei 10 Euro Einsatz 18 Euro zurückkriegen würde, bei einem BVB-Sieg aber gleich deren 39, kommt nicht von ungefähr. Die Favoritenfrage hatten nicht erst die Buchmacher beantwortet.

»2010 sind wir mit etwas Glück ins Finale eingezogen und waren noch grün hinter den Ohren«, blickt Lahm im *kicker* auf die Münchener Entwicklung der vergangenen Jahre zurück. »Jetzt haben wir ein ganz anderes Anspruchsdenken. Unsere Topleis-

242

tung wird reichen, um Dortmund zu schlagen.« Der BVB hat dieses Anspruchsdenken nicht.

»Um zu gewinnen, müssen wir die beste Leistung der Saison abliefern«, beantwortet Dortmunds Abwehrchef Mats Hummels die sinngemäß gleiche Frage entscheidend anders. »Auf uns wartet das wichtigste Spiel unserer Karriere«, sagt ehrfürchtig Ilkay Gündogan; »Ich gehe davon aus, dass wir gewinnen«, meint selbstsicher Arjen Robben. Wer zum dritten Mal in vier Jahren im CL-Finale steht, fühlt sich in diesen Sphären wahrscheinlich auch in London »dahoam«. Anders der BVB.

»Schon vor dem Spiel lag das Gefühl in der Luft, dass dieses Finale ein ›Once-In-A-Lifetime-Moment‹ sein würde, den der BVB in naher Zukunft nicht noch einmal würde wiederholen können«, beschreibt kicker-Reporter Matthias Dersch, wie Wild damals Vereinsbegleiter und am 25. Mai im Stadion. Selbst Motivator Klopp macht die Seinen unnötig klein, als er öffentlich sagt: »Bayern ist die beste Mannschaft der Welt. Wenn wir gewinnen, bedeutet das nicht, dass wir die beste Mannschaft der Welt sind. Es würde bedeuten, dass wir die beste Mannschaft der Welt geschlagen haben.«

Zu einer gewissen Unsicherheit rund um Borussia Dortmund trägt auch der FC Bayern bei. BVB-Stürmer Lewandowski soll sich hinter den Kulissen bereits mit dem Rekordmeister einig sein, sein Berater würde die Nacht nach dem Finale mit den Bayern verbringen. Das Dortmunder Jahrhunderttalent Mario Götze hatten sie sich, was kurz vor dem Halbfinal-Hinspiel gegen Real durchsickerte, für die kommende Saison bereits gesichert. Das berühmt-berüchtigte Narrativ des gezielten Schwächens der Konkurrenz. Genügend Beispiele gibt es ja.

In der Theorie ist das ohnehin spezielle Finale also ein noch spezielleres Spiel für den damals erst 20-jährigen Götze. In der Praxis ist er allerdings zum Zuschauen verdammt. Ein Muskelfaserriss im Oberschenkel, zugezogen gegen Real, verbannt den Edeltechniker auf die Tribüne, wo ihn TV-Kameras nicht selten einfangen, während die dazugehörigen Sprecher fabulieren, ob er denn nun seiner noch aktuellen oder seiner bald aktuellen Mannschaft die Daumen drückt.

Zunächst einmal ist Götzes Verlust eine große Schwächung für den BVB. Obwohl dieser rund zwölf Monate zuvor schon den 5:2-Sieg im Pokalfinale ohne den Kreativspieler eingefahren hatte.

Dass ein Pokalfinale aber kein Champions-League-Finale ist, beweist im renovierten Wembley-Stadion auch eine leicht bis mittelschwer peinliche Eröffnungszeremonie. »Krönung des Schauspiels war der Auftritt von Paul Breitner und Lars Ricken in Phantasieuniformen, Breitner mit glänzendem Brustharnisch, beide mit Helmen unter dem Arm, die im Mittelalter den schönen Namen Hundsgugel trugen«, spottet der »Spiegel« amüsiert. Großes Drama vor dem großen Drama.

Und dann geht es los. Mit zwei Startaufstellungen, die Bayern und BVB so jeweils zum ersten Mal in dieser Saison aufbieten. Liest sich zwar nicht so, stimmt aber. Den Dortmundern, mit Arbeiter Kevin Großkreutz statt Götze und dafür Marco Reus im offensiven Zentrum, bekommt diese Zusammensetzung zunächst besser. Von gebückter Demut oder ängstlicher Aufregung keine Spur. Bayern hat zwar erst einmal den Ball, das jedoch in hinterster Linie und ohne große Dynamik oder nennenswerten Raumgewinn. Erste lange Bälle versanden.

Die langen Bälle sind auch nötig, weil die Borussia wesentlich schneller zum eigenen Spiel findet: Die Pressingmaschine rollt. Und die Münchener sind noch zu nervös, um spielerisch dagegen anzugehen. Das ergibt massenhaft hohe Ballgewinne für die Schwarz-Gelben. »Gegenpressing ist der beste Spielmacher«, ließ sich Klopp gerne zitieren. Dortmund macht das Spiel.

In der dritten Minute will Lewandowski einen ersten Warnschuss abgeben, Jérôme Boateng kann blocken. Blocken und lange Bälle. So will sich der große Favorit des frühen Dauerdrucks erwehren. Die unerwartete Hilflosigkeit der Münchener überrascht.

Bei Dortmund läuft es, bei Reus läuft alles zusammen. In Räu-

244

men und Rollen eines Zehners verbindet er das Spiel des BVB mit Ball durch Pässe, gegen den Ball als Pressinginitiator und ganz generell durch Laufwege, eher Sprintwege. Heavy Metal. Rennen, rennen, rennen. Auf schwarz-gelber Seite stecken auch hinter langen Bällen Ideen.

Die große Präsenz des Rivalen lähmt den FCB nur noch mehr. »Die Bayern noch sehr bedächtig im Aufbau«, beschreibt »Sky«-Kommentator Marcel Reif, wie kein Münchener wirklich in die Reus-Rolle schlüpfen, als Erster vorangehen und von der falschen Seite in die Dortmunder Einbahnstraße fahren möchte, die vor allem über die rechte Angriffsseite verläuft. Über die Polen Łukasz Piszczek und Jakub »Kuba« Błaszczykowski. Und immer wieder Reus.

München gerät zwar nur phasenweise in wirkliche Gefahr, aber Selbstvertrauen und Selbstverständnis sind in den ersten Minuten radikal aufgeteilt. Radikal anders als erwartet. Dortmund lässt Bayern selbst durch organisierten Ballbesitzfußball hinterherlaufen.

Chancen fehlen noch. Bayern hat sie nicht, auch wenn sich Ribery und Robben im Konter suchen, immer wieder gemeinsam agieren. Das haut nicht hin, auch Müller verändelt ungewohnt viel. Prozentual viel. Insgesamt kriegt der Meister kaum Nadelstiche gesetzt. Trotz ihrer Dominanz gelingt zunächst auch der Borussia kaum mehr als das, Błaszczykowski und Lewandowski geben nur ordentliche Fernschüsse ab. Den Versuch des Stürmers muss Neuer in der 14. Minute über den Querbalken lenken. Eckstoß.

Im ersten Anlauf wird der Standard geklärt, im zweiten dafür richtig gefährlich. Spielmacher Gündogan setzt am rechten Flügel geistesgegenwärtig wieder Eckballschütze Reus ein, der ungeahnt noch knapp im Abseits steht und von dort aus scharf an den Fünfer gibt. Hier lauert Błaszczykowski – und knallt den Ball technisch sauber per Direktabnahme aufs kurze Eck, in dem Neuer eine herausragende Fußparade zeigt. Und nur durch diese Glanz-

245

tat einen Rückstand verhindert, der dem Spielverlauf definitiv entsprochen hätte.

Błaszczykowskis Mimik verrät, dass er mit dieser Parade nicht gerechnet hat. Für solche Momente verpflichtet man einen Weltklasse-Torwart. Apropos glänzen: Eine Minute später zeigt Bayern-Stürmer Mandžukić einen Fallrückzieher – um im eigenen Strafraum zu klären. Der Druck lässt nicht nach.

Inzwischen lässt sich Bayern geschlossen und vor allem entschlossen fallen, erkennt die Situation an, verlegt sich immer konzentrierter aufs Verteidigen, um das Finale nicht schon in der Anfangsphase zu verlieren. »Der Favorit ist beeindruckt«, erkennt Reif. Durch das pragmatische Zurückziehen verhindern die Heynckes-Schützlinge immerhin ein Dortmunder Chancenfeuerwerk. Verkehrte Welt.

Befreit sich Bayern mal auf einen seiner offensiven Flügel, gelingt es Dortmund wie so oft in diesen Jahren, den entsprechenden Spieler zu doppeln. Und doppeln die Münchener in diesen Räumen selbst, weil anders als unter van Gaal inzwischen auch ihre Außenverteidiger hinterlaufen, dann gelingt es dem BVB irgendwie, eben drei Mann gegen zwei zu stellen. Ist halt laufintensiv.

Die schwarz-gelbe Oberhand ist gnadenlos. Sinnbildlich schiebt Großkreutz den Ball dem sich immer noch suchenden Schweinsteiger durch die Beine und schickt Reus auf die Reise, der Neuer aus 18 Metern die nächste Reaktion abverlangt. Kurz darauf tut es Bender Reus gleich, während Gündogan nach Belieben das Mittelfeld kontrolliert. Die Dortmunder Führung scheint nur noch eine Frage der Zeit zu sein. Und die Bayern lassen es über sich ergehen.

Die langen Bälle des FCB sind inzwischen durchdachter geworden, jedoch leichte Beute vor allem für Hummels, der immer wieder rigoros nach vorne verteidigt. Selbst Mandžukić hat damit Probleme. Es fehlt die Fantasie, wie die Bayern Zugriff auf dieses Finale kriegen sollen. Sie sind wie gelähmt. Die Final-Niederlagen der vergangenen Jahre wiegen zu schwer.

Schweinsteiger und Lahm sprechen immer wieder von einem »Rucksack«, den sie in dieser Anfangsphase von Wembley auf dem Rücken spüren. Schweinsteiger erklärt den großen Druck so, »dass wir unbedingt diesen Titel wollten. Nicht auszudenken, wenn wir wieder nicht gewonnen hätten. Wir hatten eindeutig mehr zu verlieren als Dortmund.« Das ist deutlich zu erkennen.

Ein Münchener spielt allerdings ohne Rucksack. Er hatte weder das Finale 2010 verloren noch das in München 2012, auch nicht das Pokalfinale mit 2:5 gegen Dortmund. »Javi Martinez setzte in Wembley die notwendigen Zeichen«, erinnert sich Heynckes im *kicker* – durch beinahe trotzig geführte Zweikämpfe oder unscheinbare, aber wichtige einfache Pässe zum Nebenmann begehrt der Rekordeinkauf gegen den scheinbar unbändigen Dortmunder Vorwärtsdrang auf. Er beginnt auf eigene Faust, den FC Bayern auf dem Wembley-Rasen anzumelden.

Dann eine Schlüsselszene. In der 25. Spielminute einer bis dato ziemlich fairen Partie leistet sich Hitzkopf Ribery einen seiner regelmäßig auftretenden Aussetzer. Es ist ein Zweikampf an der Mittellinie, in dem Lewandowski den Franzosen im Bereich von Hals und Kopf bearbeitet und erst spät loslässt. Noch ehe er seine Arme schließlich wegzieht, kommt ihm Ribery zuvor, indem er den Polen aggressiv ausschlagend von sich stößt. Mehr schlagen oder mehr von sich stoßen, das war die große Frage. Ribery trifft mit dem Arm erst das Gesicht, dann die Schulterpartie Lewandowskis, der theatralisch zu Boden geht und den italienischen Schiedsrichter Nicola Rizzoli damit nicht beeindrucken kann. Ribery, und das ist großes Glück, kommt sogar ohne Gelb davon.

Das Dortmunder Lager hätte natürlich gerne gleich eine Rote Karte gesehen und sich davon einen gewaltigen Vorteil in diesem Endspiel erhofft. Tatsächlich stellt die Szene einen bemerkenswerten Einschnitt im Spielverlauf dar. Bloß vielmehr so, dass er dem FC Bayern in die Karten spielt.

Der Rekordmeister scheint sich mit einem Schlag an diesem Aufreger aufzurichten, als wüsste er auf einmal wieder, wer er ist.

Als hätte es die ersten 25 Minuten gar nicht gegeben. Nur Sekunden nachdem Rizzoli das Finale wieder in Bewegung bringt, findet ausgerechnet Ribery mal einen relativ freien linken Flügel vor und flankt scharf in die Mitte, wo Mandžukić den Ball ansatzlos an die Latte köpft. BVB-Keeper Roman Weidenfeller hatte gegen seine Laufrichtung noch überragend reagiert und den Einschlag verhindert. Doch damit sind die Bayern da.

Nach der folgenden Ecke hat auch Martinez eine gute Kopfballgelegenheit, sodass es wegen der fast halbstündigen Dortmunder Überlegenheit vielleicht nicht so wirkt, als wäre das Chancenverhältnis zumindest qualitativ im Handumdrehen ziemlich ausgeglichen worden. Aber streng genommen ist es so.

Jetzt ist das Finale eröffnet. Also per Definition offen. Wachgeküsste Münchener kontrollieren das Spiel auf einmal und kommen in ihren Angriffsbemühungen irgendwie zielstrebiger und gefährlicher daher als zuvor die Borussia. Auch wenn es mehr oder weniger ein Zufallszuspiel von Müller ist, das in der 30. Minute bei Robben landet. Und das den Niederländer völlig frei schräg vor Weidenfeller auftauchen lässt.

Der Schlussmann war bereits vorsorglich aus seinem Kasten geeilt und macht sich groß, bleibt groß, gibt Robben kaum Zeit zu überlegen. Zur Belohnung bekommt Weidenfeller das in solchen Situationen seltsam schöne Gefühl, abgeschossen zu werden. Weil das ja bedeutet, dass der Ball nicht im Tor gelandet ist.

Ribery kommt in dieser Phase viel nach innen, um näher an Robben zu sein – das direkte Zusammenspiel der beiden Außenstürmer wird forciert. Aber auch, um dem Dortmunder Fokus auf die defensiven Flügel und der Münchener Isolation dort zu entgehen. Clever. Schritt für Schritt gleitet dem BVB der Kontrollstab aus den Händen. Dass die Bayern minütlich mehr zu sich und ihrem Spiel finden, raubt ihrem Gegner die zuvor ausgestrahlte Sicherheit.

Nun ist Dortmund zum Reagieren gezwungen, sendet so aber mal wieder ein Lebenszeichen. Reus schickt Lewandowski, der

Boateng überläuft und am Fünfer schräg vor Neuer abschließen darf. Doch auch der Münchener Torwart glänzt und kann durch frühzeitiges Rauskommen stark parieren. Eine gute Dortmunder Möglichkeit, zehn Minuten vor der Pause.

»2:2 wäre auch okay«, merkt Reif an und belegt damit, dass das Finale in der Phase kurz vor der Halbzeit erstmals relativ ausgeglichen ist. Wenn man die bisherigen 35 Minuten zusammennimmt, sowieso. Und zwar auf hohem Niveau. Hin und her, stressen und schwärmen, Pressing und Gegenpressing.

Würden auch die Spieler in albernen Ritterrüstungen umherlaufen, ihre Visiere wären nun allesamt geöffnet. Kaum mehr Vorsicht, ohnehin kaum Kalkül. Dieses Endspiel wird, wie der englische Journalist Michael Cox in seinem Buch »The Mixer« schreibt, »im Prinzip wie ein Bundesligaspiel gespielt, nicht wie ein europäisches Finale«. Das sich in diesen Minuten in Richtung FCB neigt.

Schweinsteiger braucht noch immer etwas Zeit, doch Martinez stört Reus, stört alle, legt den Grundstein für das Vertikalspiel der Münchener Angreifer. Auch Bayern probiert und bewerkstelligt es überwiegend über die rechte Seite, wo Müller viel mit Robben spielt, wo auch Ribery gelegentlich auftaucht, wo Dortmunds Linksverteidiger Marcel Schmelzer mächtig Probleme hat. Probleme hat auch Boateng, dem der hintere Oberschenkel schmerzt und dem Reif prognostiziert, dass er »nicht durchhält – so wie er sich bewegt«. Boateng beißt auf die Zähne.

In der 42. Minute unterstreicht eine bemerkenswerte Statistik, wie unsicher Bayern lange gespielt und wie stark sich Dortmund auf risikofreudiges Direktspiel fokussiert hatte: Der FCB bringt zu diesem Zeitpunkt lediglich 73 Prozent seiner Pässe an den Mann, der BVB gar nur 58. Ein Bundesliga-Spiel. Fehlersport Fußball. Was zum bis dato sicheren Hummels passt, der nach einem langen Ball von Dante eine Minute später die Übersicht und Robben aus den Augen verliert.

Der Niederländer, als gescheiterter Elfmeterschütze sowohl im

Meisterschafts-Showdown gegen Dortmund als auch im CL-Finale gegen Chelsea die tragische Figur der vermaledeiten Vorsaison, taucht erneut frei vor Weidenfeller auf, der diesmal mit dem Gesicht pariert. Selbst dieser Schmerz muss schön gewesen sein. Weiterhin 0:0.

Bayern hatte den Spieß umgedreht, hatte nach schwachen ersten 25 Minuten ansatzlos die folgenden 20 bestimmt. Allerdings ohne sich zu belohnen – das einte den Meister und seinen Vorgänger, der ähnlich abrupt den Faden verloren hatte. Der Halbzeitpfiff ertönt. 15 Minuten Ruhepause. Neu ausrichten. Mit den Füßen. Im Kopf. Heynckes, der zum Saisonende aufhören würde, und Klopp, der jetzt erst so richtig loslegen will, reden ihren Spielern noch mal ins Gewissen. Dann geht es wieder raus.

Den Dortmundern tut die Unterbrechung gut, sie kommen wie schon in der ersten Hälfte schärfer aus der Kabine. Der BVB hat seinen Vorwärtsdrang wiedergefunden und lebt ihn aus, während Kommentator Reif bei Boateng die Diagnose »leichte Prellung am Oberschenkel« durchgibt. Wie alle anderen Spieler steht aber auch der Nationalverteidiger wieder auf dem Rasen von Wembley. Personell alles beim Alten.

Bayern wartet wieder ab. Diesmal ist es allerdings weder Überraschung noch fehlender Mut, diesmal sind es Geduld und kalkulierte Vorsicht. Die Münchener haben selbst nichts gegen Umschaltspiel einzuwenden, unverändert suchen Ribery und Robben in diesen Situationen die gegenseitige Nähe.

Ein Schalter, der umgelegt wird, hört auf den Namen David Alaba. Der Linksverteidiger, gerade einmal 20 Jahre jung, hatte das »Finale dahoam« zwölf Monate zuvor wegen einer Gelbsperre verpasst und in London einen relativ unauffälligen ersten Durchgang verlebt. Nach der Pause bekommt der Österreicher Dortmunds rechte Seite dann sowohl defensiv als auch offensiv in den Griff. Oft allein gegen zwei. Was irgendwo anders auf dem Platz bedeutet: Überzahl.

Diesmal klingt der Dortmunder Drang schon nach wenigen

Minuten ab, der FCB etabliert sein dominantes Spiel mit eigenem Ballbesitz. Jetzt verlegt sich der BVB rein auf die Reaktion, wobei er merklich an Intensität verliert. Mit der Zeit immer mehr.

Diese Art der Statik bringt allmählich auch Schweinsteiger ins Spiel, wobei auch seine Steigerung die veränderte Statik bedingt. So oder so: keine guten Nachrichten für den BVB. München schiebt mit der gesamten Mannschaft – Ausnahme Neuer – teilweise weit bis in die gegnerische Hälfte vor, der Ball läuft besser, das Dortmunder Pressing wird mehr und mehr entkräftet. Stattdessen steht Bayern in der Restverteidigung sehr gut positioniert, gewinnt verlorene Bälle durch eigenes Gegenpressing zügig zurück.

Immer wieder kommt es zum Duell Martinez gegen Reus, das der Spanier mittlerweile meistens für sich entscheidet. Weiter vorne, rekapituliert *kicker*-Reporter Wild, dem sich diese Laufwege eingebrannt haben, deutet Dauerläufer Müller immer besser die Räume. Klopp steht an der Seitenlinie, Heynckes sitzt. Bayern wird immer bestimmender.

Von den beiden Außenstürmern ist in diesen Minuten Ribery aktiver. Der Franzose kommt über seine linke Seite durch, wird von Hummels erst im letzten Moment abgekocht. Nur zehn Minuten sind seit dem Wiederbeginn bislang vergangen, aber für den BVB müssen sie sich mindestens wie 20 angefühlt haben. Schmelzer, der weiterhin Probleme hat, steht die Sorge ins Gesicht geschrieben.

Nach einer Ecke, Martinez hatte verlängert, eröffnet sich wenige Meter vor Weidenfeller die große Chance für Mandžukić, der den Ball mit seinem Kopf aber nicht richtig trifft. War schwer zu nehmen. War aber auch das Zeichen für Dortmund, dass spätestens jetzt wieder mehr kommen muss.

Zu spät. Bayern bleibt am Drücker, Ribery bleibt am Drücker. Alarm am linken Strafraumeck, wo der Franzose den Ball durch die Beine von Neven Subotić zu Robben passt, der diesmal mit auf die linke Halbspur gelaufen war. Der Linksfuß dribbelt am herauseilenden Weidenfeller vorbei auf die Grundlinie, wo der Winkel für einen Abschluss wohl selbst für einen Rechtsfuß zu spitz gewesen wäre. Robben gibt also flach nach innen, woraufhin Weidenfeller den Querpass unglücklich noch entscheidend abfälscht und Schmelzer ihn dadurch nicht mehr verteidigen kann. Hummels steht nicht nah genug bei Mandžukić, der den Ball nach fast genau einer Stunde vorsichtig, mit einer leicht unorthodoxen Flugkurve, aus wenigen Metern im Tor unterbringt. Bayerns 300. Treffer in der Königsklasse. Das 1:0 im Finale gegen Dortmund.

Dass ausgerechnet Gomez, mit übergezogenem Ersatzspieler-Leibchen, seinem Positionskonkurrenten im Vollsprint als Erster um den Hals fällt, spricht für den Zusammenhalt im Bayern-Kader. Oder für jemand anderen: »Heynckes ist einfach der perfekte Trainer, der es schafft, 25 Spieler abzuholen«, erklärt Gomez in »Generation Wembley« selbst. Chapeau.

Eine unmittelbare Antwort des BVB will der Rekordmeister gar nicht zulassen. Er lässt das Gaspedal durchgedrückt, er bleibt dran, spielt auf den zweiten Treffer. Jetzt kommen auch die langen Bälle an, nach einem hat Mandžukić eine Chance aus spitzem Winkel. Zu spitz.

Die Führung wirkt verdient. Sie ist es auch, weil sich Bayern irgendwie besser bei dem anstellt, was man jeweils vorhat. Gegen den Ball hat die Heynckes-Elf nun vor, ein wenig mehr zu lauern anstatt risikobehaftet zu attackieren. Weil damit auch defensive Stabilität einhergeht und der BVB in dieser zweiten Hälfte offensiv noch kaum in Erscheinung getreten ist, erlahmt das Finale infolge des 1:0 etwas. Den Bayern soll es recht sein.

Aber auch dem BVB gibt das die Möglichkeit, sich zu sammeln und das Spiel mal wieder gewinnbringend beschleunigen zu können, was den Dortmundern zuvor kaum mehr gelungen war. Piszczek, der schon weiß, dass er nach dem Finale an der Hüfte operiert werden und monatelang ausfallen wird, geht den Weg mit vor und schließt aus 16 Metern ab, womöglich noch entscheidend gestört vom zurückarbeitenden Ribery.

Alle greifen mit an, alle verteidigen – in diese Richtung entwickelt sich der Fußball immer mehr. Auch wenn der Verteidiger immer noch besser verteidigen kann als der Angreifer – müsste man meinen. Nicht so in der 68. Minute, als Reus in den Münchener Strafraum läuft, um einen langen Ball zu kontrollieren. Bis ihm Dante, sein ehemaliger Mitspieler bei Borussia Mönchengladbach, außergewöhnlich plump in Richtung Unterleib tritt. Völlig falsches Timing, ganz klarer Elfmeter.

Und noch mehr als das? Weil er Reus nach einer knappen halben Stunde hatte auflaufen lassen, war Bayerns Innenverteidiger vor dieser Szene bereits verwarnt gewesen. Nun hätte man durchaus erneut eine Gelbe Karte zücken können – andere sagen müssen.

»Ich hatte Angst vor einem Platzverweis«, gestand Dante in der *Abendzeitung München* über diese Szene, die »einem Innenverteidiger so nicht passieren darf«. Da hatte der Linksfuß recht. Und er hatte Glück.

Gegenüber dem *kicker* gab auch Heynckes zu, dass Schiedsrichter Rizzoli es in seiner Bewertung ein zweites Mal gut mit den Bayern meinte. Den Ausgleich fangen sie sich trotzdem. Gündogan verlädt Neuer, weil er vom Punkt nicht in sein übliches Eck schießt – meinte zumindest der Geschlagene in der Amazon-Doku. Da hatte sich die akribische Vorbereitung nicht ausgezahlt. 1:1, nur acht Minuten nach dem Führungstor. Jetzt ist auf einmal Dortmund wieder da.

Seit inzwischen vielen Jahrzehnten gibt es im deutschen Fußball nahezu durchgehend eine klare Nummer eins – und die hört auf den Namen FC Bayern München. Doch internationaler Pionier war zweimal Borussia Dortmund gewesen, das 1966 als erste deutsche Mannschaft einen Europapokal gewann – den Europapokal der Pokalsieger gegen den FC Liverpool –, ehe erst ein Jahr später auch der FCB diesen Titel feierte. Und bevor die Roten 2001 erstmals die neu gegründete Champions League gewannen, war ihnen der BVB 1997 ausgerechnet im Münchener Olympiastadion gegen Titelverteidiger Juventus Turin erneut zuvorgekommen. Würde der Klub, der den Rekordmeister in den zurückliegenden beiden Jahren so schmerzlich vom deutschen Thron gestoßen hatte, nun auch das erste rein deutsche CL-Finale gewinnen?

Anders als den Bayern gelingt es dem BVB durch seinen Treffer zwar nicht, in Sachen Spielkontrolle die Oberhand zu gewinnen. Doch er kann phasenweise ein wildes Hin und Her erzeugen, was dem FCB ein Stück der angestrebten Sicherheit nimmt. So kommt nach einem Konter über Błaszczykowski nur zwei Minuten nach dem Ausgleich der mit nach vorne geeilte Hummels aussichtsreich zum Abschluss – der einstige Münchener verfehlt das Tor jedoch deutlich.

Auf der Gegenseite verspekuliert sich Schmelzer, sodass Müller auch an Weidenfeller vorbeikommt und – wie er später zugibt – aus spitzem Winkel abschließt, auch wenn sein Abschluss eher zu einem langen Querpass für Robben entartet. Doch der Niederländer rauscht nicht so entschlossen in Richtung Ball wie Dortmunds letzter Mann Subotić, der ihn mit vollem Einsatz, einen Schritt vor Robben, von der Linie grätscht. Eine Grätsche, die wie ein Tor gefeiert wird. Auch solche Momente können Spiele verändern.

Dennoch kann es der Borussia nicht schmecken, dass, obwohl das Endspiel immer mehr die Gestalt eines ungestümen Schlagabtausches annimmt, der FC Bayern die deutlich gefährlichere Mannschaft ist. Dass da eine andere Entschlossenheit dahinter ist. Eine andere Sicherheit. »Nach dem 1:1 bestätigte mich der Blick in alle Gesichter unserer Mannschaft und aller im Staff«, erinnert sich Schweinsteiger im *kicker*. »Ich schaute auf die Stadionuhr und dachte: 25 Minuten bleiben noch. Gegen Chelsea hatten wir 2012 nicht mehr so viel Zeit gehabt.« Die Souveränität bleibt. Den Bayern merkt man den Ausgleich eigentlich gar nicht an.

Den Dortmundern schon eher. Großkreutz hält im eigenen Strafraum unkonzentriert Ribery am Trikot, der Franzose protestiert und will einen Elfmeter. Doch er wäre niemals an den Ball

254

gekommen, das war zu wenig, bei Rizzolis Linie sowieso. Einen Pfiff aus seiner Pfeife gibt es dann aber in der 74. Minute, weil der ziemlich abgemeldete Lewandowski ein hohes Zuspiel mit der Hilfe seines Armes kontrolliert. Anschließend schießt der Pole aus etwa 30 Metern zwar sehenswert ein, Neuer hatte jedoch genau hingehört und infolge des Pfiffes gar nicht erst reagiert. Eine Viertelstunde noch.

Wembley ist kein Schweinsteiger-Finale, aber in dieser Phase wird Bayerns Mittelfeld-Leader richtig stark. Unermüdlich kurbelt er an, setzt er sich und seine Mitspieler ein. Teilweise Dauerdruck am Dortmunder Sechzehner. Alaba schließt aus der zweiten Reihe wuchtig ab, die Kugel fliegt stramm in Richtung langes Eck. Weidenfeller faustet sie stark zur Seite, verschafft dem BVB wertvolle Sekunden. Aber davon sind noch so viele auf der Uhr.

Robben schickt Müller auf Weidenfeller zu. Kurz vor dem Strafraum wird der Raumdeuter von Subotić eingefangen, der sich bis an den letzten Rand des Legalen bewegt. Keine Notbremse. Dafür im Nachgang erneut ein zu spitzer Winkel für Mandžukić, Außennetz in der 77. Minute. Dortmunder Entlastung lässt auf sich warten. Schnappt Bayern jetzt zu?

Die einzige nennenswerte Szene eines BVB-Angreifers liefert in dieser Phase Lewandowski, der dem am Boden liegenden Boateng – vermutlich unabsichtlich – auf den Knöchel tritt. Als der Ball eigentlich schon weg ist. Was strengere Linien vielleicht als Tätlichkeit auslegen könnten, nimmt Rizzoli augenscheinlich gar nicht richtig wahr. Eine Rote Karte aus seiner Tasche hätte auch wahrlich überrascht.

Als Klopp, der die Gefahr dieser Situation erkannt zu haben schien, seinem Mittelstürmer anschließend ein paar vermutlich mahnende Worte ins Ohr flüstert, brechen die letzten zehn Minuten an. Während sich der BVB – Außenwahrnehmung – irgendwie in die Verlängerung retten will, strahlt der FCB die große Lust aus, das Finale noch in der regulären Spielzeit zu entscheiden.

Lewandowski und Reus wirken schon lange hauptsächlich deshalb abgemeldet, weil das Endspiel mittlerweile fast ausschließlich in der Dortmunder Hälfte stattfindet. Schwarz-Gelb läuft viel hinterher, immer noch in seiner ursprünglichen Besetzung. Keiner der Trainer hat bis dato einen Spieler ausgetauscht. Selbst Boateng, spätestens seit Lewandowskis Tritt wirkt er wie ein angeschlagener Boxer, humpelt mit verzerrtem Gesichtsausdruck noch über den Platz. Heynckes vertraut ihm.

Bayern dominiert ab dem Mittelfeld alles, findet aber keine Lücken. Kurzzeitig scheint der Verlierer des Vorjahres-Finals seinen Gegner noch mal zu locken, um in der Umschaltbewegung etwas mehr Platz zu haben. Doch eigentlich ist das zu riskant. Ein vermeidbares Risiko. Denn auch in 30 Zusatzminuten scheint diese Dynamik kaum noch kippbar zu sein, energische Dortmunder haben sich offenbar völlig ausgepowert. Wurden die Kräfte falsch eingeteilt?

»Je länger die Partie dauerte, desto mehr schlug das Pendel zugunsten der Münchener aus, deren Spielanlage weniger auf Kraft angewiesen war als die des BVB«, beobachtet nicht nur Reporter Dersch eine Entwicklung, die für den Dortmunder Trainer unvermeidlich gewesen war.

»Dass wir Körner gelassen haben, ist logisch«, erklärte Klopp zehn Jahre später im *kicker*, »dass wir zu viel gewollt haben, glaube ich aber nicht. Wir wollten als Mannschaft, die einen hochintensiven Stil pflegte, einfach unseren Fußball spielen. Mit etwas anderem hatten wir keine Erfahrung. Und wenn wir schon verlieren sollten, wollten wir das mit unserer Art Fußball tun.« So ein bisschen wie die brasilianischen Schönspieler bei der WM 1982. Aber noch steht es 1:1.

Würde es eine Verlängerung geben, könnten die Dortmunder nach der regulären Spielzeit wenigstens noch mal ein paar Minuten durchschnaufen, was sie bitter nötig hätten. In erster Linie werden sie von ihrem Torhüter im Spiel gehalten. In der 87. Minute gibt der aufgerückte Lahm von rechts nach innen, wo Müller mit zu diesem Zeitpunkt erstaunlich klarem Kopf clever für

Schweinsteiger durchlässt. Sein Linksschuss aus 18 Metern ist vielversprechend, ein Tor wäre jetzt die Krönung für eine beachtliche Leistungssteigerung gewesen. Weidenfeller holt auch den raus.

Boateng geht währenddessen immer wieder zu Boden, hält sich die geschundenen Glieder, lässt sich behandeln, bald vielleicht endlich auswechseln. An der Seitenlinie werden, beiderseits, die ersten Wechsel vorbereitet.

Frischere Beine als Boatengs gibt es in der 89. Minute zuhauf. Aber anscheinend keinen frischeren Geist. Die meisten – ob Spieler oder Fans – dürften sich gewundert haben, als der Innenverteidiger scheinbar unnötig einen ruhenden Ball hoch und weit nach vorne drischt, wo Ribery einen Wimpernschlag früher als alle anderen erkennt, was daraus gleich entstehen kann.

Der Franzose behauptet sich gegen Piszczek und legt, auch wenn er den Ball dabei nicht voll trifft, geschickt mit der Hacke für Robben ab. Und zwar so, dass da wirklich nur der heranfliegende Holländer rankommen kann. Wieder stehen die beiden nah beieinander, und wieder findet diese Zusammenkunft nicht auf dem Flügel statt. Das ergibt ein Zwei-gegen-Zwei, Gleichzahl.

Die Dortmunder Innenverteidiger, Hummels und Subotić, bekommen Bayerns Unterschiedsspieler in dieser entscheidenden Szene nicht zu greifen. Robben windet sich im Stile eines Balletttänzers um einen drohenden Zweikampf herum, ehe er ein weiteres Mal frei vor Weidenfeller steht. Sekt oder Selters.

Robben will links vorbeigehen, er tut zumindest so, und Weidenfeller geht die ersten Trippelschritte mit. In Sekundenbruchteilen realisiert der Niederländer aber, dass er den Ball nun – beispielsweise mit der Sohle – gegen Weidenfellers Bewegungsrichtung an diesem vorbeischieben könnte und der BVB-Schlussmann allein durch die Gesetzte der Physik keine Chance haben würde, das Schüsschen zu halten. Einen »Fünf-km/h-Schuss«, wie Schweinsteiger scherzt.

»Ich musste den Ball nur so treffen, dass ich Weidenfeller auf

257

dem falschen Fuß erwischte«, erklärt Robben in »Generation Wembley«. »Mit dem Ding hab' ich gar nicht gerechnet«, gesteht Weidenfeller. Er ist machtlos. Bayern, Dortmunder, die Spieler, die Trainer, die Fans: Alle schauen gebannt zu, wie der Ball wie in Zeitlupe unvermeidlich ins Tor rollt.

Und dann rennt Robben los. Auf seinen Vater Hans zu, der dort steht und jubelt, wo dann auch Arjen steht und jubelt, eingeholt von seinen Mitspielern, die ihren Matchwinner feiern. Einen Matchwinner, der den eigenen Anhang mit verärgertem Blick und »Was? Was? Was?«-Rufen konfrontiert, weil viele dieser Leute – sie tragen Bayern-Trikots – monatelang offen an ihm gezweifelt hatten. Jetzt ist er ihr Matchwinner, das ist so gut wie sicher. Einer ausgelaugten Borussia bleibt schließlich nur noch die Nachspielzeit. Drei lausige Minuten. Was den Bayern 1999 allerdings ausgereicht hatte, um das Champions-League-Finale gegen Manchester United noch zu verlieren.

Erst einmal die ersten Wechsel. Klopp bringt Sahin und Schieber für Bender und Błaszczykowski, Heynckes Luiz Gustavo für Ribery. Noch mal ein bisschen was versuchen auf der einen Seite, das 2:1 noch schnell über die Zeit bringen auf der anderen.

Stürmer Schieber gibt nach nicht mal einer Minute aus spitzem Winkel einen Schuss auf Neuer ab – anders kann es jetzt ja gar nicht mehr funktionieren. Schießen, schießen, schießen. Wirkliche Gefahr strahlt Borussia Dortmund dabei nicht aus.

Die Bayern mauern nicht mal, relativ entspannt lassen sie einfach die Zeit verstreichen. Dem BVB fehlt schlicht die Überzeugung, wahrscheinlich vor allem die Kraft. Mit dem späten Siegtor durch Robben war Dortmund geschlagen. Heynckes verschafft Gomez, der wahrscheinlich auch symbolisch für Mandžukić kommt, noch einige wenige Sekunden auf dem Rasen, ehe Rizzoli abpfeift. Und damit die endgültige Auferstehung des FC Bayern München besiegelt.

Die Bayern waren nun nicht nur wieder die beste Mannschaft Deutschlands, sondern auch wieder die beste Mannschaft Europas, zwölf Jahre nach dem Triumph unter Ottmar Hitzfeld, nach zwei verlorenen Endspielen in drei Jahren. Die Mission, eine Woche nach dem verlorenen »Finale dahoam« begonnen, war erfolgreich abgeschlossen.

Und wurde garniert mit dem gewonnenen Pokalfinale gegen den VfB Stuttgart sieben Tage später. Mit dem sogenannten Triple. Als erste deutsche Mannschaft. Dafür hatten sich die Bayern, wie Schweinsteiger verriet, auf der Champions-League-Feier sogar ein bisschen zurückgehalten und »zwischen den Endspielen in London und Berlin richtig gut trainiert«.

Es ist natürlich nicht möglich, dass beide Mannschaften ein Finale gewinnen. Doch Borussia Dortmund war mit seiner Saison, auch mit seiner Leistung im Endspiel, ziemlich nahe dran gewesen. »Dem deutschen Fußball ist ein Fest gelungen«, bemerkte das französische »Journal de Dimanche« ganz richtig. Die Bezwinger des FC Barcelona und von Real Madrid, also von Lionel Messi und Cristiano Ronaldo, hatten gezeigt, wie der Spitzenfußball der Gegenwart im Idealfall aussah. Wie ein Bundesliga-Spiel.

Der deutsche Fußball, die Bundesliga – zumindest ihre Elite –, war im Jahr 2013 der Nabel dieser Welt. Der Nabel der Fußballwelt.

Ganz in der Mitte saß der FC Bayern, der Barcelonas Über-Trainer Guardiola als Nachfolger des scheidenden Heynckes bereits verkündet hatte. Der Beginn einer großen Dominanz? Jein. National schon. Die Guardiola-Bayern ließen ein Meisterrennen nicht mehr wirklich zu, Stand Januar 2024 sind die Münchener beginnend mit ihrer ersten Triple-Saison elfmal hintereinander Meister geworden. Das absolute Monopol.

International gingen sie nach Wembley jedoch nicht in Serie, in der Champions League scheiterten sie unter Guardiola in allen drei Jahren im Halbfinale – gegen Real Madrid, den FC Barcelona und Atletico Madrid. Im ersten Jahr hatte er dabei kurzfristig die Spieler die Taktik machen lassen, in anderen Jahren wurde dem

259

Katalanen nachgesagt, selbst zu viel Einfluss genommen, sich »vercoacht« zu haben.

Doch die Bayern sind in den späteren Runden der Königsklasse Stammgast geblieben und in der Bundesliga dauerhaft dominant, wo Dortmund eine anhaltende Augenhöhe seit 2012 nie mehr herstellen konnte.

Das Finale von 2013 war ein Knackpunkt gewesen, hätte als Wendepunkt auch anders wirken können. BVB-Boss Hans-Joachim Watzke beschrieb ihn zum zehnjährigen Jubiläum im *kicker* nach den beiden Meisterschaften und dem Double als »ultimative Möglichkeit, die Kräfteverhältnisse im deutschen Fußball in eine andere Richtung zu schieben« – so Borussia in Wembley denn gewonnen hätte.

Watzke grämt sich, als er eingestehen muss, »dass wir das in dieser Schärfe damals nicht erkannt haben«. Dass der BVB »deutlicher den Anspruch hätte erheben müssen, dieses Spiel unbedingt zu gewinnen«. Wovon nach der 25. Minute kaum noch etwas zu sehen gewesen war.

»Ich weiß nicht, wie es weitergegangen wäre, wenn Dortmund gewonnen hätte«, fragt sich Lahm in »Generation Wembley«. Watzke glaubt, »der Vorsprung der Bayern wäre kleiner geworden«. Stattdessen wurde er größer – und wird es noch. Etwa auf dem Konto. »Die Dortmunder mussten halt Spieler verkaufen«, begründet Schweinsteiger, warum der BVB die Münchener Schlagzahl nach 2013 nicht mehr hat mitgehen können. Auch an die Bayern. Nach Götze ging – ablösefrei – 2014 auch Lewandowski nach München, später folgte Hummels.

Borussia wurde anschließend mehr und mehr zur Durchgangsstation für große Talente – eine große Mannschaft wurde sie seither nicht mehr. Bayerns Vorsprung wurde auch größer im Kopf, wo sich in bisher extremster Ausprägung am letzten Bundesliga-Spieltag 2022/23 zeigte, dass der BVB zum bayerischen Sieger-Gen höchstens den Gegenpart darstellt. Irgendetwas fehlt einfach.

260

In Dortmund hoffen sie noch elf Jahre nach Wembley auf den nächsten Klopp, auf einen Heilsbringer, dem es in begeisternder Vollgas-Manier gelingt, den Bayern mal wieder Paroli zu bieten. Auf eine fußballerische Offenbarung, die selbst den großen Rekordmeister überrumpelt, inhaltlich überzeugt und schließlich weiterbringt. Auch wenn die Münchener das dann wahrscheinlich nicht zugeben würden. Auf Entwicklungen, die nötig sind, um dem Nabel der Fußballwelt wieder ein Stückchen näher zu kommen. Denn nur mit den Bayern an der Spitze gelangt Deutschland da nicht mehr hin.

Von der Gewaltenteilung von 2013 profitiert auch eine Nationalmannschaft, auch wenn die deutsche unmittelbar nach 2013 fast nur noch aus einem Bayern-Block bestand. Dass der FCB seine damals schwindelerregenden Höhen ohne den Einfluss von Klopps BVB aber wohl nicht erreicht hätte, weiß auch Watzke, der sich an dieser Stelle nicht mehr grämen muss: »Es ist kein Zufall, dass wir ein Jahr nach dem deutschen Finale auch Weltmeister wurden.«

11

SIEBEN ZU EINS

Brasilien gegen Deutschland,
WM-Halbfinale 2014

2006 und 2010 hatte eine
plötzlich spielstarke deutsche
Nationalmannschaft das
WM-Halbfinale noch verlo-
ren. 2014 ging es in Brasilien
gegen Brasilien – und wurde
unwirklich, unglaublich und
unvergesslich. Aber nicht un-
erklärlich.

1:7

Brasilien – Deutschland

Júlio César

Maicon   David Luiz   Dante   Marcelo

Fernandinho   Luiz Gustavo

Bernard   Oscar   Hulk

Fred

Klose

Özil   Müller

Kroos   Khedira

Schweinsteiger

Höwedes   Hummels   Boateng   Lahm

Neuer

8. Juli 2014 im Estadio Mineirao, Belo Horizonte

Tore: 0:1 Müller (11.), 0:2 Klose (23.), 0:3 Kroos (24.),
0:4 Kroos (26.), 0:5 Khedira (29.), 0:6 Schürrle (69.),
0:7 Schürrle (79.), 1:7 Oscar (90.)

Mit erstarkten Bayern, die ihr 2012 durch drei zweite Plätze ver-lorenes Selbstvertrauen mit dem Triple 2013 zurückgewonnen hatten, und noch immer starken Dortmundern, die inzwischen teilweise in München spielten, flog Deutschland ein Jahr nach dem deutschen Champions-League-Finale zur WM 2014 nach Brasilien.

Unterm Zuckerhut wollten sich Philipp Lahm, Bastian Schweinsteiger und Co. endlich ein Phänomen zunutze machen, das im Fußball, zumindest in den Augen der Öffentlichkeit, zu-verlässig wiederkehrt: dass eine Spieler-Generation, die es angeb-lich einfach nicht bringt, es auf einmal doch bringt, sobald sie einen großen Titel gewonnen hat. Ihre Generation, mittlerweile bereits als »Loser-Generation« verschrien, hatte die deutsche Fuß-ball-Öffentlichkeit zu diesem Zeitpunkt eigentlich schon abge-schrieben.

Begonnen hatte alles mit dem »Sommermärchen«, mit der WM 2006 in Deutschland. Mit Lahm, mit Schweinsteiger, mit einer jungen Generation, die richtig gut Fußball spielen konnte und die das unter dem damals durchaus innovativen Teamchef Jürgen Klinsmann auch tun sollte. Zwar war Klinsmann mehr Motivator dieser erfrischenden Mannschaft, deren taktische Ge-schicke in erster Linie sein Assistent Joachim Löw leitete. Doch zuvor, seit Klinsmann bei der EM 1996 noch als Spieler den Pokal in die Höhe gereckt hatte, war die deutsche Nationalmannschaft ganz anders aufgetreten.

Mit einem zunehmend veralteten Kader, noch mehr aber mit einer veralteten Spielweise – Stichwort Libero – scheiterte das DFB-Team bei der WM 1998 krachend im Viertelfinale an Kroa-tien, ehe bei der EM 2000 schon nach der Gruppenphase Schluss war. Dass Rudi Völler die sogenannten Rumpelfußballer 2002 bis ins WM-Finale führte, hatte Deutschland fast ausschließlich Oli-ver Kahn zu verdanken, der im Tor über sich hinausgewachsen war. Ehe im Endspiel gegen Brasilien, gegen den ersten großen Gegner, ausgerechnet er entscheidend patzte. 2004 überstand der

Vizeweltmeister die EM-Gruppenphase mal wieder nicht – und Völler wich für seinen einstigen Sturmpartner Klinsmann.

Dieser verschaffte der deutschen Mannschaft eine beachtliche Fitness, die ihr einen spürbar aktiveren und durchaus attraktiven vertikalen Spielansatz erlaubte. Die jungen Hoffnungsträger und besondere Emotionen bei der WM im eigenen Land taten ihr Übriges: Deutschland war mit einem verdienten dritten Platz eindrucksvoll in die Weltspitze zurückgekehrt. Und zwar so, dass man sich nicht unbedingt fragen musste, warum.

Mit dem Ende des Sommermärchens war dann zwar auch Klinsmann weg, doch Löw, der dessen an das Direktspiel der Premier League angelehnte Philosophie weiterentwickelte, übernahm. Und führte den eingeschlagenen Weg weiter. 2008 erreichte Löws Deutschland das EM-Finale, wo es den Spaniern mit ihrem überragenden Ballbesitzfußball allerdings deutlich unterlegen war.

Zur WM 2010, vor der sich Anführer und Platzhirsch Michael Ballack schwer verletzt hatte, trat Löw schließlich auch mit den jüngeren Jahrgängen dieser Generation um Thomas Müller, Mesut Özil, Sami Khedira, Jérôme Boateng oder Torhüter Manuel Neuer sowie ziemlich radikalem Konterfußball an.

Ohne die Instanz Ballack konnte der Bundestrainer die Nachrücker nach eigenem Wunsch formen. Mit Erfolg. England (4:1) und Argentinien (4:0) wurden in Achtelfinale und Viertelfinale regelrecht überrollt, einen Treffer hatte sogar der mitspielende Schlussmann Neuer vorbereitet. Bis im Halbfinale wieder Schluss war gegen die dominanten Spanier, die Löws Sicht auf den Fußball damit verändern sollten.

»Sprach er in den Jahren zuvor wieder und wieder über das Tempo der Premier League, kam er nun häufiger auf die Spielkontrolle der spanischen Spitzenteams zu sprechen«, schreibt Taktik-Experte Tobias Escher in seinem Buch »Die Zeit der Strategen«. Diesen Stil impfte der Bundestrainer seiner Mannschaft in den folgenden Jahren ein. Wobei er davon profitierte, dass der

266

Bayern-Block unter Louis van Gaal seit einem Jahr bereits ähnliche Abläufe lernte. Gleiches galt für die Vorzüge des auch an Pep Guardiolas Barcelona orientierten Gegenpressings durch Klopps Dortmunder – und ab 2012 auch durch die Bayern, die sich diesem Trend mehr und mehr anschlossen.

Die EM 2012 kam allerdings zu früh, zumindest in der Rückschau. Bedingt durch den Machtwechsel im deutschen Fußball und die damit einhergehende Rivalität zwischen Dortmund und Bayern, bildeten sich im DFB-Team zwei konkurrierende Lager. Als sich Löw im Halbfinale gegen Italien dann auch noch »vercoachte«, indem er etwa Toni Kroos als Manndecker auf Andrea Pirlo ansetzte, war die nächste Titelchance dahin.

2014, mit den Bayern zurück auf dem deutschen Thron und der Entspannung der Rivalität mit dem BVB, der im Mannschaftskern der Nationalelf nur noch Mats Hummels stellte, sollte alles anders werden. Das wurde es auch. Der *kicker* erkannte schon bald »eine Truppe, die, anders als bei der EM 2012, menschlich und fußballerisch innig zusammengewachsen ist«. Mit der richtigen Mischung aus Ballbesitzfußball – keine Mannschaft würde in Brasilien mehr davon haben –, Pressing, Gegenpressing – Deutschlands wohl größter taktischer Trumpf – und Harmonie.

So weit die Theorie. Die Praxis machte zunächst einen sogar noch besseren Eindruck, weil Deutschland sein Auftaktspiel gegen einen seiner Lieblingsgegner, Portugal, auch dank einer schmeichelhaften frühen Roten Karte für Verteidiger Pepe mit 4:0 gewann. Auftaktspiele konnten die Deutschen. Schnell auf den Euphoriezug springen auch.

Ein paar langwierige Verletzungen wie die von Schweinsteiger und Löws zwischenzeitlicher Lösungsansatz sorgten trotzdem für reichlich Diskussionsstoff und Formschwankungen. So setzte der Bundestrainer in der Viererkette zwischenzeitlich auf vier Innenverteidiger, weil kein klassischer Linksverteidiger gut genug war und Lahm durch seine fußballerischen Fähigkeiten im angeschlagenen Zentrum aushelfen sollte. Dieser Plan ging nur in Teilen auf.

267

Im zweiten Gruppenspiel gegen Ghana musste man sich nach verspielter Führung mit einem 2:2 zufriedengeben, im letzten Gruppenspiel gegen die USA (1:0) war zwischenzeitlich gerne vermiedene Spannung angesagt. Schlussendlich musste Thomas Müller sein einziges WM-Tor von außerhalb des Sechzehners erzielen. Ein schöner Schuss.

Im Achtelfinale gegen Underdog Algerien war es dann an Neuer, im Stile eines Liberos die Unzulänglichkeiten der deutschen Defensive auszumerzen, ehe erst in der Verlängerung der Sieg gelang und Per Mertesacker anschließend sein berühmtes »Eistonne«-Interview gab samt der einschneidenden Rückfrage: »Sollen wir wieder schön spielen und im Viertelfinale ausscheiden?« Das hatte die Mannschaft nicht im Sinn.

Wie schon 2010 hatte sich die wichtigste Idee des deutschen Spiels verändert. Aber nicht erst nach dem Turnier – sondern spätestens während des Turniers. »Löw war pragmatisch geworden, denn dieses Mal zählte der Titel«, schreibt Escher. Also gar nicht mal wirklich eine Erneuerung der Theorie, sondern vielmehr die Ergänzung durch eine sachliche, auf Effizienz ausgelegte Praxis. In den Worten von Antreiber Khedira: »Wir haben unser Spiel vorangetrieben und verbessert, aber wir haben nicht den Fußball revolutioniert.«

An dieser Stelle gäbe es die Möglichkeit, einen Querverweis in Richtung sogenannter deutscher Tugenden wie »Stabilität, Kampfkraft und Teamgeist« einzustreuen, wie es, gepaart mit der »Abkehr vom schönen Offensivspektakel«, 2014 der *kicker* getan hat. Da passte es ganz wunderbar, dass sich Löws gereifte Mannschaft im Viertelfinale knapp gegen Frankreich durchsetzte, ohne dabei zwingend besser gewesen zu sein. Oder schöner gespielt zu haben.

Im Halbfinale, in Brasilien, wartete dann Brasilien. Schon ganz grundsätzlich eine der schwierigsten Aufgaben, die eine WM bereithalten kann. Doch dieses Turnier war etwas Besonderes. 64 Jahre hatte es gedauert, bis die größte Fußballshow der Welt in das Land des Rekordweltmeisters zurückgekehrt war, der beim ersten Mal, 1950, ein großes Debakel erlebt hatte.

Bei der einzigen WM ohne Finale ließ sich eine tolle brasilianische Mannschaft um den Torschützenkönig Ademir bereits vor dem letzten Endrundenspiel gegen Uruguay feiern, in dem der Seleção schon ein Remis zum Titel gereicht hätte. Doch dann verlor sie nach 1:0-Führung noch mit 1:2 und musste mitanhören, wie Siegtorschütze Alcides Ghiggia laut eigener Aussage nach dem Papst und Frank Sinatra zum dritten Mann wurde, »der das Maracana zum Schweigen brachte«.

Diese bis dato schmerzlichste aller Niederlagen, den sogenannten Maracanaço, galt es unterm Zuckerhut noch zu rächen. Der WM-Titel im eigenen Land musste her. Die brasilianische Fußballseele lechzte danach.

Besonders bemerkbar machte sich das durch die außergewöhnlichen Emotionen, die der Seleção durch die Öffentlichkeit und von den Rängen entgegenrauschten wie ein Tsunami aus Tränen, zu dem die Nationalspieler schließlich auch selbst beitrugen. Sie hatten, so erschien es, gar keine andere Wahl, als Weltmeister zu werden. Dabei war die Mannschaft schwächer als 1950, sie stolperte mehr durch das Turnier, als dass sie elegant durch die Runden glitt, aber sie hatte eine Achse, die den Laden irgendwie zusammenhielt.

Hinten war genau dafür Abwehrchef Thiago Silva zuständig, vorne der erst 22 Jahre alte Pelé-Erbe Neymar. Seine Einzelleistungen täuschten darüber hinweg, dass seine offensiven Nebenleute diese Extraklasse bei Weitem nicht erreichten. Eine Zeit lang ging das irgendwie gut.

Doch dann kam das Viertelfinale gegen Kolumbien. Mit einer Gelbsperre für Thiago Silva, der im Halbfinale gegen Deutschland nicht spielen durfte. Mit einem üblen Foulspiel von Juan Zuniga gegen Neymar, der schwer verletzt im Halbfinale gegen Deutschland nicht spielen konnte. Das veränderte nahezu alles.

»Brasilien ohne Neymar ist viel schwieriger als Brasilien mit

Neymar«, befürchtete Bundestrainer Löw zumindest nach außen, während *kicker*-Chefreporter Karlheinz Wild die Seleção in deutlichen Worten darauf herunterbrach, was sie jenseits von Thiago Silva und Neymar eigentlich schon den ganzen Turnierverlauf über gewesen war: »Von immensen Erwartungen bedrückt, gelähmt, getrieben, gehetzt und entsprechend rastlos und leidenschaftlich, aber auch hektisch und wirr. Die deutsche Ball- und Spielkontrolle ist die beste Strategie dagegen.«

Und die brasilianische Strategie? Als Trainer wurde dem Weltmeistercoach von 2002, Luiz Felipe Scolari, für die über alle Maßen wichtige Heim-WM die Verantwortung übertragen. »Sehr charismatisch« sei Scolari, versicherte der ehemalige Torschützenkönig Ronaldo: »Die Spieler fressen ihm aus der Hand.« Genau das war das Problem. Scolari war nie ansatzweise so sehr Taktiker wie Menschenfänger oder Star-Flüsterer, ohne große Stars fehlte ihm also die Grundlage. Anstelle von Neymar und Thiago Silva standen schließlich Bernard und Dante gegen Deutschland in Scolaris erstem Aufgebot – ein Duo, das nach dem 8. Juli 2014 nie wieder für sein Heimatland auflaufen würde.

In dieser Konstellation – ohne große Stars, ohne klaren Plan, aber nach vorne gepeitscht durch die Emotionen einer ganzen Fußballnation – würde die Seleção dennoch als Favorit auf einen Gegner treffen, der sie sich sogar gewünscht hatte. »Wir dachten, die Brasilianer liegen uns eher als Kolumbien«, verrät Khedira die damalige deutsche Sicht auf die beiden möglichen Halbfinalgegner: »Weil sie Fußball spielen wollen.« Weil sie Fußball spielen müssen.

Die geballte Ladung Emotion scheint die Seleção zunächst jedoch nicht zu hemmen, sondern vielmehr zu beflügeln. Nach der nächsten herzzerreißenden Hymnen-Szenerie – Júlio César und David Luiz halten ein Trikot des schmerzlich vermissten Neymar hoch – beginnt Brasilien das Halbfinale mit dem Fuß auf dem Gaspedal. Schon die Angreifer laufen den deutschen Aufbau hoch an, der dadurch so gar nicht zur Entfaltung kommt. Untypische

Fehlpässe schleichen sich ein, manchmal wird der Ball einfach nur weggeschlagen, um erst einmal Ruhe zu haben.

»Dass da Druck auf dem Kessel ist, war uns bewusst«, versichert Khedira. Dass die Seleção diesen so für sich nutzen kann, vielleicht eher nicht. »Gefühlt waren sie in den ersten zehn Minuten besser im Spiel als wir.« Nicht nur gefühlt. Nach 2006 und 2010 lag auch eine gewisse »Schwere« über dem deutschen Team, wie Khedira gesteht: »Schon wieder ein Halbfinale. Würden wir schon wieder an so einer Hürde scheitern?«

Deutschland reagiert zunächst nur. Oder nicht einmal das, als Marcelo in der dritten Minute aus 20 Metern ziemlich frei zum Abschluss kommt. Es fehlt ein Stück. Schweinsteiger bietet sich im Aufbau enorm tief an, was nötig ist, weil ZDF-Kommentator Béla Réthy nicht zu Unrecht von einer »überfallartigen Strategie der Brasilianer« spricht.

Dadurch ist auch Neuer, was er selbst gerne als wertvoll bezeichnet, schon früh im Spiel: Eine Flanke von Linksaußen Hulk muss er vor Rechtsaußen Bernard unbedingt abfangen. Tut er. Brasilien hatte in seiner glorreichen Geschichte zwar schon weitaus größere Namen auf dem Feld, aber Brasilien gibt im Halbfinale 2014 den Ton an.

Das Anlaufen der DFB-Elf beginnt tiefer. Erst im Mittelfeld. Vorerst. »Der eigentliche Plan war, dass wir auf der Höhe der Mittellinie anfangen zu attackieren«, verrät Khedira, »dass wir da die Räume eng machen, dass sie nicht ins Eins-gegen-Eins können.« Und dass die Brasilianer dann in gefährliche Gegenstöße laufen, weil sie gerade außen oft so hoch aufgerückt waren. Umschaltspiel wollte und konnte eine Löw-Mannschaft ja ohnehin. So die Vorgabe des Bundestrainers.

Weil der brasilianische Aufbau aber total hektisch ist und das Mittelfeld immer wieder überbrückt, nehmen Löws Spieler die Dinge auf dem Platz schnell selbst in die Hand. »Wir haben auf dem Spielfeld eine eigene Taktik entworfen«, erinnert sich Khedira an einen Austausch mit Müller: »Weil wir gespürt haben: Die

Mittellinie ist zu, wir stehen zu tief, wir müssen sie höher attackieren.« Gesagt, getan.

Fortan steht Deutschland höher und hat Khedira an Bord, der Taten sprechen lässt. Dynamisch prescht er rechts durchs Mittelfeld, lässt zwei Brasilianer stehen und spielt raus zu Müller, der links in den Strafraum auf Özil flankt. Der Linksfuß hat sofort wieder das Auge für Khedira, der mit dem ersten Kontakt aus elf Metern schießt – und seinen Kollegen Kroos trifft. Bitter. Aber brandgefährlich.

Khedira, der sich bei erst »60 bis 70 Prozent« Fitness noch von einem Kreuzbandriss erholt und der im bisherigen Turnierverlauf nur dosiert belastet wurde, kommt immer besser ins Spiel. Als Marcelo weit aufgerückt in der deutschen Hälfte einen Pass ins Niemandsland spielt, sucht der damals 27-Jährige den direkten Weg in die Spitze. Er treibt die Kugel, lässt Luiz Gustavo an sich abprallen, überlässt im Vollsprint für Müller. Der Raumdeuter spielt den Ball zurück zu Khedira, dessen Flankenversuch der aufschließende Marcelo unterbindet. Der Linksverteidiger hebt mit entschuldigendem Blick die Arme gen Publikum – diese Ecke geht auf seine Kappe.

Deutsche Ecken zu verteidigen, darauf hat in diesen Jahren eigentlich keiner Lust. Ballbesitz hin, Gegenpressing her: »Unsere große Stärke waren Standards«, findet Khedira, »offensiv wie defensiv. Das haben wir viel trainiert.« Nicht erst 2014. Bei der WM in Brasilien würde Deutschland insgesamt sechs Tore nach Standards erzielen, fünf waren es schon bei der WM 2010 gewesen, drei bei der EM 2012. Alles Bestwert. Eine Variante beinhaltete 2014 gar einen vorgetäuschten Faller des ohnehin unorthodox umherlaufenden Müller, was im Achtelfinale gegen Algerien beinahe geklappt hätte.

Und nun? Mittelstürmer Miroslav Klose fasste den Standard in der 11. Minute nach dem Spiel so zusammen: »Toni (Kroos) bringt die Ecke punktgenau, ich zieh' alle auf den ersten Pfosten, Thomas ist frei.« 1:0 für Deutschland. Müller-Bewacher David

272

Luiz war von Klose sogar noch geschickt aus dem Weg geblockt worden. Müllers Direktabnahme aus sieben Metern ist dann nur noch Formsache.

Durch den frühen deutschen Führungstreffer wechselt das Momentum endgültig die Seiten, was bedrohlich schnell vonstattengeht. Um die Verantwortung reißt sich auf brasilianischer Seite mit einer Ausnahme keiner: Fast alle Angriffe beginnen bei David Luiz, der viele lange Bälle spielt, die aber keiner wirklich festmacht. Kein Brasilianer zumindest.

Scolaris Doppel-Sechs Luiz Gustavo und Fernandinho findet bei eigenem Ballbesitz quasi gar nicht statt, wird vom deutschen Drei-Mann-Mittelfeld – die Außen Müller und Özil orientieren sich auch nach innen – sowieso gehörig unter Druck gesetzt. Die Entschlossenheit der Anfangsminuten ist bei der Seleção wie verpufft.

»Mit dem 1:0 haben wir ihnen komplett den Stecker gezogen«, empfindet Khedira damals, der den Ausfall Thiago Silvas für die Brasilianer ob des damit einhergehenden »Verlusts der Stabilität« als noch deutlich schlimmer bewertet als den Ausfall Neymars, und der mit den Seinen nach der Führung nur eines im Sinn hat: bloß nicht nachlassen. Das gelingt. Vor allem durch die überragende Mittelfeld-Zentrale Schweinsteiger, Kroos und Khedira – samt ihrer Aufgabenteilung.

»Basti war der klare Stabilisator vor der Abwehr, ab 2012 hat er das auch defensiver gespielt«, schildert Khedira, der neben »Aufbau- und Verlagerungsspieler« Kroos das vertikale Bindeglied zwischen Defensive und Offensive darstellt. Der, während die anderen beiden in erster Linie den Ball laufen lassen, hauptsächlich selbst läuft. Auch um Müller und Özil den Rücken freizuhalten.

Erst mit diesem Triumvirat wird Deutschland bei der WM 2014 richtig stark. »Weil Basti und ich nicht bei 100 Prozent waren«, sagt Khedira, »hatten wir uns das bis dahin ja aufgeteilt und erst ab dem Viertelfinale in dieser Zusammensetzung gespielt.« Laut Khedira »brauchst du, wenn du drei Mittelfeldspieler hast, drei verschiedene Charaktere. Jeder wusste, was er zu tun hat – wir haben uns super ergänzt.« Und Lahm war rechts hinten sowieso besser aufgehoben.«

Deutschland wird immer sicherer, auch beim Nach-vorne-Verteidigen durch die Innenverteidiger Hummels und Boateng, die wechselweise dem brasilianischen Zielspieler Fred zuvorkommen. Weil auch ihm diese Sicherheit fehlt. »Keiner von ihnen wollte den Ball«, würde Kroos nach einem Spiel berichten, in dem der Rekordweltmeister im eigenen Land schon nach elf Minuten zu taumeln beginnt. Die Blicke gehen nach unten. Weil die Spieler ansonsten wohl in die hoffnungsvollen Augen ihrer Fans sehen müssten. Lähmende Hoffnung.

Wenn für die Seleção etwas geht, dann über Durchbrüche durch versuchte Überzahl auf außen. Marcelo dringt links in den deutschen Strafraum ein, wird von Lahm aber mustergültig abgegrätscht. Ein Tackling mit Signalwirkung – auch für Brasilien. Kurzzeitig scheint sich die Scolari-Elf zusammenzureißen, wieder den hohen Druck gegen den Ball aus den Anfangsminuten zu erzeugen. Inzwischen können sich die Deutschen aber unaufgeregt daraus freispielen – auch weil die Aufteilung hinter der brasilianischen Pressinglinie größtenteils vogelwild ist.

»Der entscheidende Faktor im Fußball ist die Achse«, erklärt Khedira. »Und jetzt fehlt denen der Spieler davor und der Spieler dahinter«, sagt er über die Darbietung eines brasilianischen Mittelfelds, das eigentlich keines ist. Oder wie Kroos es formulierte: »Sie waren relativ offen, sehr anfällig für Konter. Ihre Spielweise kam uns entgegen.« Die Konter fliegen Brasilien nach den zahlreichen deutschen Ballgewinnen nur so um die Ohren, dieser schnelle, schnörkellose Fußball war das, was Löw ursprünglich mal hatte sehen wollen. Nun sieht er es im Minutentakt.

Das DFB-Team hat laut Khedira früh entschlüsselt, welche Räume Brasilien bespielen will: die, in die die hohen Außenverteidiger aufrücken. »Und da haben wir gelauert.« Und die Bälle gewonnen. Und erbarmungslos umgeschaltet gegen eine Mannschaft, die von organisierter Restverteidigung keine sonderlich hohe Meinung zu haben schien. Unterm Zuckerhut ist das durchaus ein Problem mit Tradition. Die Zutaten für ein historisches Debakel stehen jedenfalls schon bereit, als es noch 1:0 steht.

Wenn sich die Seleção mal entlasten, den deutschen Druck irgendwie ein wenig abklingen lassen will, funktioniert das eigentlich nur durch Ballbesitz in der hintersten eigenen Linie. Der Ball zirkuliert zwischen den brasilianischen Verteidigern langsam hin und her, landet anschließend jedoch nur ganz selten koordiniert ein, zwei Linien weiter vorne. Öfter im Toraus oder gleich direkt beim Gegenspieler. Hilflosigkeit wäre wohl der passendste Begriff. Schlimmes bahnt sich an.

Wie gelähmt kommen die Brasilianer in der 23. Minute an ihrem eigenen Strafraum gleich dreimal zu spät. Erst versäumt es Fernandinho, ein Zuspiel auf Kroos zu verhindern und danach noch, überhaupt in den Zweikampf zu kommen. Leichtes Spiel. Kroos steckt daraufhin durch für Müller, der clever von rechts eingelaufen kommt, wobei er von Marcelo bestenfalls vorsichtig begleitet wird. Und nach Müllers Ablage für Klose macht Maicon keinen wirklichen Druck auf den WM-Rekordtorschützen, der ziemlich ungestört sogar seinen eigenen Abpraller verwerten darf und den brasilianischen Rekordtorschützen Ronaldo, als Co-Kommentator im Stadion anwesend, in der WM-Torjägerliste endgültig überholt. 16:15. Ronaldo benötigte immerhin weniger Spiele – 19 gegenüber Kloses 24.

Kloses besonderer alleiniger Rekord: In einem WM-Halbfinale gegen Gastgeber Brasilien ist er erst einmal nur Randnotiz. »Das wurde nicht groß thematisiert«, berichtet Khedira. »Ich habe für mich gedacht: 2:0, super. Und Miro hat seinen Rekord. Aber in der Jubeltraube habe ich nichts dazu gehört.«

Was mit ein wenig Distanz zweifellos mit einem unvergesslichen Fußballspiel verbunden ist, ist im Juli 2014 erst später im Flugzeug Thema. »Wolfgang Niersbach hat eine Rede gehalten«, erinnert sich Khedira. Dann gab es auch für Klose, der das WM-Finale 2002 gegen Brasilien und Ronaldo mit 0:2 verloren hatte, noch eine Runde verdienten Sonderapplaus.

0:2 steht es nun auch zwölf Jahre später, allerdings aus Sicht der Brasilianer. Und im Spiel schon deutlich früher. Und doch hat bereits dieser zweite deutsche Treffer, der an so vielen Stellen hätte verhindert werden können, etwas von einer Entscheidung. Mindestens von einer Vorentscheidung. Es war die Art und Weise, wie ihn Brasilien kassiert, aber auch hingenommen hatte. Und wenn die Seleção schon durch das 0:1 geschockt worden war, war sie nach dem 0:2 wie erstarrt. Die Mimik in den brasilianischen Gesichtern spricht mehr als tausend Wörter. Kommentator Réthy spricht sechs: »Brasilien beginnt bereits jetzt zu trauern.« Als hätte der Rekordweltmeister eine Vorahnung gehabt.

David Luiz bleibt weiterhin so etwas wie ein Türmchen in der Schlacht. Er hat Mut, er hat Ideen. Doch sein Steilpass für Bernard ist einen Tick zu steil. Und wieder geht es in die andere Richtung, wo Verteidigen nur ein freiwilliges Angebot ist, auf das sich keiner in Kanariengelb so richtig einigen kann. Eine deutsche Verlagerung – und schon steht Kroos im Rücken der Abwehr völlig frei. Nur eine Minute nach dem 2:0 durch Klose jagt der Rechtsfuß den Ball aus 15 Metern mit links trocken ins kurze Eck. Júlio César kommt noch ran, aber nicht mehr entscheidend. Auf der Tribüne hält sich Thiago Silva die Hände vors Gesicht. Der Trauerprozess beschleunigt sich.

»Es gibt eine Phase in jedem Spiel«, beschreibt Khedira, »die dauert meistens 10 bis 15 Minuten. Die ist meistens rund um die 60. Minute, aber sie kann auch früher sein. In dieser Phase geht es darum: In welche Richtung kippt das Pendel?« Die Spezialisierung auf diese Phase mache beispielsweise die Königlichen von Real Madrid aus, so der damalige Madrilene: »Die spielen nie über 90 Minuten super, aber fast immer diese 10 bis 15 Minuten.« So wie das DFB-Team an diesem 8. Juli 2014.

Und Deutschland verwertet seine Chancen eiskalt. Was für

276

Brasilien verheerend ist, weil das Herausspielen dieser Chancen stets gelingt, sobald es nur versucht wird. Defensiv ist die Seleção quasi nicht mehr vorhanden. Wie Gefangene in ihren eigenen Körpern kippen die Brasilianer bei jedem Lüftchen um. Wenn das überhaupt noch möglich ist, weil sie gedanklich längst am Boden liegen. Und nicht mehr in der Lage sind, wieder aufzustehen. Spätestens nach dem Doppelschlag, nach dem 3:0, wird das auch den Deutschen klar.

»Dann wurde es wirklich einfach«, sagt Khedira in aller Deutlichkeit. »Die waren komplett durch den Wind, das Gegenteil von uns, sie haben keine Lösungen gehabt. Marcelo hat nur noch den Kopf geschüttelt.« Als wäre dem Gastgeber, als wäre dieser famosen Fußballnation bewusst geworden, dass sie gerade nicht nur das Ende ihrer Reise erlebt, die sie eigentlich bis zum Goldpokal hätte führen sollen, sondern dass dieses Ende möglicherweise denkwürdig werden würde. Im für sie negativsten Sinne.

Der drohenden Demütigung hat der Rekordweltmeister kaum etwas entgegenzusetzen – außer eine respektable Portion Anstand. Die Brasilianer nehmen ihr Schicksal hin. »Sie haben sich nicht angeschnauzt«, führt sich Khedira noch mal vor Augen. »Aber einfach nur angeschaut und nicht gewusst, was sie tun sollten.« Sie tun dann jedenfalls das Falsche.

Fernandinho steht bei einem Zuspiel tief in der eigenen Hälfte mit dem Rücken zum Gegner, beinahe als traue er sich nicht, sich umzudrehen. Kroos bedankt sich, gewinnt den Ball und spielt im brasilianischen Strafraum einen simplen Doppelpass mit Khedira, was völlig ausreichend ist, um die kläglichen Überbleibsel der brasilianischen Restverteidigung in sich zusammenfallen zu lassen. Selbst Júlio César liegt dadurch unerklärlicherweise schon halb neben seinem Tor. Platziert eingeschoben, gerade einmal zehn Sekunden nach Wiederanstoß.

Die Seleção steht eigentlich gar nicht mehr auf dem Platz. 4:0 nach 26 Minuten. »Es ist eine Demütigung, Brasilien taumelt«, findet Réthy zumindest passende Worte für ein surreales Schau-

277

spiel, das in diesem Moment vielen die Sprache verschlägt. Nicht wenige werden das mit dem umgangssprachlichen Kneifen womöglich wirklich mal versucht haben. Ja, das passiert gerade tatsächlich.

Nach dem 4:0-Auftakterfolg auch dank langer Überzahl gegen Portugal hatte sich das DFB-Team schon in der Gruppe gegen Ghana und die USA schwergetan, im Achtelfinale hatte es sich gegen Algerien schwergetan, im Viertelfinale gegen Frankreich war ebenfalls nicht alles Gold, was glänzte. Um das Glänzen ging es für diese Generation 2014 auch gar nicht mehr, worüber dieses aberwitzige Halbfinale schnell hinwegtäuschen kann. Es ist der Auftritt, an den rund um den vierten Stern mit Abstand am häufigsten gedacht wird. Es ist aber auch der Auftritt, der aus dem Raster fällt.

»Mein Gefühl sagt mir, dass wir 2014 keinen tollen Fußball gespielt haben«, bekräftigt Khedira, und das gilt auch für den Kantersieg gegen Brasilien, für den toller Fußball gar nicht nötig ist. Sehr wohl die Stabilität, das Gegenpressing, das schnörkellose Umschalten, die Konsequenz vor dem Tor. Es ist guter Fußball. Vielleicht nicht toll, aber definitiv gut. Viel zu gut für eine Seleção, die sich im bisherigen Turnierverlauf mindestens so schwergetan hatte wie die Deutschen, die mit Neymar und Thiago Silva zwei Köpfe verloren hatte, die aber so spielte, als hätte sie alle elf verloren. Für eine Seleção, auf die Deutschland ab einem gewissen Zeitpunkt Rücksicht nimmt.

Drei Minuten nach dem 4:0 fällt noch das 5:0. Diesmal darf sogar Hummels von ganz hinten durch das Zentrum traben, vorbei an orientierungslosen Gegenspielern in der wohl berühmtesten Trikotfarbe der Fußballwelt. Den nächsten Doppelpass, der den Deutschen Tür und Tor öffnet, spielen Khedira und Özil, und nun ist Khedira an der Reihe. Freistehend und mit aller Zeit der Welt schiebt er den Ball durch die Beine des zu spät grätschenden Maicon ins Tor.

Dieser Angriff war keine Umschaltsituation, doch Brasiliens

278

Defensive ließ ihn so wirken. Alle orientierten sich am Ballführenden, merkwürdig zeitversetzt. Júlio César konnte einem leidtun. Der VAR, hätte es ihn damals schon gegeben, hätte dieses fünfte Tor übrigens einkassiert. Weil Özil mit dem Fuß leicht im Abseits gestanden hatte.

Khedira freut sich, dass es diese technische Hilfe 2014 noch nicht gab, selbst wenn das Spiel schon vor seinem Treffer entschieden war. Auf die Frage, ob es angesichts der brasilianischen Ohnmacht und der bereits hohen Führung vielleicht schon gar nicht mehr so viel Spaß gemacht hat, dieses vermeintlich unkomplizierte Tor zu erzielen, entgegnet er entschieden: »Nein, nein. Bei einer WM zu treffen ist schon ziemlich cool, und dann noch im Halbfinale gegen Brasilien.« Denn das war es ja immer noch. Auch wenn es sich nicht mehr wirklich so anfühlte. Außerdem habe einen jedes Tor näher zum Finale gebracht, bemerkt der Antreiber. Nach dem fünften aber war klar: »Das Finale ist jetzt nur noch sehr schwer zu verspielen.« Nach 29 Minuten. In einem WM-Halbfinale gegen Brasilien.

»Das 1:0 war: Druckphase überstanden«, gießt Khedira sein Wahrnehmen der deutschen Tore in kleine Zwischenresümees. »Das 2:0 war: guter Puffer. Das 3:0, 4:0 und 5:0 kann ich dann nicht in Worte fassen.« Die vorgezogene Gewissheit. »Danach war es die Kunst«, meint Khedira ganz ernst, »dem Ergebnis und dem Spiel immer noch nicht so ganz zu trauen.« Selbstmanipulation, um nicht nachzulassen. Zumindest in den hinteren beiden Dritteln. Weiter vorne lässt Deutschland nach dem 5:0 Gnade walten. »Wir haben einen Gang rausgenommen«, gesteht Khedira, wobei so etwas ganz von allein passiere: »Es ist ein normaler Prozess, dass du nur noch kontrollierst, dass du nicht mehr so dynamisch bist.«

Den Brasilianern hilft das nur wenig, weil ihnen weiterhin gar nichts gelingt. Es sind überstürzte Einzelaktionen, die einen Hauch von Hoffnung versprühen. Ganz kurz zumindest. Für alles weitere fehlt vor allem die Überzeugung, die auch von den Rängen nicht mehr kommt. Die deutschen Fans sind zu hören, sie singen »Einer geht noch, einer geht noch rein.« Erst mal nicht. Schon gar nicht ins Tor von Manuel Neuer. Das Pressing hat Brasilien inzwischen aufgegeben, wozu es zwischen dem 0:2 und dem 0:5 ohnehin kaum noch gekommen war. Ging ja alles so schnell.

In der 32. Minute gibt es beinahe noch die große Chance auf den sechsten Treffer, weil Fernandinho Kroos' Schuss im Strafraum mit abgespreiztem Arm blockt. Kroos und Khedira reklamieren kurz Handelfmeter, man merkt ihnen aber an, dass sie sich dabei ein wenig unwohl fühlen. Das war nun wirklich nicht mehr nötig. Sagt sich zumindest von außen so leicht.

Im Positionsspiel ist Deutschland brutal überlegen, das erlaubt enorme Balldominanz ohne große Anstrengung. Verwaltungsmodus leicht gemacht, ohne, dass Brasilien richtig aufbegehren kann. Khedira, Kroos und Co. müssen sich nicht viel bewegen, um bei der Ballannahme Zeit zu haben. Denn auch gegen den trägeren deutschen Aufgalopp stellen die Verteidiger der Seleção mehr spontanen Aktionismus als ein organisiertes Kollektiv.

Gleiches gilt für die uninspirierten brasilianischen Konterversuche, die oft schon bei der ersten Widrigkeit zu Staub zerfallen. Es spielt fast nur Deutschland, und es gelingt den Deutschen, konzentriert zu bleiben. Bedrohlich am gegnerischen Strafraum aufgebaut, aber aus Mitleid beinahe ein wenig hoffend, dass sich keine Lücke auftut, durch die man den Rekordweltmeister ein sechstes Mal bestrafen müsste. Könnte man meinen.

Özil zählt bis dato zu den weniger auffälligen deutschen Spielern, weshalb er sich noch aufregt, als er in der 38. Minute aus einer guten Freistoßposition viel zu wenig macht. Verglichen mit entmutigten Brasilianern, die zu spät in sämtliche Zweikämpfe kommen, ein surreales Bild. Surreal könnte man in diesen Momenten noch so viel öfter schreiben, selbst wenn es nur ein Freundschaftsspiel gewesen wäre. War es nicht.

Brasiliens Zehner Oscar kommt kurz vor der Pause im deutschen Strafraum unverhofft zum Abschluss – geblockt. Richtig ernst nimmt die Szene keiner. Anschließend dürfen sich Oscar und seine Leidensgenossen für 15 Minuten vor den Augen der Fußballwelt verstecken.

Die Kabine bietet nur kurzzeitig Schutz. Also Schutz vor allem Externen. Die Pausengespräche eine Kabine weiter sind übrigens gar nicht so viel unkomplizierter. Was nun? Wie soll Deutschland dieses Spiel zu Ende bringen? Der Bundestrainer hat eine klare Vorstellung davon.

»Das Spiel killen und vielleicht auch 10:0 gewinnen, das ist okay«, findet Khedira. »Aber was nicht okay ist, ist, den Gegner vorzuführen. Das hat auch Löw in der Kabine gesagt. Nach dem Motto: ›Wenn hier einer denkt, die Brasilianer vorführen zu müssen, dann spielt er im Finale nicht.‹ Und das haben auch wir uns geschworen.« Es ging darum, »das Spiel seriös zu Ende zu bringen« und darum, »Respekt vor dem Gegner zu zeigen. Auch vor dem Land.« Diesen Charakterzug habe die Mannschaft laut Khedira aber in sich gehabt. »Das ist uns nicht schwergefallen.«

Für die zweite Spielhälfte stärkt Scolari seine heillos überforderte Zentrale. Paulinho und Ramires kommen für Fernandinho und Hulk, auf der Gegenseite bringt Löw Mertesacker für Hummels. Den einen etwas schonen, dem anderen die Möglichkeit geben, Teil dieses besonderen Spiels zu sein.

Brasilien nimmt sich erst mal den Ball und darf ihn von deutscher Seite aus auch haben. Die Seleção sucht Sicherheit, wählt zunächst den vorsichtigen Vorwärtsgang. Vielleicht um die Deutschen nicht zu verärgern. Aber wenn hier noch irgendetwas passieren soll, was einem Fußballwunder gleichkommen müsste, sollte dessen Anfang angesichts von fünf Toren Rückstand nicht allzu lange auf sich warten lassen.

Der vermeintlich unbelastete Ramires probiert es früh, auch sein Abschluss wird geblockt. Nach solchen Situationen bewegen sich auch die Deutschen nur noch sehr kontrolliert nach vorne, aus ihrer Sicht ist jegliches Risiko nun vollkommen vermeidbar. Einigermaßen auf Betriebstemperatur bleiben, dem Schlusspfiff und dem damit verbundenen Finaleinzug immer ein Stückchen näher kommen.

Das DFB-Team kann sich das Ganze jetzt in Ruhe anschauen, bei sich selbst bleiben, reagieren, weil der aktive Ansatz von den Brasilianern kommen muss. So bestimmt das Angriffsspiel der Seleção diese Minuten, auch wenn es manchmal eher wie betreutes Kombinieren daherkommt. Zu viel Überzeugung war auf der Strecke geblieben.

Oscar und Fred versuchen früh, einen Elfmeter zu schinden, was den Beginn der benötigten Aufholjagd deutlich erleichtern würde. Schiedsrichter Marco Rodriguez fällt nicht darauf rein. Doch Deutschland lässt den Rekordweltmeister kommen, gestattet ihm teilweise Einbahnstraßenfußball, aus dem eine kleine Druckphase entsteht.

Neuer ist gefragt, der eine Hereingabe von Ramires entscheidend vor Oscar abfängt und der sich gegen dieses Gespann in der 52. Minute richtig auszeichnen kann: Marcelo setzt sich links gegen Khedira durch und zieht nach innen, bedient Ramires, der mit einem geschickten Pass durch Höwedes' Beine Oscar freispielt. Völlig ungedeckt darf der Chelsea-Angreifer aus neun Metern einen Schuss abgeben, der jedoch viel zu halbherzig und zentral auf Neuer gerät. Fehlende Überzeugung. Das sind Chancen, die verwertet werden müssen, um das vermeintlich Unmögliche möglich zu machen. Neuer lächelt nur müde.

Auf den Rängen im modernisierten Maracana wird es wieder ein bisschen lauter, im deutschen Team nimmt man den brasilianischen Hochkaräter zumindest zur Kenntnis. »Manuel Neuer war zu dieser Zeit unmenschlich«, erklärt Khedira die Gefühlswelt von sich und seinen Feldspieler-Kollegen. »Wenn du so einen Torwart hast, fürchtest du nicht, dass du fünf Gegentore kriegst.« Der Weltklasse-Torhüter lässt seine Vorderleute auch mal abschalten – den konnte man in ein freies Eins-gegen-Eins gehen lassen.

Brasilien wird trotzdem besser und will sich die deutsche Tiefenentspannung zunutze machen – in dieser Phase macht die

Seleção offensiv ein gutes Spiel. Und wird doch nicht ernst genommen. »Es wäre uns bewusster geworden, hätten wir ein, zwei Gegentore bekommen«, glaubt Khedira, der wie seine Nebenleute in diesen Minuten ziemlich behäbig auftritt. Doch es wird nicht bestraft.

Nur eine Minute nach der Chance für Oscar taucht Paulinho schräg vor Neuer auf und scheitert gleich zweimal an der überragenden deutschen Nummer 1, die auch in diesen Momenten ziemlich auf sich allein gestellt ist. Doch das genügt. Auch, um die Vorderleute wachzurütteln. Nach den beiden ausgezeichneten Chancen für die Brasilianer investiert Deutschland wieder mehr, in erster Linie ins Konterspiel. Ansonsten liegt der Fokus darauf, den brasilianischen Aktionsradius einzudämmen – Bemühungen in Richtung 6:0 gibt es nicht mehr als nötig. Nach 58 Minuten hat Rekordmann Klose Feierabend. Für ihn kommt André Schürrle ins Spiel.

Die großen Ideen fehlen der Scolari-Elf weiterhin, an allen Ecken und Enden. Fred gibt einen vollkommen harmlosen Fernschuss ab, ehe David Luiz in der eigenen Hälfte einen wirren Fehlpass in Müllers Füße spielt. Luiz Gustavo und Júlio César können den Münchener gerade noch abdrängen, der diese unverhoffte Möglichkeit ungewohnt umständlich ausspielt. An einen »Overkill« denken die Deutschen nun mal nicht. Vielleicht bleibt es auch deshalb beim 5:0.

Und doch scheint jede halbwegs ernsthaft ausgeführte deutsche Offensivaktion unvermeidlich gefährlich zu werden – etwa ein Versuch aus der Distanz von Müller, gegen den Júlio César eine starke Parade zeigen muss. Ehe auch Maicon probiert, einen Elfmeter zu schinden.

Die Seleção bearbeitet den gegnerischen Strafraum seit dem Seitenwechsel zwar regelmäßiger als Deutschland, doch das Zeitfenster, in dem ein außergewöhnliches Comeback möglich wäre, wirkt längst geschlossen. Inzwischen hat sich die deutsche Defensive wieder gefangen. Und lässt kaum etwas durch.

Die Brasilianer stehen wie vor einer verschlossenen Tür, für die sie keinen Schlüssel haben. Sie haben noch nicht mal einen dabei, der nicht passt. Frustrierend. Auch für die Fans, die mehr und mehr den überlegenen Gegner bejubeln und sich darüber hinaus auf einen Sündenbock eingeschossen haben. Mittelstürmer Fred, beim Confederations Cup im Vorjahr noch Torgarant, wird hemmungslos ausgepfiffen. Deutschland lässt die Zeit verstreichen.

Das zwingt Brasilien, fast mit gesammelter Mannschaft aufzurücken, um wenigstens durch rein quantitative Wucht vielleicht irgendwie zum Erfolg zu kommen. Deutschland bieten sich dadurch himmelweite Konterräume. Selbst die werden fast nur widerwillig in Anspruch genommen, was die deutschen Schlachtenbummler nicht daran hindert, »Oh, wie ist das schön« zu skandieren. Der DFB-Zug tuckert gemütlich auf das WM-Finale zu. Doch die Chöre der Fans scheinen noch mal ein wenig Antrieb zu geben.

In der 69. Minute rückt Deutschland zum ersten Mal seit dem Seitenwechsel konsequent nach, schon können sich Lahm und Khedira auf dem rechten Flügel spielend leicht durchkombinieren. Die Lücken sind absurd. Lahm legt mit Übersicht quer an den Fünfer, wo Joker Schürrle, der sich ja noch an keinem Tor hatte beteiligen dürfen, aus sieben Metern Entfernung flach einschiebt. Auch er drosselt seinen Jubellauf auf Joggingtempo, die Deutschen erlauben sich eine ehrliche, aber dezente Freude über das halbe Dutzend. Währenddessen nutzt Scolari die Gunst der Minute und wechselt im Schutz des Tores schnell den armen Fred aus, für den Willian kommt.

Allerspätestens jetzt geht es wirklich nur noch um die Höhe des Sieges – oder der Niederlage, die höher als jede andere ausfallen würde, die die Seleção bei Weltmeisterschaften bisher einstecken musste. Auch insgesamt hat die wohl populärste Fußballnation der Welt nie eine größere Demütigung erlebt. Dass das Ausmaß der Deutlichkeit also erst nach der Pause historisch wird, nehmen Deutsche im Schongang halt so mit. »Aus der zweiten

Halbzeit weiß ich kaum noch etwas«, gesteht Khedira, der in der 76. Minute für WM-Debütant Julian Draxler ausgewechselt wird.

Brasilien versucht auch jetzt noch, nach vorne zu spielen. Weil ein Scheitern in offensiver Manier speziell unterm Zuckerhut immer noch nobler war, als die Schande in Mauerhaltung über sich ergehen zu lassen. Willian und Paulinho geben trotzige Fernschüsse ab. Alles in allem bleibt Deutschland nun aber aktiv genug, um beim Verwalten nicht zu viel zuzulassen. »So ein Tag, so wunderschön wie heute«, stimmen derweil die deutschen Anhänger an.

Brasiliens Spielhälfte bleibt im Rücken der Verzweiflungsangriffe unverändert offen, das Schließen der Lücken gehemmt und unkoordiniert. Nach einem Einwurf kann Müller quasi von der Eckfahne links im Strafraum Schürrle einsetzen, der den Ball aus äußerst anspruchsvollem Winkel mit dem schwächeren linken Fuß hoch ins kurze Eck knallt – ein Lattentor der besonders sehenswerten Sorte – und nach Kroos zum zweiten Doppelpacker des Nachmittags avanciert.

Wieder bleibt die Freude ehrlich, wieder bleibt sie bedacht, elf Minuten vor Schluss. 7:0. Im WM-Halbfinale gegen Brasilien. In Brasilien. Unfassbar. Wenig später blendet die TV-Regie ein: »André Schürrle. 2 Schüsse, 2 aufs Tor, 2 Tore.« Nur so ist so ein Ergebnis wohl möglich.

Deutschland gelingt nahezu alles und hält sich deshalb zurück, Brasilien nahezu nichts und tut deshalb ungefähr das Gleiche. Marcelo versucht sich noch mal aus dem Rückraum – vorbei. Die Deutschen scheinen im Angesicht des anstehenden Endspiels gewisse Abläufe einzuüben, begleitet von »Olé«-Rufen von den Rängen. Längst nicht nur aus deutschen Kehlen. Ein bisschen Wut aufs eigene Team, ein bisschen Galgenhumor. Vielleicht auch Anerkennung für die Leistung der Deutschen. Wie sehr die meisten Brasilianer den Schlusspfiff herbeisehnen, lässt sich aus ihren Gesichtern ablesen. Sie wollen einfach nur noch weg. Die meisten bleiben aber.

Als realistisches Ziel scheint die Seleção inzwischen die Mission Ehrentreffer anzugehen, in den letzten Minuten dieses bizarren Spektakels gehen Scolaris Schützlinge noch einmal beherzter zu Werke. Aber ohne Frust, der verständlich gewesen wäre. Neuer muss einen Fernschuss von Ramires halten und beschwert sich etwas später, dass seine Vorderleute auch Oscar noch eine Chance gewähren – und wenn es nur aus spitzem Winkel ist.

Deutschland will seinen Kantersieg abmoderieren, spielt in der 90. Minute aber noch mal eine Chance zu Ende, weil Draxler noch Lust hat und Özil ziemlich allein auf Júlio César zuschickt. Deutschlands Linksfuß will es zu genau machen und schießt knapp am langen Eck vorbei. Eine Szene, wie sie an diesem Tag eigentlich nicht ins deutsche Spiel passt, das fehlerhafte Abweichungen regelrecht abgestellt zu haben scheint.

Kopfschütteln und Haare raufen beim Stand von 7:0. Das 8:0 wäre die Einstellung des höchsten deutschen WM-Sieges gewesen, den Rudi Völlers Rumpelfußballer 2002 exakt in dieser Höhe gegen Saudi-Arabien eingefahren hatten.

Selten war eine Nachspielzeit sinnloser gewesen, doch zwei Minuten gibt es obendrauf. Deutschland verbringt sie damit, sich unnötig ärgern zu müssen, weil in den letzten Sekunden der regulären Spielzeit, unmittelbar nach Özils ausgelassener Großchance, die ganze nachgerückte Mannschaft bereits ein bisschen abgeschaltet hatte. So hatte Oscar nach einem Flugball plötzlich nur noch Boateng neben sich, der sich ungelenk umkurven lässt. Und Neuer vor sich, der runtergeht, um möglichst viel Bodenfläche abzudecken, während Oscar über den vermeintlich Unbezwingbaren hinweg Mission Ehrentreffer erfüllt. 7:1. Obwohl er, wie Özil vor dem 5:0, wahrscheinlich hauchzart in der verbotenen Zone gestanden hatte.

Neuer winkt genervt ab, Schweinsteiger redet eindringlich auf Özil ein: In den letzten Zügen eines historischen Sieges bringt sich die deutsche Mannschaft in eine scheinbar unpassende Gemütslage, die doch wunderbar zu dem Verarbeitungsprozess passt, an den sich ohnehin alle halten. »In der Kabine gab es keine Party«, erzählt Khedira von den Minuten nach dem Schlusspfiff und weiß noch genau, dass er an diesem Abend 580 WhatsApp-Nachrichten bekam. »Wir haben uns sofort, körperlich und mental, auf das Finale konzentriert. Gleich wieder Regeneration.«

Solches Verhalten in solchen Momenten wird gerne mal als Eigenschaft von Mannschaften angeführt, die dem großen Triumph nicht nur nahekommen. Die am Ende den ganzen Weg gehen. War ja erst das Halbfinale. »Wenn du das 7:1 nicht vergoldest«, beschwört Khedira im Stile einer Motivationsrede, »ist das Ding gar nichts wert. Dann würde über dieses Spiel heute längst nicht so viel gesprochen werden.«

Gesprochen wird schon damals viel, je nach Perspektive aber ganz unterschiedlich. Erst mal in den jeweiligen Gazetten. »Unfassbar. Historisch. Wahnsinn«, schreibt auch der kicker über den »Rausch«, die »Demontage«, das »Überrollen«, die »Hilflosigkeit«. Unterm Zuckerhut berichtet O Dia von einer »Schande im Land des Fußballs«, »Lance« sogar über die größte Schande »der Geschichte«. Es sei schwierig, sich noch an den Maracanaco von 1950 zu erinnern. Von nun an gab es den Mineiraco.

In ihrer Reaktion getrennt sind freilich auch die Spieler. David Luiz stellt sich unter Tränen den TV-Kameras und will sich sogleich im Namen der gesamten brasilianischen Mannschaft »beim ganzen Volk entschuldigen«. Scolari nimmt die Verantwortung ob seiner taktischen Ausrichtung auf sich und hat »gar keinen Grund anzunehmen, dass das Spiel mit Neymar anders gelaufen wäre«. Die historisch gedemütigte Seleção zeigt sich schon kurz nach dem Abpfiff erstaunlich gefasst und als guter Verlierer.

Deutschland ist ein guter Gewinner, der inmitten der Superlative extrem sachlich bleibt. »Wir können das alles sehr gut einschätzen und wissen, dass das Finale ganz anders wird«, mahnt Hummels, »niemand soll glauben, dass das noch mal so leicht laufen wird«. Kroos beteuert, dass noch niemand im Halbfinale

Weltmeister geworden sei und seine Mannschaft trotz dieses 7:1 »noch gar nichts erreicht« hat.

Bundestrainer Löw erklärt nüchtern, dass sein Team »den tiefen Emotionen der Brasilianer mit Ausdauer, Ruhe, Klarheit und Beharrlichkeit« begegnet war, Mertesacker lässt sich immerhin zu einem überschwänglichen Lob der deutschen Mannschaft hinreißen, die er »noch selten so fokussiert« gesehen hatte. Das blieb sie auch nach diesem denkwürdigen Spiel.

Geblieben ist vom vierten und bis heute letzten »Stern« in erster Linie das Halbfinale, auch wenn das Finale gegen die Argentinier um Lionel Messi durch die Verlängerung und das späte Siegtor von Mario Götze selbst reichlich denkwürdig war. Vielleicht lag Kroos doch nicht ganz richtig mit der eigentlich logischen Einordnung, dass noch keiner im Halbfinale Weltmeister geworden ist.

Vielleicht hatte es nach den Niederlagen in den vorletzten Spielen gegen die Italiener 2006 und 2012 oder die Spanier 2010 genau dieses Erlebnis gebraucht, um im Endspiel gegen Argentinien dann »einen Tick mehr zu haben« – wie der damalige Nationalmannschaftsmanager Oliver Bierhoff die Entwicklung Jahre später im Kroos-Podcast »Einfach mal Luppen« beschrieb. Den Tick, den in den entscheidenden Spielen bis dato die anderen gehabt hatten.

Dass diese deutsche Mannschaft 2010 und 2012 noch gescheitert war, ehe sie 2014 dann triumphierte, begründet Khedira mit Psychologie: »2010 gegen Spanien waren wir noch nicht reif genug. 2012 gegen Italien haben wir uns verzockt. 2014 wussten wir, dass wir nicht nur besser, sondern auch dran sind. Das haben wir immer wieder betont: Wir sind dran.«

Der Mittelfeldspieler, dessen Wert in dieser Mannschaft leicht zu unterschätzen ist, zögert dabei nicht, das schon jetzt legendäre 7:1, auf das er »öfter angesprochen wird als auf den WM-Titel an sich«, so weit zu entzaubern, dass seine eigentliche Magie sichtbar wird.

»Es war kein Zauberfußball, aber es war eine unfassbar reife Leistung. Wir haben sehr klar gespielt, sehr reif gespielt, sehr erwachsen gespielt«, findet Khedira. »Eine taktische ›Masterclass‹ war es nicht, taktisch kann man dieses 7:1 nicht erklären. Da würde ich mir in die Tasche lügen. Wir hatten einfach eine stabile Mannschaft mit nicht nur tollen Fußballern, sondern auch wahnsinnigen Charakteren. Eigentlich waren es fast schon zu viele Alphatiere.« Aber eben nur fast.

Wahrscheinlich sind es diese Dinge, auf die die weiterhin mit tollen Fußballern gespickte deutsche Nationalmannschaft künftig wieder mehr achten muss, um das erste große Spiel seit 2014 nicht nur zu bestreiten. Sondern auch zu gewinnen.

DANKSAGUNG

Fußball ist ein Mannschaftssport. Ich interessiere mich seit meinem siebten Lebensjahr für seine Geschichte und beschäftige mich seither fast täglich damit, ohne Hilfe wäre dieses Buch aber niemals denkbar, geschweige denn möglich gewesen. Ohne die Unterstützung meines Arbeitgebers *kicker*, bei dem meine journalistische Ausbildung ihren Feinschliff bekommen hat, bei dem mir etliche Kollegen durch Ratschläge und Kontakte viele Türen geöffnet haben. Ohne Daniel Oertel und den Ullstein Verlag, der mir viel Vertrauen geschenkt und freie Hand gelassen hat. Ohne meinen Agenten David Luxton, von dessen Erfahrung ich sehr profitieren konnte – thank you. Ohne die Website »footballia.net«, die historische Spiele bis in die 1950er Jahre zurück über die vollen 90 (oder 120) Minuten zeigt. Ein fantastisches Archiv. Ohne meine Familie, meine Freunde und meine Freundin Elena, die mich allesamt inspiriert und gestärkt haben. Besonders Mario Krischel, dessen Weg meinen einfacher gemacht hat. Ohne meine tollen Gesprächspartner, die all diese großartigen Geschichten geschrieben haben, die ich hier nur weitererzähle. Und ohne euch, die ihr euch für sie begeistern könnt. Ihr macht es möglich, dass ich meine Leidenschaft zu meinem Beruf machen darf. Danke.

QUELLENVERZEICHNIS

GESPRÄCHSPARTNER:

Guido Buchwald
Jürgen Croy
Dagmar Eckel
Friedhelm Funkel
Wolfgang Funkel
Sami Khedira
Josef »Sepp« Maier
Ralf Minge
Wolfgang Overath
Harald »Toni« Schumacher
Ulrich »Uli« Sude
Olaf Thon
Klaus Toppmöller

BÜCHER:

Cox, Michael: *Zonal Marking. The Making Of Modern European Football.* HarperCollins, UK, 2019
Cramer, Dettmar: *Fußball-Taktik.* Westdeutscher Fußball-Verband, 1952
Cruyff, Johan: *Mein Spiel.* Übersetzt von Stefan Basso, Volker Ellerbeck und Heinrich Koop. Droemer, 2016

Escher, Tobias: *Die Zeit der Strategen. Wie Guardiola, Löw, Mourinho und Co. den Fußball neu denken.* Rowohlt, 2018

Escher, Tobias: *Vom Libero zur Doppel-Sechs. Eine Taktikgeschichte des deutschen Fußballs.* Rowohlt, 2016

Garlando, Luigi; Sacchi, Arrigo: *The Immortals. The Season My Milan Team Reinvented Football.* Übersetzt von Mark Palmer. Baldini + Castoldi, IT, 2019

Gullit, Ruud: *How To Watch Football.* Übersetzt von Sam Herman. Penguin Books, UK, 2017

Hafer, Andreas; Hafer, Wolfgang: *Hugo Meisl oder die Erfindung des modernen Fußballs. Eine Biographie.* Werkstatt, 2007

Netzer, Günter; Schümann, Helmut: *Aus der Tiefe des Raumes. Mein Leben.* Rowohlt, 2004

Reng, Ronald: *Spieltage. Die andere Geschichte der Bundesliga.* Piper, 2013

Schön, Helmut: *Fußball.* Ullstein, 1978

Schumacher, Toni: *Anpfiff. Enthüllungen über den deutschen Fußball.* Droemer Knaur, 1987

Wilson, Jonathan: *Inverting The Pyramid. The History Of Football Tactics. Tenth Anniversary Edition.* Weidenfeld & Nicolson, UK, 2018

Woller, Hans: *Gerd Müller oder Wie das große Geld in den Fußball kam. Eine Biografie.* C. H. Beck, 2019

DIGITALE QUELLEN:
ARCHIV DES *KICKER* (1920–2024)

11 Freunde: »Eigentlich ein Scheiß-Spiel«, 2016: https://11freunde. de/artikel/eigentlich-ein-schei%C3%9F-spiel/510661

11 Freunde; Laurenz, Felix; Schaar, Thorsten: »Karl-Heinz, ich habe gar nichts gesagt«, 2020: https://11freunde.de/artikel/karl-heinz-ich-habe-gar-nichts-gesagt/2172276

1. FC Kaiserslautern: »20. Oktober 1973: Die Mutter aller Spiele«,

2016: https://fck.de/de/20-oktober-1973-die-mutter-aller-spiele/

Abendzeitung München; Strasser, Patrick: »Dante und sein Foul im Champions-League-Finale 2013: ›Ich hatte Angst, Rot zu sehen‹«, 2023: https://www.abendzeitung-muenchen.de/sport/fcbayern/dante-und-sein-foul-im-champions-league-finale-2013-ich-hatte-angst-rot-zu-sehen-art-903724

Bundesliga: »Presse: ›Deutschland läuft auf dem Wasser‹«, 2014: https://www.bundesliga.com/de/bundesliga/news/pressestimmen-deutschland-vs-brasilien-reaktionen-wm-2014-halbfinale.jsp

DFB; Muras, Udo: »EM 1972: Der erste Sieg in Wembley«, 2012: https://www.dfb.de/news/detail/em-1972-der-erste-sieg-in-wembley-32784/

Focus; Mayr, Stefan: »Sepp Herberger rettete Fußballprofis vor Nazis – doch bei Torschützen scheiterte er«, 2021: https://www.focus.de/wissen/mensch/geschichte/fussball-im-krieg-herberger-rettete-fussballprofis-vor-nazis-doch-bei-torschuetzen-scheiterte-er_id_12992722.html

Frankfurter Allgemeine Zeitung; Dreis, Achim: »Das ultimative Pokal-Spiel«, 2015: https://www.faz.net/aktuell/sport/fussball/borussia-gegen-werder-das-pokal-spiel-der-pokal-spiele-reloaded-13967844.html

Frankfurter Rundschau; Klemm, Stephan: »In Wembley waren wir der Perfektion sehr nahe«, 2019: https://www.fr.de/sport/fussball/wembley-waren-perfektion-sehr-nahe-11127745.html

Frankfurter Rundschau; Hellmann Frank; Klein, Günter: »WM 1982: Das Drama der Nacht von Sevilla«, 2022: https://www.fr.de/sport/fussball-wm-1982-halbfinale-sevilla-deutschland-frankreich-schumacher-battiston-91654373.html

fußballromantiker.com; Gailing, Mario: »Der Betzenberg war ein Hexenkessel und viele Schiedsrichter sind dort eingeknickt.«: https://www.fussballromantiker.com/interview-mit-benno-m%C3%B6hlmann

KFC Uerdingen: »Das Jahrhundertspiel gegen Dresden«, 2021: https://www.kfc-uerdingen.de/2021/05/das-jahrhundertspiel-gegen-dresden/

kicker; Heynckes, Jupp: Heynckes: »Nach dem ›Finale dahoam‹ sagten alle: Jetzt erst recht!«, 2023: https://www.kicker.de/heynckes-nach-dem-finale-dahoam-sagten-alle-jetzt-erst-recht-952824/artikel

kicker; Hennecke, Thomas; Wild, Karlheinz: »Klopps Erinnerungen an ›das größte Spiel aller Zeiten‹«, 2023: https://www.kicker.de/klopps-erinnerungen-an-das-groesste-spiel-aller-zeiten-952693/artikel

kicker; Wild, Karlheinz: »Netzer im Interview: ›Gott sei Dank war ich Egoist‹«, 2022: https://www.kicker.de/netzer-im-interview-gott-sei-dank-war-ich-egoist-905905/artikel

kicker; Wild, Karlheinz: »Schweinsteiger im Interview: »Als ich morgens aufstand, wusste ich: Wir gewinnen«, 2023: https://www.kicker.de/schweinsteiger-im-interview-als-ich-morgens-aufstand-wusste-ich-wir-gewinnen-952816/artikel

kicker; Menuge; Alexis: »Tresor im Interview: ›Es schmerzt noch genauso wie früher‹«, 2022: https://www.kicker.de/tresor-im-interview-es-schmerzt-noch-genauso-wie-frueher-907983/artikel

kicker; Hennecke, Thomas: »Watzke: ›Hätten deutlicher den Anspruch erheben müssen, das Spiel unbedingt zu gewinnen‹«, 2023: https://www.kicker.de/watzke-haetten-deutlicher-den-anspruch-erheben-muessen-das-spiel-unbedingt-zu-gewinnen-952706/artikel

NDR; Bosse, Ulrike: »›Tor für Deutschland!‹: Wiederaufbau für die deutsche Seele«, 2021: https://www.ndr.de/geschichte/chronologie/Wunder-von-Bern-Fussball-WM-1954-wird-Balsam-fuer-deutsche-Seele,wundervonbern188.html

NDR: »WM 1974: Die DDR schlägt den ›Klassenfeind‹«, 2021: https://www.ndr.de/geschichte/chronologie/WM-1974-Die-DDR-schlaegt-Klassenfeind,fussballwm112.html

N-TV; Redelings, Ben: »Die kurioseste WM-Vorbereitung aller Zeiten«, 2022: https://www.n-tv.de/sport/fussball/redelings_nachspielzeit/Die-kurioseste-WM-Vorbereitung-aller-Zeiten-article23375786.html

Rheinische Post; Kellermann, Karsten: »Der 1. Mai 1984 war der Tag des Borussia-Jokers«, 2021: https://rp-online.de/sport/fussball/borussia/borussia-moenchengladbach-der-1-mai-1984-war-der-tag-des-hans-joerg-criens_aid-57733889

Spiegel; Raack, Alex: »Du auch Fußballspieler?«, 2018: https://www.spiegel.de/geschichte/fussball-weltmeister-fritz-walter-rettung-im-kriegsgefangenenlager-a-1212918.html

Spiegel; Stöcker, Christian: »Hauen und Stechen«, 2013: https://www.spiegel.de/panorama/gesellschaft/champions-league-finale-kriegerische-eroeffnungszeremonie-a-901979.html

Spiegel; Ahrens, Peter; Buschmann, Rafael: »Verlieren können sie«, 2014: https://www.spiegel.de/sport/fussball/deutschland-gegen-brasilien-7-1-sieg-im-wm-halbfinale-a-980006.html

Spiegel; Ahrens, Peter: »Wie vor 50 Jahren Englands Fußball in Wembley (gegen Deutschland) zugrunde ging«, 2022: https://www.spiegel.de/sport/fussball/england-gegen-deutschland-1972-im-wembley-stadion-die-letzte-party-a-800f4258-f6ad-4560-ba1e-df5189897836

Süddeutsche Zeitung; Selldorf, Philipp: »Skandal der Idole«, 2014: https://www.sueddeutsche.de/sport/es-war-einmal-wm-1990-skandal-der-idole-1.1993759

Tagesspiegel; Thon, Olaf: »Das Spiel meines Lebens«, 2012: https://www.tagesspiegel.de/sport/02051984-schalke-04--bayern-munchen-66-n-v-olaf-thon-45-fruherer-fussballer-6404917.html

Tagesspiegel; Sparwasser, Jürgen: »Jürgen Sparwasser erinnert sich: Als die DDR die BRD bei der WM 1974 besiegte«, 2014: https://www.tagesspiegel.de/sport/als-die-ddr-die-brd-bei-der-wm-1974-besiegte-6642292.html

Tagesspiegel; Toppmöller, Klaus: »Toppmöllers Erinnerungen: Als

Lautern die Bayern 7:4 schlug«, 2010: https://www.tagesspiegel.de/sport/als-lautern-die-bayern-74-schlug-1864033.html

Welt; Muras, Udo: »Als ein junger Schalker die Bayern blamierte«, 2014: https://www.welt.de/sport/fussball/bundesliga/fc-schalke-04/article127501995/Als-ein-junger-Schalker-die-Bayern-blamierte.html

Welt; Meinhardt, Gunnar: »Beckenbauer sagte: Gebt Sparwasser das 23. Gold«, 2014: https://www.welt.de/sport/article129338775/Beckenbauer-sagte-Gebt-Sparwasser-das-23-Gold.html

Welt; Beck, Oskar; Gartenschläger, Lars; Wallrodt, Lars: »Deutschland hatte leichtes Spiel mit Barfuß Buxtehude«, 2014: https://www.welt.de/sport/fussball/wm-2014/article129946837/Deutschland-hatte-leichtes-Spiel-mit-Barfuss-Buxtehude.html

Weser-Kurier; Fricke, Heinz: »Wie Horst-Dieter Höttges das Wembley-Trauma besiegte«, 2016: https://www.weser-kurier.de/sport/fussball/wie-horst-dieter-hoettges-das-wembley-trauma-besiegte-doc7e3uxcyixolxkqjz936

Westdeutsche Allgemeine Zeitung; Laske, Marian: »Paul Breitner: Das war die beste deutsche Mannschaft«, 2021: https://www.waz.de/sport/fussball/em/paul-breitner-das-war-die-beste-deutsche-mannschaft-id232655191.html

Zeit; Mohnhaupt, Jan: »Als der Osten im Westen unterging«, 2016: https://www.zeit.de/sport/2016-03/wunder-grotenburg-uerdingen-dresden

DOKUMENTATIONEN:

Beyer, Dominik; Preysing, Bianca: »Generation Wembley«, 2023

Dehnhardt, Sebastian; Oldenburg, Manfred: »Das Wunder von Bern. Die wahre Geschichte«, 2004

Dreiner, Bernhard: »Das Fußballwunder von Uerdingen«, 2007

»Sträter: Wenn es ihn nicht gäbe, müsste man ihn erfinden!«

Hugo Egon Balder

In echt: Ein neues Buch vom Meister. Es handelt sich hierbei um die besten Geschichten der letzten drei Jahre. Storys mit Pfiff. Eine Führung durch die ganze Welt der Idiotie, verbunden mit der Einsicht, dass nichts menschlicher ist als das Missgeschick. Ferner: seltsame Berichte vom Rand der schiefen Ebene. Schilderungen, die man sich auf gar keinen Fall verkneifen kann. Und zwischendurch paar Infos darüber, was sonst noch so war. Ein seriöses Konzept. Und Sträter gelobt, es sehr lustig zu gestalten.

Torsten Sträter
Du kannst alles lassen, du musst es nur wollen

Taschenbuch
Auch als E-Book erhältlich
www.ullstein.de

ullstein